Coletânea de
Matt Morris e Tom Morris

SUPER-HERÓIS
E A FILOSOFIA

Verdade, Justiça e o Caminho Socrático

Coordenação de
William Irwin

Coletânea de
Matt Morris e Tom Morris

SUPER-HERÓIS
E A FILOSOFIA

Verdade, Justiça e o Caminho Socrático

Coordenação de
William Irwin

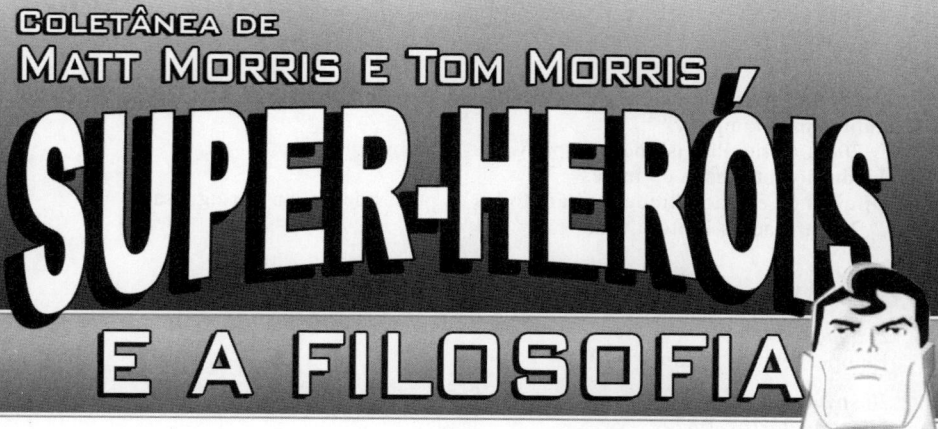

Tradução:
Marcos Malvezzi Leal

Conforme Novo Acordo Ortográfico

MADRAS

Publicado originalmente em inglês sob o título *Superheroes and philosophy*, por Carus Publishing Company.
© 2005, Carus Publishing Company.
Tradução autorizada do inglês.
Direitos de edição e tradução para todos os países de língua portuguesa.
© 2009, Madras Editora Ltda.

Editor:
Wagner Veneziani Costa

Produção e Capa:
Equipe Técnica Madras

Ilustrações:
Clayton Barros Torres

Tradução:
Marcos Malvezzi Leal

Revisão:
Silvia Massimini Felix
Ana Maria Baldoni Palma
Tânia Hernandes

Dados Internacionais de Catalogação na Publicação (CIP)
(Câmara Brasileira do Livro, SP, Brasil)

Super-heróis e a filosofia : verdade, justiça e o caminho socrático / coletânea de Matt Morris e Tom Morris ; coordenação de Willian Irwin ; tradução Marcos Malvezzi Leal. — São Paulo : Madras, 2009.
Título original: Superheroes and philosophy
Vários autores
ISBN 978-85-370-0527-9
1. Histórias em quadrinhos - Aspectos morais e éticos 2. Super-heróis - Histórias em quadrinhos 3. Super-heróis na literatura I. Morris, Matt. II. Morris, Thomas V. III. Irwin, William.
09-07951 CDD-741.5

Índices para catálogo sistemático:
1. Super-heróis nas histórias em quadrinhos : Aspectos filosóficos 741.5

Proibida a reprodução total ou parcial desta obra, de qualquer forma ou por qualquer meio eletrônico, mecânico, inclusive por meio de processos xerográficos, incluindo ainda o uso da internet, sem a permissão expressa da Madras Editora, na pessoa de seu editor (Lei nº 9.610, de 19.2.98).

Todos os direitos desta edição, em língua portuguesa, reservados pela

MADRAS EDITORA LTDA.
Rua Paulo Gonçalves, 88 — Santana
CEP 02403-020 — São Paulo/SP
Caixa Postal 12183 — CEP 02013-970 — SP
Tel.: (11) 2281-5555 — Fax: (11) 2959.3090
www.madras.com.br

ÍNDICE

Homens em *collants* coloridos, lutas ferrenhas e grandes alturas; e, claro, algumas mulheres também!.. 9
    Filosofia nas histórias dos super-heróis 10
    Agradecimentos 12

Parte I : A imagem do super-herói

1. A verdade a respeito do Super-Homem: e de nós também (Mark Waid) 15
    Preparação para uma surpresa 16
    A pergunta que eu não sabia responder 16
    A necessidade de pertencer 19
    O grande paradoxo 21

2. Heróis e super-heróis (Jeph Loeb e Tom Morris) 23
    Definindo um herói e um super-herói 24
    Como ser um herói 27
    Medo e as histórias de super-heróis 28
    O exemplo do super-herói 29

3. O Crimson Viper *versus* a maníaca meme metamórfica (Dennis O' Neil) 33
    O que parece ser o problema 34
    O que é o problema 34
    A única constante é a mudança 35
    O esquema da meme 37
    O que queremos e o que temos 39

4. Revisionismo do super-herói em *Watchmen* e *O retorno do Cavaleiro das Trevas* (Aeon J. Skoble) 41
    Combatentes do crime e vigilantes 42
    Verdade, justiça e o jeito americano 44
    Um mundo novo 45
    Vede minhas obras, vós, o poderoso 47
    Reavaliando o conceito do super-herói 49
    Quem vigia os Vigilantes? 50

Parte II: O mundo existencial do super-herói

5. Deus, o Diabo e Matt Murdock (Tom Morris) 55
   O homem e sua fé 56
   Fé e medo 59
   A fé como fonte de força do Demolidor 61
   O católico em *spandex* 64
   O vigilante homem de fé: herói ou figura trágica? 67

6. O poder e a glória (Charles Taliaferro e Craig Lindahl-Urben) 71
   Do Olimpo a Galactus 72
   Uma malfadada busca por poder e glória 73
   Galactus: o poder e a glória 75
   Poder e glória: testes de virtude 78

7. Mito, moralidade e as mulheres dos X-Men (Rebecca Housel) 83
   A demanda por diversidade 84
   A tempestade perfeita 86
   A metamórfica mística 89
   A Fênix se levanta: Jean Grey 91
   X2, mito do super-herói, filosofia e o mundo 94

8. Barbara Gordon e o perfeccionismo moral (James B. South) 95
   De bibliotecária a Batgirl a Oráculo 96
   Onde eu não quero estar 97
   Eu posso me tornar algo mais 99
   O que pode vir a ser 102
   Mentes iguais 104

9. Batman e amigos: Aristóteles e o círculo interno do Cavaleiro das Trevas (Matt Morris) 107
   De Aristóteles à batcaverna 108
   Batman e Robin 110
   O Morcego, Harvey Dent e Duas-Faces 113
   O tira e o vigilante 114
   Batman e a Mulher-Gato 116
   O mordomo e o dono da mansão 117
   O caráter evasivo de uma amizade completa 118

10. O Quarteto Fantástico como família: o maior de todos os laços (Chris Ryall e Scott Tipton) 121
    A primeira família 122
    Formando laços 123
    Uma parceria para viver bem 124
    A família durante a crise 128
    O *ethos* do trabalho em equipe 130

11. Sabedoria dos quadrinhos (Michael Thau) 131
    Para onde foi toda a sabedoria? 132
    A sabedoria do Capitão Marvel 133
    Ceticismo e cinismo na sabedoria 136
    O que a sabedoria exige 137
    Nossos problemas com a sabedoria 140

Parte III: Super-Heróis e o dever moral

12. Por que os super-heróis são bons? Os quadrinhos e o anel de Giges (Jeff Brenzel) 145
    Refinando a pergunta 146
    Uma falácia genética e algo simples demais 147
    O problema com as origens 150
    Super-Heróis e o anel de Giges 151

13. Por que os super-heróis devem ser bons? Homem-Aranha, os X-Men e o duplo perigo de Kierkegaard (C. Stephen Evans) 157
    Platão e a pergunta *por que devemos ser bons?* 158
    Kierkegaard e o conceito do "duplo perigo" 159
    As lutas do Homem-Aranha 161
    Os X-Men e o duplo perigo 162
    Por que os X-Men são bons? 164
    Encontrando uma base forte para o bem 167

14. Com grande poder, vem grande responsabilidade: os deveres morais dos superpoderosos e super-heroicos (Christopher Robichaud) 171
    Com grande poder vem — *O quê?* 172
    Pode arrumar a fantasia, colega. O dever chama. 173
    Ora essa! Eu é que tenho de fazer o dia valer? 175
    Sou amante, não lutador! 177
    Lutei contra a lei e a lei venceu 180
    Mas é só uma mentirinha! 183

15. Por que ser um super-herói? Por que ser moral? (C. Stephen Layman) 185
    O problema para o Homem-Aranha 186
    Respostas falsas 187
    Motivos para alguém ser moral 188
    Compensação duradoura 193
    Super-Heróis, dever e o maior dos grandes cenários 194
    Pulando de uma ideia para outra 195

16. Super-Homem e *O Reino dos Céus*: a surpresa da Teologia Filosófica (Felix Tallon e Jerry Walls) 197
    O *background* de *Kingdom Come* 199
    Esperança, obrigação e o cenário maior 200

Obscuridade, fatalidade e moralidade 201
Visões do mundo, valores e super-heróis 203
Uma base teológica para os super-heroicos 205
Esperança e o desafio humano 208

Parte IV: Identidade e a metafísica do super-herói

17. Questões de identidade: o Hulk é a mesma pessoa que Bruce Banner? (Kevin Kinghorn) 213
    A identidade física do Hulk 214
    O campo mental do Hulk 216
    Uma explicação causal da identidade do Hulk 220
    Não há como distinguir? 221
    A identidade relacional do Hulk 221
    O que devemos concluir? 224

18. Crise de identidade: viagem no tempo e metafísica no multiuniverso DC (Richard Hanley) 225
    O multiuniverso da DC Comics 226
    Crises em infinitas Terras: a história se desenrola 227
    Viagem no tempo e o pensamento fantasioso 229
    Mais coisas entre o Céu e a Terra? 230
    Uma multiversidade? 232
    Alguma coisa muda, ou não? 233
    Identidade em *Crisis*? 234
    Mudança de passado segundo a resistência? 235

19. O que há por trás da máscara? O segredo das identidades secretas (Tom Morris) 237
    Dupla identidade 238
    Guardando segredos 241
    A interessante motivação do Super-Homem 243
    Trocando de identidade 247

Nossa! Deve ser a maior reunião de mentes na história dos quadrinhos! Segurem o chapéu e se preparem para a aventura de suas vidas! 251

HOMENS EM COLLANTS COLORIDOS, LUTAS FERRENHAS E GRANDES ALTURAS; E, CLARO, ALGUMAS MULHERES TAMBÉM!

Olhem! Lá na tela! Ou lá na livraria! É um super-herói! São vários super-heróis! Santa cultura popular! O que está acontecendo?

O país inteiro está aprendendo o segredo que é mantido vivo há anos por um grupo de fãs de histórias em quadrinhos — as histórias clássicas dos super-heróis, que continuam sendo produzidas por alguns dos melhores escritores e artistas ainda vivos, podem ser muito divertidas, cheias de suspense, excitantes, além de estimular profundamente o pensamento. Assim como Platão e Aristóteles, Super-Homem e Batman chegaram para ficar. Bem como o Homem-Aranha, o Demolidor, o Quarteto Fantástico e os estranhos X-Men*, entre muitos outros heróis míticos que usam *collants*.

Um dos mais notáveis desenvolvimentos na cultura *pop* da atualidade é o forte ressurgimento do super-herói como ícone cultural e de entretenimento. Um recente artigo de um jornal de circulação nacional começava com esta frase de efeito: "Este é um mundo de quadrinhos". A referência global é apropriada. Não são muitos os personagens fictícios que alcançaram o reconhecimento internacional do Super-Homem e do Batman. Esses

---

* N.E.: A equipe dos X-Men foi criada pelo prof. Charles Francis Xavier, com a finalidade de proteger o mundo da crescente ameaça mutante. A meta de Xavier era treinar jovens mutantes a controlar e usar suas habilidades especiais, assim eliminando a possibilidade de se tornarem uma ameaça. A primeira formação dos X-Men era composta por: Ciclope, Fera, Anjo, Homem de Gelo e Garota Marvel (Atual Fênix). O irmão de Ciclope, Destrutor, a princesa do magnetismo Polaris e o enigmático Mímico também foram integrantes por um período. Um tempo depois, os X-Men foram capturados, e Xavier se viu forçado a convocar novos elementos para o resgate. Assim surgiram os Novos X-Men: Tempestade, Wolverine, Noturno, Colossus, Solaris, Pássaro Trovejante e Banshee. A revista em quadrinhos X-Men é a mais comercializada no mundo.

dois titãs dos quadrinhos inspiraram programas de rádio e de televisão, filmes e musicais desde que surgiram, no fim da década de 1930. Em quase toda parte do mundo, você pode ver alguém usando uma camiseta do Super-Homem ou do Batman, e nas mais extraordinárias circunstâncias. Hoje, muitos de seus colegas juniores estão aparecendo no cinema, e algumas se tornaram gigantescas marcas franqueadas. O primeiro filme do Homem-Aranha surpreendeu a comunidade cinematográfica com o maior índice de bilheteria nos Estados Unidos em um fim de semana. E *O Homem-Aranha II* conseguiu superá-lo. Para os próximos anos, está previsto que esta tendência continuará, com sequências, lançamentos há muito aguardados e filmes dos personagens super-heróis menos conhecidos, como também de todos os grandes ícones.

Os super-heróis tornaram-se parte da nossa linguagem cultural. A *sitcom* eternamente popular *Seinfeld*, que continua sendo reprisada, sempre mostra discussões esotéricas entre Jerry e George a respeito de algumas trivialidades dos super-heróis. A canção tema da *sitcom Scrubs*, na NBC, faz referências casuais ao Super-Homem. *Rock, rap* e música *pop* contemporânea, são todos carregados de alusões ao mundo dos super-heróis. As lojas especializadas em histórias em quadrinhos preenchem as paisagens urbanas, os subúrbios e os *shoppings* das cidadezinhas americanas, atraindo uma surpreendente multidão de fãs. As grandes convenções anuais de quadrinhos, que antes recebiam centenas de fãs, hoje quebram os recordes de números de frequentadores; só a convenção de San Diego contou recentemente com uma multidão de 87 mil fãs em três ou quatro dias.

Mais importante ainda é o fato de que entre os atuais aficionados pelos super-heróis dos quadrinhos se encontram alguns dos mais influentes formadores de opinião e criadores de tendências da atualidade, incluindo mega-astros do cinema, ansiosos por representar seus super-heróis favoritos, respeitados romancistas, cujas histórias são repletas de referências a super-heróis, e pelo menos um célebre diretor de cinema, o superinventivo Kevin Smith, que atualmente escreve alguns quadrinhos de super-heróis bastante populares.

FILOSOFIA NAS HISTÓRIAS DOS SUPER-HERÓIS

Os quadrinhos de super-heróis constituem uma daquelas originais formas de arte americana, da mesma maneira que o *jazz, o blues, o muscle cars** e as rosquinhas *Krispy Kreme*, que se espalharam pelo mundo e

---

* *N.E.: Tipo de automóveis que se originaram em Detroid (EUA) na década de 1960, famosos pela aparência agressiva e grande potência, o que deu a eles a denominação de "carros musculosos", os GTO.*

causaram um impacto marcante em várias culturas. Até o observador mais casual sabe que essas histórias são cheias de ação, aventura, suspense e um incrível trabalho de arte. Mas pouquíssimas pessoas percebem que elas também merecem séria atenção intelectual, por suas fascinantes apresentações de temas e ideias com profundidade filosófica. É verdade. Não estamos brincando.

As melhores histórias em quadrinhos de super-heróis, além de divertirem, introduzem e abordam de forma vívida algumas das questões mais interessantes e importantes enfrentadas por todo ser humano — questões referentes à ética, à responsabilidade pessoal e social, à justiça, ao crime e ao castigo, à mente e às emoções humanas, à identidade pessoal, à alma, à noção de destino, ao sentido de nossa vida, ao que pensamos da ciência e da natureza, ao papel da fé na aspereza deste mundo, à importância da amizade, ao significado do amor, à natureza de uma família, às virtudes clássicas como coragem e muitos outros temas importantes. Já estava na hora de pelo menos as melhores histórias em quadrinhos serem reconhecidas também pelo intrigante modo como levantam e debatem essas prementes questões humanas.

Os quadrinhos clássicos e os atuais de super-heróis, pela sua imensa popularidade entre os jovens de até 30 e poucos anos, merecem um público maior de leitores adultos. A maioria dos adultos admite ter lido e gostado de quadrinhos de super-heróis na juventude, mas acabou deixando que outras formas de entretenimento, bem como as exigências da educação formal e da vida familiar, descartassem essa experiência de sua vida. Essa é uma tragédia estética moderna. Os quadrinhos e os romances gráficos ocupam um espaço artístico singular no espectro da narrativa de ficção. Assim como os filmes e programas de televisão, eles fazem um poderoso uso da imagem. Mas, como os romances e os contos, eles permitem a cada um de nós ritmar a própria experiência de suas formas de apresentação. A mescla de prosa e arte visual é vigorosa, e as apresentações vívidas de ideias reverberam muito tempo depois de fecharmos suas páginas coloridas.

As melhores histórias de super-heróis abordam temas que sempre nortearam os seres humanos, mas alguns implicam perguntas de uma nova natureza, que poderemos fazer no futuro próximo. Se em nosso mundo existissem pessoas com dramáticos superpoderes, como você reagiria a elas? Como elas afetariam sua vida e suas atitudes? Mas essas perguntas podem ficar ainda mais pessoais. O que você faria se descobrisse de um dia para o outro que possui superpoderes incríveis? Como você reagiria se tivesse a oportunidade de alterar a genética e supercarregar seu bebê em seus primeiros estágios embrionários, de modo que ele fosse capaz de fazer um grande bem ou um terrível mal? A pesquisa genética e a nanotecnologia podem em breve trazer ao mundo algumas questões que as histórias de super-heróis vêm abordando há um certo tempo. Sob o ponto de vista filosófico, estamos preparados para um futuro radicalmente melhorado?

Podemos lidar com as escolhas que um dia teremos de fazer? Talvez precisemos ponderar um pouco mais as lições dos super-heróis.

Os autores que colaboraram com este volume apreciam o poder dos super-heróis de nos agradar e de ao mesmo tempo nos fazer pensar. Nestas páginas, você encontrará ensaios provocantes escritos por alguns dos maiores fãs de histórias em quadrinhos que frequentam as salas do mundo acadêmico e algumas notáveis contribuições de alguns dos melhores pensadores do mundo dos quadrinhos. Professores de filosofia, grandes editores de revistas em quadrinhos, perspicazes autores de histórias de super-heróis, historiadores e fãs reuniram-se neste livro para debater algumas das questões mais essenciais abordadas nas páginas dos quadrinhos de super-heróis, bem como em filmes recentes. Esperamos que essa exploração da filosofia do super-herói contribua para as suas reflexões, enquanto você se delicia com as peripécias desses notáveis homens e mulheres em seus *collants* coloridos e lutas ferrenhas, e à grande altura.

AGRADECIMENTOS

Os editores agradecem a muitas pessoas que ajudaram a tornar este projeto possível. Primeiro, queremos agradecer à dra. Jennifer Baker por patrocinar a pesquisa de Matt acerca de Aristóteles e Batman. No mundo dos quadrinhos, Chrys Ryall, da IDW Publishing, é o rei-filósofo ideal de Platão, transposto para o posto de editor-chefe. Ele ajudou-nos de diversas maneiras durante todo o projeto. Nós superagradecemos. E Scott Tipton, professor e insigne imperador de *Comics 101* no popular *website MoviePoopShoot.com*, ajudou-nos mais do que podemos lembrar, lendo o texto original dos capítulos e comentando a respeito com tanta rapidez, que fez o Flash parecer lento. Thomas, John, Jim e Mac, da Fanboy Comics em Wilmington, NC, auxiliaram-nos com sugestões específicas e especializadas em cada passo do caminho, dizendo o que *precisávamos* ler. Eles são enciclopédias ambulantes do mundo esotérico e arcano dos quadrinhos. Nossos escritores de histórias em quadrinhos, Jeph Loeb, Dennis O'Neill e Mark Waid, também nos ajudaram de muitas maneiras, além de seus ensaios para o livro.

Queremos agradecer a Bill Irwin e ao diretor editorial da Open Court, David Ramsay Steele, por lançarem a grandiosa série de livros sobre cultura popular e filosofia, da qual este volume faz parte. Agradecemos também a Troy Marzziotti por ler alguns dos originais para nós. Nossa família — Mary, Sara, a pequena Gracie e os cães —, todos foram muito compreensivos e prestativos enquanto não trabalhávamos porque estávamos lendo quadrinhos.

E por fim, nós agradecemos a todos os escritores, artistas e editores de histórias em quadrinhos do passado e do presente que criaram essa fantástica forma de arte, na qual um grande entretenimento e profundas ideias se encontram.

PARTE I

A IMAGEM DO SUPER-HERÓI

CAPÍTULO 1

A VERDADE A RESPEITO DO SUPER-HOMEM: E DE NÓS TAMBÉM

Mark Waid

Super-Homem, o avô de todos os super-heróis, é uma instituição cultural. Até os intelectuais mais elitistas e isolados já tiveram contato suficiente com cultura popular para conhecer o Homem de Aço e saber o que ele representa. Ele trava uma "batalha sem-fim" pela verdade, pela justiça, e — com o mesmo entusiasmo após todos esses anos, embora ninguém mais saiba como definir isso — pelo "jeito americano", ou o american way. Consequentemente, ele é o máximo que a cultura ocidental consegue visualizar de um campeão que é o epítome do altruísmo. A mais verdadeira afirmação acerca do Super-Homem que podemos fazer é que ele invariavelmente coloca as necessidades dos outros em primeiro lugar.

Coloca mesmo?

PREPARAÇÃO PARA UMA SURPRESA

Algumas pessoas adotam a Astronomia ou a Entomologia como o estudo principal de sua vida e identificam as mais proeminentes nuvens de Magalhães no Cosmos ou os afidídeos menos visíveis no jardim. Outras dedicam tempo e energia para analisar e catalogar nos mínimos detalhes qualquer coisa, desde contos populares do país de Gales até os placares dos jogos de um time de baseball de 1969. Eu, desde criança, sou fascinado pela mitologia do Super-Homem. Embora não seja meu emprego (mais ou menos), é o meu campo de especialidade. Admito com franqueza que é uma área "especializada" demais, mas dentre todos os outros variados interesses, nada neste mundo jamais me fascinou tanto quanto o Homem de Aço.

Em uma época da minha adolescência, com suas tumultuadas emoções, quando eu mais precisava de orientação e inspiração, encontrei uma figura paterna no Super-Homem. Fictício ou não, o poder de seu espírito literalmente salvou minha vida; e, desde então, faço o que posso para retribuir o favor investindo em sua lenda. No processo, e sem desígnio, tornei-me uma das maiores autoridades do mundo na história do Último Filho de Kripton. Com o passar dos anos, mantenho a distinção duvidosa de ser o único homem ainda vivo que já leu todas as histórias do Super-Homem, assistiu a todos os seus desenhos animados e programas de TV e filmes, escutou todas as suas histórias no rádio e descobriu todos os manuscritos originais não publicados a respeito dele. Mergulhei tão fundo em todos os aspectos da cultura do Super-Homem — e, ao longo do caminho, absorvi detalhes como o número da previdência social de Clark Kent e o nome de solteira da mãe de sua namorada — que, às vezes, sou consultado por fontes tão variadas como a revista *Time*, o *The History Channel* e os produtores da série *Smallville*. Eu achava que conhecia o Super-Homem por dentro e por fora. Mas estava enganado.

A PERGUNTA QUE EU NÃO SABIA RESPONDER

Até a primavera de 2002, fazia muito tempo que ninguém me trazia uma boa pergunta acerca do Super-Homem. Isso mudou no dia em que, por estranho que pareça, me deparei com uma que nunca havia me ocorrido: "Por que ele faz o que faz?"

O homem que fez essa pergunta e teve o prazer de testemunhar uma vida toda de sabedoria evaporar de meu rosto quando me senti incapaz de encontrar uma resposta, foi Dan Didio, editor executivo da DC Comics, que publica as aventuras do Super-Homem. Como eu já disse, ser especialista no Super-Homem não é o meu emprego, embora seja uma linha secundária pertinente. Na maior parte de minha vida adulta, desfrutei uma carreira de relativo sucesso como escritor de histórias em quadrinhos, e meu chefe havia me sugerido criar uma nova série chamada *Superman: Birthright* (ou Super-Homem: Direito Inato), cuja proposta seria "reimaginar o Super-Homem para o século XXI". Era compreensível ele querer que eu usasse a motivação básica do Super-Homem. Por que o Super-Homem faz o que faz? Quais são seus motivos? O que o leva a assumir o papel de protetor e defensor de todos? Por que ele procura sempre fazer a coisa certa?

"Por quê? Porque...", eu comecei a dizer, gaguejando, "porque o certo é... é... é fazer a coisa certa..."

"Estou encarregando você de reimaginar mais que *isso*", meu chefe insistiu, e ele tinha razão. Como eu havia crescido com o Super-Homem, assumido sua presença fictícia em minha vida, estava dando uma resposta fácil, infantil — e babaca. A verdade é que eu não tinha a menor ideia, e precisava fazer a minha parte para revitalizar o impacto do personagem em um mundo pós-11 de setembro... Bem, de qualquer forma, o Super-Homem merecia mais de mim.

Os super-heróis dos quadrinhos eram criados — e ainda são, em sua raiz — como uma fantasia adolescente de poder. Em termos de construção literária, eles não precisam ser muito complexos; em suas vestimentas coloridas, lutando contra vilões extravagantes e ameaças hiperdramáticas nada sutis, eles têm o intuito de excitar a imaginação das crianças com o mesmo fogo e mesma energia dos mitos e contos de fada do passado. Mas, para os garotos de hoje, diante do perfil e da estrela ascendente de Batman, do Homem-Aranha e de Wolverine, o Super-Homem torna-se cada vez mais irrelevante. Como força de cultura *pop*, seu maior impacto foi quase meio século atrás, e hoje há gerações inteiras para as quais o Super-Homem é tão importante e significativo quanto o Pica-Pau ou *Amos'n'Andy**. E, falando como um homem de 40 e poucos anos, é tentador presumir simplesmente que a criançada de hoje "não sabe o que é bom". Mas essa posição ignora o fato inegável de que o público *Gen-X* e *Gen-Next,* que eu atendo hoje em dia como escritor de histórias em quadrinhos, vê um mundo muito mais perigoso, mais injusto e muito mais enlouquecido que o mundo visto pela minha geração. Para eles, e provavelmente de maneira mais correta do que a criança que existe em mim gostaria de acreditar, o mundo é um lugar onde sempre vence o capitalismo desenfreado, onde os políticos sempre mentem, os ídolos esportivos usam drogas e batem na mulher, e onde as cercas e os piquetes são suspeitos porque escondem coisas terríveis.

E Superman, o ultraconservador e Grande Escoteiro Azul, *protege* ativamente esse *status quo*. Não é à toa que ele perdeu o brilho.

---

* *N.E.: Série americana da década de 1950 estrelada por um elenco composto somente por negros.*

Até que ponto um homem que voa e usa uma capa vermelha é relevante para jovens que têm de passar por um detector de metal na escola? Como os jovens encontrarão inspiração em um alienígena, quando aprendem que os visionários morais e as figuras inspiradoras da história — de Bobby Kennedy a Martin Luther King e Mohandas Gandhi — tiveram a mesma recompensa por seus esforços: uma bala e um enterro?[1] Os tempos modernos criaram uma nova distância entre o Super-Homem e o seu público-alvo, porque agora eles não podem perguntar "por quê?". Se esse "Homem de Amanhã" — também conhecido como Kal-El, o Último Filho do planeta Kripton — crescesse no mundo de hoje, onde nada sequer se assemelha ao mais remoto ponto de vista contemporâneo de heroísmo, para que ele pensaria em seguir um caminho altruísta? Que possíveis recompensas o serviço público daria a um Super-Homem que, se quisesse, poderia ficar longe da atenção pública e do escrutínio da mídia? O que uma carreira de bons serviços aos outros traria a um homem que, vestido no conforto de um par de *jeans* e uma camiseta, pudesse viver muito bem espremendo um pedaço de carvão até conseguir um diamante? Ou, colocando de outra maneira, esse é um indivíduo especial que pode ter o que quiser; então, para que ele passaria quase metade de seu tempo cuidando dos outros?

Sim. Eu sei. É um pouco esquisito fazer perguntas tão intensas acerca de uma pessoa que... ora essa, *não é real*. Mas esse é o trabalho de um escritor de histórias em quadrinhos — dar vida a esses heróis, tornando-os críveis e relevantes. Eu tinha certeza de que, do personagem, poderiam ser extraídas boas respostas — se eu estivesse disposto a esquecer uma vida inteira de conhecimento a respeito dele. O grande filósofo Sócrates (469-399 a.C.)* acreditava que uma busca genuína pela sabedoria começa quando admitimos que não sabemos nada. Só então podemos aprender de verdade. Sócrates deveria ter escrito histórias em quadrinhos.

Uma grande parte do esforço de recontar o mito do Super-Homem para um público moderno consistia em encontrar uma certa distância, em dar a mim mesmo a perspectiva necessária para separar seus elementos atemporais dos detalhes que poderiam ser atualizados. Não havia motivo, por exemplo, para o *Daily Planet* — o local de trabalho escolhido por Clark Kent — não ser um serviço de notícias pela *internet*, em vez de um boletim impresso. Ou, em nossa era afoita por privacidade, um homem com visão de raios X e superaudição teria de ganhar a confiança dos cidadãos de Metrópolis, em vez de simplesmente ter e usar esses poderes. Mesmo

---

1. Gandhi foi cremado, e suas cinzas, misturadas com leite, foram espalhadas no rio Ganges — uma forma de sepultamento semelhante ao feito no mar, mas muito sagrado para os hindus.
* N.E.: Sugerimos a leitura de As Dores de Amor de Sócrates, *Kay Hoffman, Madras Editora.*

assim, a maior parte da cultura do Super-Homem com a qual eu já estava calejado se mantinha firme após esse escrutínio. Vindo em uma nave, ainda bebê, de um planeta em vias de extinção, orbitando uma estrela vermelha moribunda? Correto — embora sua nave tivesse de ser equipada com alguma espécie de dispositivo que impedisse a detecção pelo NORAD. Adotado por um bondoso casal de fazendeiros no centro-oeste dos Estados Unidos, que lhe dá o nome de Clark Kent? Aprovado — mas eu queria apresentar a família Kent um pouco mais jovem e, portanto um pouco mais enérgica na formação de Clark. Disfarçado de pacato cidadão? Sem problemas. Na verdade, esse aspecto de seu caráter, aprovado pelo escrutínio, fazia mais sentido agora do que nunca. Claro, Kal-El desejaria não se mostrar muito. Como você reagiria, se alguém que você acredita conhecer bem revelasse que tem uma força descomunal e é capaz de derreter um carro com um olhar de raiva? As pessoas tremem nas estruturas quando veem esse homem usar seus poderes de forma tão deflagrada. Ficam paranoicas. Ele tem poderes sobre-humanos *e* mantém-nos em segredo? Que segredo *grande*! O que mais será que ele esconde?, perguntariam. As possibilidades seriam infinitas, e algumas sinistras.

Quem é ele, *afinal*?

Essa resposta nós temos, assim como Kal-El. Ele tem lembranças vagas de seu mundo perdido, principalmente à noitinha, quando sente uma tristeza inexplicável ao ver o pôr do sol avermelhado no horizonte. E em sua identidade de Clark Kent, sempre que ele tem de passar a bola no jogo por medo de aleijar o time adversário, sempre que ouve um pinguim na Antártida pular na água quando ele está tentando descansar em uma praia do Havaí, sempre que se entrega a um momento de alegria entusiástica e olha para baixo para ter certeza de que está mesmo andando no ar, Kal-El capta a mesma mensagem: ele não é daqui. Não pertence a este mundo. Foi criado como um de nós; mas, na verdade, não é um de nós. O Super-Homem é o único sobrevivente de sua raça. Ele é um ser extraterrestre, e deve estar mais sozinho neste mundo que qualquer outra pessoa.

E aí está a chave.

A NECESSIDADE DE PERTENCER

O desejo básico de pertencer, de fazer parte, é um aspecto fundamental da natureza humana. Como definiu o psicólogo Abraham Maslow (1908-1970), nossa necessidade de nos ligarmos aos outros é vital para o nosso bem-estar, só perdendo em prioridade para as necessidades fisiológicas (que quase não significam nada para Kal-El, cuja estrutura celular não se alimenta de comida, mas da energia solar) e para a necessidade de segurança (um instinto que deve ser diferente para um homem que pode sobreviver a uma explosão nuclear direta). Vale presumir que, apesar de sua origem extraterrestre, Kal-El sente a mesma necessidade básica de comunidade que todos os seres humanos à sua volta sentem; do contrário, ele não se daria ao trabalho de ser Clark Kent e preferiria voar pelo espaço, explorando o sistema solar e outras galáxias, em vez de trabalhar das 9 às 18 horas em Metrópolis.

Partindo dessa suposição, eu comecei a examinar algumas teorias de como Kal-El poderia satisfazer a sua necessidade de comunidade; mas só quando encontrei na *internet* um texto de uma autora chamada Marianne Williamson é que tudo se cristalizou para mim:

> Nosso medo mais profundo não é o de sermos inadequados. Nosso medo mais profundo é o de sermos poderosos além das medidas. O que mais nos assusta é a nossa luz, não a nossa escuridão. Quem sou eu para ser brilhante, bela, talentosa, fabulosa? Na verdade, quem você é para *não* ser tudo isso? Você é filho de Deus. Bancar o insignificante não presta um serviço ao mundo. Nada há de iluminado em se diminuir para os outros não se sentirem inseguros perto de você. Todos fomos feitos para brilhar, como brilham as crianças. Nós nascemos para manifestar a glória de Deus, que está dentro de nós. Não está só em algumas pessoas, mas em todas. E, quando deixamos nossa luz brilhar, inconscientemente damos às outras pessoas permissão para fazer o mesmo. Quando nos livramos de nosso medo, nossa presença automaticamente libera os outros.[2]

Como Kal-El se liga com o mundo à sua volta? Não é dando as costas à sua herança alienígena, embora esse fosse seu instinto quando crescia em uma cidade pequena. Não; ele se liga *abraçando* essa herança — criando, como adulto, uma nova identidade, que é tão kriptoniana quanto Clark Kent é humano. Kal-El sabe, por instinto, que só quando ele usa seus dons naturais é que se sente vivo e engajado. Só quando age em seu pleno potencial, em vez de se esconder por trás de um par de óculos, ele participa de verdade do mundo à sua volta. Só quando é abertamente kriptoniano, ele pode ser também um homem da Terra, com exuberância e excelência. Quando ele vive como a pessoa que realmente é, em total autenticidade com sua natureza e seus dons, e aplica suas distintas forças a serviço dos outros, ele assume seu lugar justo na comunidade, da qual agora ele faz parte e na qual se sente realizado. Não foi por coincidência que, quando o filósofo Aristóteles (384-322 a.C.) pretendia descobrir a raiz da felicidade, ele começou a explorar o que é viver com excelência. O Super-Homem, a seu modo, descobriu a mesma relação.

---

2. Marianne Williamson, A Return to Love: Reflections on the Principles of A Course in Miracles *(New York: Harper Collins, 1992).*

Quando comecei a formular *Superman: Birthright*, ocorreu-me que Kal-El devia saber muito pouco acerca de sua origem, mas seria suficiente. Dois artefatos foram deixados com ele por seus pais verdadeiros, ambos o acompanhando em sua jornada. O primeiro era uma espécie de "*e-book*" kriptoniano — uma tabuinha eletrônica com uma série de ilustrações parecidas com quadrinhos contando a história de Kripton, e, embora não compreendesse a língua, Kal-El inferiu pelas imagens que a raça dele era de aventureiros e exploradores, ansiosos por plantar sua bandeira e marcar a vitória de sua sobrevivência. Seus compatriotas eram pessoas de grandes feitos e conquistas. O segundo artefato que ele tinha era a bandeira em si: uma bandeira azul e vermelha centrada em torno de um glifo alienígena que, se os kriptonianos falassem uma língua da Terra, teria uma semelhança mais que coincidente com a nossa letra "S". Uma bandeira sempre assinala uma espécie de distinção, conquista, orgulho. Dá ao indivíduo que a adota uma raiz no passado e em um povo, ao mesmo tempo em que o prepara para viver no presente e planejar-se para um futuro promissor, com um senso de tradição, direção e valor.

Baseando-se no que ele sabia a respeito das modas históricas de sua "tribo" kriptoniana, Kal-El usou a bandeira e criou uma roupa colorida que refletisse a imagem de seu povo e, ao mesmo tempo, fosse exclusiva dele; um uniforme com capa, celebrando e homenageando sua raça. Depois, vestindo essa roupa, ele alçou aos céus, com coragem e sem timidez, usando seus superpoderes para salvar vidas e manter a paz. Foi durante a sua primeira aparição em público que uma colega repórter chamada Lois Lane decidiu que o símbolo representado no peito de seu herói deveria significar "Super-Homem", e assim o nome emplacou, bem como a missão.

O GRANDE PARADOXO

O paradoxo resultante pegou-me de surpresa. Desde a sua criação, o Super-Homem tem sido um exemplo brilhante da virtude do heroísmo altruísta para leitores em todo o mundo — mas ele conseguiu isso *agindo em interesse próprio*. Sim, o Super-Homem ajuda quem está em perigo porque ele sente um dever moral superior, e sim, faz isso porque seus instintos naturais e sua formação no centro-oeste americano induzem-no a atos de moralidade — mas, junto a esse genuíno altruísmo, há uma quantidade saudável de interesse próprio e uma qualidade invejável de sua parte de equilibrar as suas necessidades pessoais com as dos outros, de um modo que beneficie a todos. Ao ajudar os outros, o Super-Homem ajuda a si mesmo. Quando ele vai ao socorro de alguém, está exercendo seus poderes distintos e cumprindo seu verdadeiro destino. E isso, claro, o beneficia. Quando ele assume sua história e sua natureza, lançando-se àquelas atividades que mais o satisfazem e confortam, ele ajuda os outros. Não existe uma escolha exclusiva entre as necessidades do indivíduo e as necessidades da comunidade maior. Não há uma contradição aqui entre o eu e a sociedade. Mas não deixa de ser paradoxal, embora inspirador. O Super-Homem cumpre seu destino e sua natureza; e o resultado é que muitas outras pessoas lucram com isso.

O homem tem, sem dúvida, uma identidade secreta, e astuta o suficiente para enganar-me desde a infância. Mas não creio que ele desaprovaria a minha denúncia dela. O Super-Homem é, na verdade, o indivíduo autêntico que aceita quem ele é de fato, celebrando esse verdadeiro eu e usando todos os seus poderes para o bem dos outros e de si mesmo.

Quando eu acreditava que nada mais tinha a aprender de um simples herói de minha infância, o Super-Homem revela-se a mim como uma ferramenta por meio da qual eu posso examinar o equilíbrio entre altruísmo e autointeresse em minha vida, que é uma lição tão valiosa quanto as que ele me ensinou anos atrás. Realmente, a batalha dele não termina.

CAPÍTULO 2

HERÓIS E SUPER-HERÓIS

Jeph Loeb e Tom Morris

Muitos escritores, artistas e outros indivíduos no ramo dos super-heróis assumiram essa interessante tarefa porque acreditam que as histórias desses personagens personificam nossas mais profundas esperanças e medos, bem como nossas maiores aspirações, e que nos ajudam a lidar com nossos piores pesadelos. Elas fazem perguntas que todos teremos de enfrentar no futuro. E isso é feito de um modo que nos dá um novo sentido de direção e resolução para viver a vida.

DEFININDO UM HERÓI E UM SUPER-HERÓI

Comecemos com uma pergunta simples. O que é um super-herói? O que diferencia um super-herói de uma pessoa normal? Bem, em primeiro lugar, eles costumam ter a aparência um pouco diferente. Alguns vestem capa e, desde os tempos do Conde Drácula, poucas pessoas usam esse tipo de vestimenta. Alguns têm dispositivos incrementados que trazem no cinto. Um deles tem garras de metal que saltam das mãos. Outro é muito verde e você não gostaria de estar por perto quando ele fica zangado. Há um bocado de *spandex** envolvido, e é comum o movimento acima do solo. Nomes com hífen ou compostos terminando ou começando com "homem" e "mulher", ou "garoto" ou "garota", também são um traço muito presente. Via de regra, os super-heróis possuem poderes e habilidades muito além da capacidade dos mortais comuns. E eles buscam a justiça, defendendo os oprimidos, ajudando os indefesos e vencendo o mal com a força do bem.

Algumas pessoas creem que o conceito de um super-herói é problemático. Entendendo o super-herói como uma pessoa que arrisca a vida pelos outros e leva o prefixo "super" para identificar a posse de superpoderes, elas argumentam que, quanto mais super um indivíduo é, menos heroico ele pode ser e, por outro lado, quanto mais heroica for uma pessoa, menos super-ela será. O raciocínio é simples. Quanto mais poderoso for um indivíduo, menos riscos ele correrá em combater o mal e ajudar os outros. O que há de tão heroico em impedir um assalto à mão armada, se a sua pele é à prova de balas e sua força é irresistível em comparação com qualquer malfeitor de rua, comum ou fora do comum? Por outro lado, se você for heroico em suas ações, é porque de fato teria muito a perder se as coisas não saíssem bem, o que pode acontecer se você não tiver os poderes típicos dos super-heróis. Se esse argumento estiver certo, então, na pior das hipóteses, o conceito de um super-herói em seu idealismo extremo é um oximoro, que significa literalmente incoerente, uma contradição de termos. Por outro lado, os únicos indivíduos com superpoderes combatendo o mal e trabalhando pelo bem dos outros, e que poderiam ser considerados heróis, são aqueles que se encontram no extremo inferior do espectro, com poucas proteções e muitas vulnerabilidades. O Super-Homem, por exemplo, seria desqualificado como heroico em suas ações normais, exceto talvez ao se defrontar com a kriptonita.

Por mais tentador que seja esse raciocínio, é baseado em um simples erro de interpretação do que é heroico. O dicionário define "herói" como um termo derivado do grego antigo, e significando "homem com qualidades

---

* *N.E.: Nos quadrinhos, os super-heróis ou heroínas geralmente usam os uniformes feitos de material flexível chamado* spandex, *também conhecido como elastano, uma fibra sintética conhecida por sua elasticidade excepcional.*

magnânimas; semideus". Outra explicação é também "homem extraordinário por seus feitos guerreiros", ou ainda "homem admirável por feitos e qualidades nobres". Esta última é particularmente interessante. Nenhum nível de realizações e feitos é suficiente para fazer de alguém um herói. Tal pessoa deve personificar qualidades nobres, também. Procure a palavra "nobre" no dicionário e encontrará frases como "de sublime caráter ou ideais" e "moralmente elevado". O conceito de um herói é uma categoria. A ideia de um super-herói não é um oxímoro — um conceito composto de duas noções incompatíveis: um ser invulnerável arriscando vulnerabilidades (que, claro, ele não pode ter, já que é invulnerável) em nome de um bem maior. Essa não é, de forma alguma, a ideia de um super-herói. Um super-herói é um indivíduo de força extraordinária, com pontos fracos e fortes, cujo nobre caráter o leva a fazer atos dignos.

Mas, vamos retroceder um pouco e examinar melhor a ideia fundamental do herói. Há muitos heróis nas obras de ficção e no mundo real que não possuem superpoderes. Os heróis que vivem e trabalham à nossa volta todos os dias incluem bombeiros, policiais, médicos, enfermeiros e professores. As pessoas nesses empregos geralmente transcendem o interesse próprio normal, colocando os interesses e as necessidades dos outros em primeiro lugar na lista de suas prioridades. Eles lutam pela saúde, segurança, crescimento e excelência do ser humano. Eles são os guerreiros da vida diária cujos sacrifícios e atos nobres beneficiam a todos nós.

Mas não costumamos pensar nessas pessoas como heróis. E isso é ruim. As contribuições desses heróis são tão comuns, e tão presentes em nosso convívio, que podemos facilmente ignorar seu caráter distinto. Só observamos essas pessoas e as reconhecemos como heroicas quando elas vão muito além do limite normal de suas atividades heroicas e chamam nossa atenção de uma maneira dramática. Mas, se nós entendêssemos melhor as coisas, veríamos o drama e o verdadeiro heroísmo em que consistem suas atividades normais. Em uma cultura permeada por interesses próprios e passividade autoindulgente em que as pessoas são mais inclinadas à função de espectador do que de participante, e preferem o conforto fácil a iniciar uma mudança necessária, nós podemos esquecer a relativa raridade da motivação por trás do que é uma atividade verdadeiramente heroica. A respeito desses indivíduos e de seu trabalho, nós gostamos de pensar que "eles fazem isso porque gostam". E com essa atitude, reconfortamo-nos. "Eles não são melhores do que nenhum de nós".

Um dos problemas que J. Jonah Jamison, editor chefe do tabloide nova-iorquino *Daily Bugle*, tem com o Homem-Aranha é que a mera existência de um homem que vive para os outros, que sacrifica aspectos importantes de sua vida privada em um esforço contínuo de ajudar e salvar pessoas que ele nem conhece é uma constante repreensão para o resto de nós, por nossa inércia apática, e portanto cumplicidade, diante dos muitos males do mundo. Em algumas proeminentes histórias em quadrinhos, a princípio as pessoas comuns dão as boas-vindas aos super-heróis como salvadores tão necessários; mas, depois os subestimam, e por fim começam a se ressentir deles por seus esforços heroicos e incessantes em fazer o que o resto da população deveria estar fazendo. Os super-heróis destacam-se não só por causa de suas roupas e poderes, mas também por seu ativismo altruísta e a dedicação ao que é bom.

De uma maneira interessante, nós podemos e devemos estender nosso conceito de herói para além daquelas ocupações que, sem dúvida, requerem o confronto com o perigo pessoal pelo bem dos outros, ou que envolvem sacrifício financeiro a serviço do que é necessário para o bem social. Deveríamos entender que uma mãe que fica em casa pode ser uma heroína, assim como um funcionário público, um engenheiro, um músico ou um artista. Qualquer pessoa que defende o bem e o certo, contra todas as forças contrárias que tentam minar seus esforços, pode ser vista como heroica. Uma pessoa pode entrar em uma luta heroica contra o câncer ou alguma outra doença terrível. Um rapaz ou uma moça pode lutar como herói para ter uma educação formal, apesar de todas as diversidades e expectativas contrárias. O heroísmo, como conceito, nunca deveria ser diminuído pela aplicação excessiva, mas, ao mesmo tempo, nós não o entendemos muito bem, a menos que o vejamos sempre que for apropriado.

Essa visão ajuda-nos a abordar outra preocupação com o termo "super-herói". Uma vez que a definição grega original de herói envolvia o atributo de "qualidades sobre-humanas", podemos ser tentados a achar que a palavra "super-herói" implica intrinsecamente uma redundância desajeitada. Mas, como o conceito crucial de um herói se metamorfoseou com o passar do tempo, desde aquela antiga ideia que não envolvia superpoderes até a noção mais moderna que enfoca os grandes feitos e a nobreza moral, é necessário um termo que traga o componente de poder superior de volta ao equilíbrio. E é assim que obtemos nosso conceito de um super-herói. Um super-herói é um herói com poderes sobre-humanos, ou pelo menos habilidades sobre-humanas, o que se desenvolveram a um nível super-humano. Isso coloca o Batman e o Arqueiro Verde na briga, onde eles devem estar. Mas, lembrando-nos do "super", nunca podemos esquecer do elemento do "herói", também. Há limites para o desenvolvimento da psicologia do super-herói por parte dos escritores de histórias em quadrinhos e roteiristas de filmes. Pode haver trevas em um personagem, além da luz, como acontece com toda vida humana; mas essas trevas precisam ser refreadas pelo bem e pelo nobre, ou sairemos do reino do verdadeiro super-heroico. Nem todo fantasiado combatente do crime é um herói, nem todo indivíduo que possua poderes sobre-humanos é necessariamente um super-herói.

COMO SER UM HERÓI

Em *Superman for All Seasons*, era importante retratar a verdadeira natureza da escolha heroica que Clark Kent fez, e continuou fazendo, para ser o super-herói que conhecemos. Para servir o maior número possível de pessoas que precisam de ajuda, ele precisou deixar a casa de seus amáveis pais, a cidade onde cresceu e a garota com quem tinha um vínculo especial e um segredo, e se mudar para longe, sozinho, a fim de iniciar sua missão de serviço. Ele teve de fazer grandes sacrifícios. E, se pensarmos nisso, o sacrifício — assim como a habilidade para fazê-lo — é uma virtude esquecida em boa parte da sociedade moderna. Ou pelo menos, não é devidamente apreciado. Nós costumamos pensar no sacrifício em termos quase negativos, enfocando aquilo que temos de abandonar e perdendo de vista o valor da meta que não pode ser alcançada sem o sacrifício. Um sacrifício é sempre um pagamento adiantado ou um custo muito alto. Ele é racional e benéfico quando o que está sendo comprado é um grande bem e não pode ser obtido de outra maneira.

O Super-Homem sacrifica-se muito para fazer todas as coisas heroicas que ele faz. O mesmo dizemos de Peter Parker, para prestar serviço como Homem-Aranha. Matt Murdock abre mão de suas noites, e de boa parte de suas horas de folga, para proteger as pessoas inocentes da Cozinha do Inferno e dos outros lugares. E todo esse sacrifício exige autodisciplina, que está tão longe da mira de algumas pessoas quanto o sacrifício em si, hoje em dia, como algo bom, de valor e importante no arsenal das qualidades humanas desejáveis. Poder sem autodisciplina ou é desperdiçado ou é perigoso. A autodisciplina é uma forma de focalização que ajuda uma pessoa a fazer o maior bem possível.

Na narrativa de *Superman for All Seasons*, Lois Lane fica perplexa pelo modo como alguém com os poderes do Super-Homem poderia usá-lo como ele usa, justamente porque não é muito comum ver algo assim. Quanto mais poder obtemos, mais ávidos nos tornamos para buscar interesses próprios e servir só a nós mesmos. Mas é aí que os super-heróis se destacam. Eles percebem que não há uma satisfação verdadeira sem o doar-se. Eles entendem que nós temos nossos talentos, e temos poderes para usá-los; e o uso deles para o bem dos outros e nosso é o melhor uso.

O conceito de um herói é o que os filósofos chamam de conceito normativo. Ele não apenas caracteriza o herói, mas nos permite vislumbrar como deveria ser. Tem um certo poder sobre nós. Apresenta-nos algo a aspirar, na vida. Os super-heróis proporcionam grandiosas imagens fictícias vívidas e grandiosas, e são ao mesmo tempo inspiradores e motivadores. Quando são bem desenvolvidos e retratados, eles nos dão algo que deveríamos almejar. Platão acreditava que o bem é atraente por natureza. Se não formos impedidos de vê-lo e apreciá-lo como ele é, o bem nos atrairá à sua direção. Ele nos motivará e guiará nossos passos. É por isso que a descrição das histórias heroicas e super-heroicas é de força moral. Desde a nossa infância até a idade adulta, os super-heróis podem nos lembrar da importância da autodisciplina, do autossacrifício e de nos devotarmos a algo bom, nobre e importante. Eles podem ampliar nossos horizontes mentais e apoiar nossa determinação moral, enquanto nos entretêm.

Não precisamos dizer que os quadrinhos de super-heróis têm a intenção de ser instrutivos ou de natureza moralista. Às vezes, são só divertidos. Mas é sensato sugerir que os super-heróis existem há tanto tempo e continuam sendo tão populares, em parte, porque falam à nossa natureza, bem como às nossas aspirações e aos nossos medos. Todos nós queremos ser importantes, ter algum impacto neste mundo e ser reconhecidos por esse impacto. Os super-heróis mantêm viva a chama em nosso coração, na medida em que ponderamos o sentido de sua missão e os vemos vivê-la. Mas suas histórias também falam aos nossos medos, e de modo igualmente importante.

MEDO E AS HISTÓRIAS DE SUPER-HERÓIS

Todos nós temem os o mal. Faz parte da natureza humana. As histórias dos super-heróis retratam de maneira vívida as formas do mal que poderiam entrar em nossa vida. Os cientistas loucos, os políticos com fome de poder, os solitários mal-amados e ressentidos, o crime organizado, o terrorismo, os empresários que só visam aos lucros, todos nos lembram das muitas fontes de perigo em nosso mundo. E, além disso, às vezes ficamos fascinados e ao mesmo tempo um pouco preocupados com o que nos espreita lá fora, no Universo maior. Muitas histórias de super-heróis abordam esses medos também. Os super-heróis mostram-nos que todos esses perigos podem ser enfrentados e vencidos. Eles exibem o poder do caráter e da coragem acima da adversidade. E assim, até quando lidam com nossos medos, os super-heróis podem ser inspiradores.

Todos nós enfrentamos adversidades na vida. E às vezes isso pode ser desanimador. Somos inclinados a desistir e encontrar um caminho mais fácil. Mas, os super-heróis mostram-nos que nada que valha a pena é fácil. Mesmo com seus superpoderes, o maior dos super-heróis às vezes só vence a adversidade por causa daquilo a que os filósofos chamam de virtudes clássicas, e algumas neoclássicas também, como a coragem, a determinação, a persistência, o trabalho em equipe e a criatividade. Eles não aceitam derrota. Nunca desistem. Eles acreditam em si mesmos e em sua causa, e não medem esforços para atingir suas metas. Mostrando-nos que até as pessoas muito poderosas têm de lutar e se empenhar na luta para vencer, eles nos ajudam a lidar com os medos que enfrentamos em relação às nossas perspectivas no mundo. É difícil. E daí? Nós conseguiremos.

Há outro tipo de medo, menos óbvio, mas talvez de igual importância, que muitas narrativas de super-heróis trazem à nossa atenção. Muitos de nós temem os o que é necessário fazer para enfrentar o mal no mundo.

Teremos de recorrer à força e à violência para conter ou derrotar as forças que ameaçam a nós e àqueles que amamos? Os super-heróis fazem isso com frequência, mas eles sabem chegar ao limite. Nós sabemos?

Muitos grandes filósofos entendem que nós, seres humanos, somos criaturas de hábitos. Quando recorremos à violência para resolver um problema, estaremos mais propensos a repetir o ato em uma ocasião futura — mesmo que não seja necessário. Somos inclinados a fazer aquilo a que estamos acostumados, e um único ato pode nos acostumar a algo novo. Se formos enviados a uma guerra em outro país, será que voltaremos mais violentos? Teremos a vida arruinada? Sofreremos uma mudança prejudicial para sempre? Esse é um medo real para qualquer pessoa de bem que vive no mundo moderno.

Além dessa tendência a formar hábitos, todos nós temos uma espécie de limiar sempre crescente de expectativas, que transparece em muitas dimensões de nossa vida. Esse limiar é um fenômeno geral. Quanto mais dinheiro as pessoas ganham, mais querem, e mais acham que ele é necessário para uma vida confortável. Um copo de vinho durante o jantar pode logo virar dois, e depois três. O uso da força e da violência funciona do mesmo modo. O que antes era completamente inaceitável pode, de repente, parecer necessário, ainda que lamentável, e, por fim, até bom, à medida que avançamos por um novo território. Nós vemos isso em tempos de guerra, quando formas aceitáveis de violência acabam gerando terríveis atrocidades. As pessoas de bem, com razão, temem o efeito da força e da violência em suas almas. Se eu tiver de resistir ao mal com violência, o que será de mim? Se eu derrotar o mal violentamente, não terei deixado o mal triunfar, ainda que de outra maneira, em minha alma?

Os super-heróis dão-nos exemplos de boas pessoas que são capazes de usar a força quando necessário, e até de cometer atos violentos, dentro dos limites, para derrotar e subjugar um mal até então incessante, mas sem deixar que tal atitude saia do seu controle ou repercuta de forma negativa em seu caráter. Batman, Homem-Aranha e Demolidor, bem como Super-Homem e muitos outros, exercem um tremendo autodomínio e tomam o cuidado de traçar uma linha a qual não atravessarão. Eles são capazes de combater o mal sem se tornar malévolos. Agindo assim, eles abordam o nosso medo de que tal coisa não possa ser feita. Eles nos mostram que podemos fazer o que quisermos diante do mal, se permanecermos em firme contato com nossas motivações mais nobres e nossos mais caros valores. Isso não significa, porém, que não seja perigoso. É muito perigoso. Mas o bem ainda pode prevalecer.

O EXEMPLO DO SUPER-HERÓI

Esteja ele segurando um batedor de carteira, frustrando um dos planos malignos de Lex Luthor ou desviando um asteroide de seu curso de colisão contra a Terra, o Super-Homem dá-nos sempre um exemplo de compromisso com a verdade, com a justiça e não só com o jeito americano, mas o jeito verdadeiramente *humano*. Muitos outros super-heróis também nos mostram isso. Todos devemos nos empenhar em viver para o bem, não só nosso, mas das outras pessoas à nossa volta. Deveríamos nos preocupar com nossa comunidade e nosso mundo maior. Há muito mal a combater e muito bem a fazer. A vida espera nossas melhores contribuições. Os super-heróis trabalham não só pelas pessoas que apreciam seus esforços, mas também por aquelas que os criticam e insultam. Eles não fazem o que fazem por popularidade. Eles fazem porque é certo.

Os super-heróis, obviamente, são indivíduos muito bem-dotados. No mundo antigo, o proeminente e prático filósofo romano Sêneca disse, certa vez: "Nenhum homem de dons elevados se agrada com algo inferior e medíocre. Uma visão de grande conquista o chama e o faz erguer-se."[3] Isso se aplica adequadamente ao Super-Homem e a muitos outros. Mas todos nós temos dons, de um modo ou de outro. Todos nós temos talentos e poderes. Se pudermos seguir os super-heróis, não permitindo que o inferior e o medícre interfiram em nosso desenvolvimento e uso desses dons, podemos inserir um pouco da mentalidade super-heroica em nossa vida.

O filósofo Sêneca também nos deu um grande conselho quando escreveu:

> Escolha para si um herói moral cuja vida, conversa e rosto expressivo lhe agradem; e então imagine-o o tempo todo como seu protetor, seu padrão ético. Todos nós precisamos de alguém cujo exemplo possa nortear nosso caráter.[4]

E ainda:

> Valorize um homem de grande caráter e tenha-o sempre em mente. Então, viva como se ele o estivesse observando e ordene todas as suas ações como se ele as visse.[5]

Muitos outros filósofos da Antiguidade também insistiam nisso. E é uma atitude muito eficaz. As pessoas podem ter na cabeça a imagem do pai ou da mãe, de um irmão que admiram, de um grande professor, de um amigo mais velho ou mentor sábio, ou até de um nobre líder moral assim como Gandhi, como pedra de toque para suas decisões e ações. O que meu pai faria? O que minha mãe faria? Eu agiria assim se meu melhor professor,

---

3. Tradução para o inglês de Tom Morris, em Tom Morris, *The Stoic Art of Living (Chicago: Open Court, 2004), p. 21.*
4. The Stoic Art of Living, *p. 55.*
5. The Stoic Art of Living, *p. 56.*

ou meu marido/minha esposa estivesse me observando? E, por mais engraçado que pareça, o melhor dos super-heróis pode funcionar para nós exatamente da mesma maneira. Eles são exemplos morais. O Super-Homem pode nos inspirar. Batman pode nos refrear quando queremos ser precipitados. O Homem-Aranha pode nos ajudar a entender que a voz da consciência é sempre mais importante que a cacofonia de vozes à nossa volta, que talvez estejam nos condenando, ou desconsiderando o que pensamos. Demolidor pode nos lembrar de que as nossas limitações não precisam retardar nossos passos e que todos nós temos forças ocultas com as quais podemos contar quando as circunstâncias forem particularmente desafiadoras.

O caminho heroico às vezes é solitário, mas é sempre o certo. Com uma imagem dos super-heróis em mente, nós podemos achar um pouco mais fácil seguir a nobre estrada moral que nos satisfará, no fim. O que o Super-Homem faria? Dê a sua versão. O mundo sempre precisa de mais um herói.

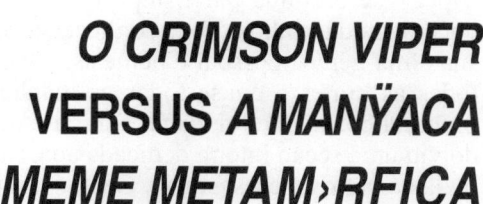

CAPÍTULO 3

O CRIMSON VIPER VERSUS A MANŸACA MEME METAM›RFICA

Dennis O'Neil

Você está olhando para a calçada, resmungando algo a respeito de Crimson Viper. Eu acho que sei o que o está incomodando. "O novo Viper é uma droga", você reclama, e eu suspiro e peço a sua colaboração, que me conte toda a história, capítulo e verso, embora eu já saiba muito bem o que você vai dizer. Mal pode se conter para falar... Você *tem de falar com* alguém. *Não se dá bem com a sua mãe, dispensou o terapeuta e eu estou bem aqui.*

O QUE PARECE SER O PROBLEMA

O que você diz é: quando você era um grande leitor de quadrinhos, na época da escola e até na faculdade, tinha um super-herói favorito, o Crimson Viper. Ele era uma parte importante de sua vida. Depois, a vida afastou você dos quadrinhos. Você conheceu a pessoa a que se refere como "Ela", sua alma gêmea pessoal e nêmesis, e casou-se com Ela, e brigou com Ela todas as noites e quase todas as manhãs, até que resolveu sair de casa, procurar consolo, e foi visitar a livraria de quadrinhos mais próxima. Quando viu uma seção inteira dedicada ao Crimson Viper, você fez algo que não fazia há vários meses: sorriu. Gastou um bom dinheiro comprando todos os números atrasados que perdeu, voltou correndo para a sua (obscura) pousada, deitou-se no colchão (cheio de calombos), abriu uma revista de histórias em quadrinhos e...

Cinco minutos mais tarde, você a atirou pela — suja — sala. Estava *errado*! Aquele não era o *seu* Viper!

Não, não era. O Viper havia mudado muito nos quatro anos em que você se separara dele. Você se sente ultrajado. Sente-se traído, como sentiu-se quando descobriu a verdade de todas aquelas visitas Dela à irmã.

O QUE É O PROBLEMA

"O seu problema", eu digo, "é que você está tentando fazer aquilo que Heráclito disse que não poderia ser feito".

Você ainda olha para a calçada.

"Lembra-se do curso de verão que você fez quando descobriu que precisava de mais um crédito para obter o certificado?", eu pergunto. "Como se chamava a matéria para o crédito...? 'Um exame aprofundado dos grandes filósofos, de Parmênides a Foucault?' Alguma coisa assim... Enfim, você lembra?"

Você levanta os olhos e faz que sim com a cabeça.

"Muito bem, então talvez se lembre de ter lido a respeito de Heráclito. Grego, viveu por volta de 2.500 anos atrás".

Sua expressão diz-me de forma eloquente que pensar em Heráclito não é uma de suas prioridades no momento.

Eu insisto: "Heráclito dizia que nunca podemos entrar em um mesmo rio duas vezes. Isso significa que as coisas estão em constante fluxo. É mais ou menos o que os físicos modernos dizem".

Não tenho certeza de que você está prestando atenção, mas pelo menos parou de olhar para a calçada.

"Bem, algum tempo antes de Heráclito, por volta de 2900 a.C.", eu continuo, "na China, um sujeito chamado Fu Hsi escreveu o *I Ching*, também conhecido como o Livro das Mutações".

Você quer saber se esse é o mesmo *I Ching* que seu primo *hippie* usa para prever o futuro, ou como imagina prever.

"O mesmo", eu digo. "Muitas pessoas, não só os *hippies*, usam o livro como um oráculo. Eu não tenho opinião formada a respeito disso e, para dizer a verdade, não me interesso muito. O que me importa é que uma das lições que o livro ensina é que as coisas e situações estão em constante mudança. Na verdade, a palavra *Ching* diz que as coisas um dia atingem seu oposto. *Yin* um dia torna-se *yang*. A luz torna-se escuridão. O calor torna-se frio. A saúde torna-se doença. O Partido Republicano do século XIX tornou-se o oposto dele mesmo no século XXI, a mesma coisa aconteceu com seu rival, o Partido Democrata".

A sua linguagem do corpo diz-me que você entrou na conversa. Vai me escutar, a menos que meu papo o aborreça demais. Então, eu mudo o enfoque dos antigos sábios para um homem que viveu em tempos muito mais recentes, embora não seja um contemporâneo. Eu lembro a você de que Charles Darwin* introduziu no mundo o termo "evolução", indicando o princípio de mudança no reino da Biologia — das plantas e dos animais.

"O novo Viper é uma droga", você diz, e eu não tenho palavras, o que provavelmente não faz você sofrer. Está ouvindo alguma coisa do que eu digo? *Alguma coisa?*

Deixe-me continuar tentando.

A ÚNICA CONSTANTE É A MUDANÇA

Primeiro, você precisa entender que *tudo*, cada coisa no Universo, muda se você persistir — isto é, se durar qualquer medida de tempo. Lembra-se do velho Heráclito? De Fu Hsi? E lembre-se de que o Crimson Viper tem sido publicado por mais de 30 anos. Ora, deve haver uns dez modos de ver os super-heróis como o Crimson Viper, talvez mais, mas nós ficaremos com dois — como arquétipos e como memes. Sua expressão de dúvida solicita uma explicação. Muito bem, começaremos com "arquétipo". (Preste atenção, talvez tenhamos um teste...)

Um arquétipo, segundo Carl Gustav Jung** (1875-1961), que foi um psicólogo de primeira linha, é uma memória herdada, representada na mente por um símbolo universal e observada em sonhos e mitos. Em outras palavras, é uma imagem plugada em nossos computadores mentais.

Agora, consideremos a origem dos quadrinhos... não, a origem de toda obra de ficção. Falo sob o ponto de vista histórico, não o psicológico;

---

* *N.E.: Sugerimos a leitura de* A Origem das Espécies – e a Seleção Natural, *Charles Darwin, Madras Editora.*
** *N.E.: Sugerimos a leitura de* Carl Gustav Jung e os Fenômenos Psíquicos, *Carlos Antonio Fragoso Guimarães, Madras Editora.*

pergunto onde as primeiras histórias foram contadas. A resposta perde-se na Antiguidade. Provavelmente as primeiras histórias foram contadas pelos exaustos caçadores reunidos em torno de uma fogueira. As primeiras histórias de que se tem registro eram em forma de drama e apresentadas nos Festivais de Dioníso na Grécia, por volta de 600 a.C. Isso significa que elas faziam parte da religião local e eram associadas à Mitologia; afinal, Mitologia é só a religião dos outros, não é? As peças teatrais em si não mudaram muito, pelo que sabemos, mas os mitos sim.

Quer alguns exemplos? Muito bem, experimente estes: Nêmesis, cujo nome hoje é sinônimo de vilão/vilã, começou a vida como uma ideia de equilíbrio moral. Ulisses era um herói para os gregos, mas um monstro para os romanos. Hades usava dois chapéus: ele era o deus da riqueza e o deus dos mortos. E, para aproximarmos a conversa à nossa cultura, Satanás mudou, de um deus egípcio da imortalidade, para um juiz, um anjo de luz, à fonte de tudo que é podre no mundo. O sujeito que hoje é o Papai Noel não foi sempre um velho elfo simpático com renas e um trenó cheio de brinquedos. Quer mais? Na biblioteca e na *internet* você encontrará mais.

Podemos achar que os super-heróis dos quadrinhos são encarnações modernas de alguns dos arquétipos que o bom dr. Jung mencionava? Pense um pouco nisso. O Super-Homem não é uma versão em ficção científica de Hércules e Sansão? Você está em dúvida. Muito bem, deixe-me repetir o que o criador do Super-Homem, Jerry Siegel, *disse* uma vez ao descrever como ele teve a ideia do mais icônico herói de capa do mundo: "De repente, ocorreu-me. Pensei em um personagem como Sansão, Hércules e todos os homens fortes dos quais já ouvi falar, todos em um — *mas mais forte ainda"*.

Podemos continuar. O Flash é uma reinvenção de Mercúrio, o mensageiro dos deuses romanos. A Mulher-Maravilha é de fato *apresentada* como uma das mulheres chatas nos mitos gregos, as Amazonas. O personagem dos quadrinhos da Marvel, Thor, é interiamente aproveitado da mitologia nórdica. Gavião Negro tem uma forte semelhança com outros dois gregos míticos, Dédalo e Ícaro.

Convencido? Então, avante! Concordamos até aqui que os mitos mudaram. Veja esta descrição do processo segundo George Lucas, criador de *Guerra nas Estrelas:**

> A mitologia é um drama encenado há centenas de anos antes de se tornar registrado em argila ou em tábuas, ou em papel para ser decodificado como uma coisa fixa. Mas, esse drama foi encenado em primeiro lugar por um grupo de pessoas de forma

---

* *N.E.: Sugerimos a leitura de* Guerra nas Estrelas e a Filosofia, *coletânea de William Irwin, Madras Editora.*

que o *feedback* psicológico dissesse ao narrador que caminho seguir. A Mitologia foi criada a partir daquilo que emocionalmente funcionava como uma história.

Assim, no passado remoto — *muito* remoto —, bardos e menestréis, ou como eram chamados os profissionais de entretenimento da época, iam de um lugar para outro, contando suas histórias e mudando o tema ao perceber o que agradava às multidões. Homero devia trabalhar assim. Mas claro que ele *ouvia* o que agradava às multidões, e isso também dava certo.

Hoje, as coisas são diferentes... bem, não tão *diferentes* quanto *mais rápidas*. O *feedback* que Homero tinha de um grupo de aldeãos com o passar de anos, nós temos em poucas semanas ou até em menos tempo. Ou os leitores leem ou não leem os seus quadrinhos. Os telespectadores assistem ou não assistem ao seu programa de TV. Ou escutam a sua música. Ou compram entradas para ver o seu filme. Ou jogam com seu videogame, ou vão ao seu parque de diversões, ou...

Você entendeu. No máximo em dois meses, um provedor de entretenimento sabe se seu produto acertou ou errou. E isso se ele esperar o dinheiro ou o índice de aprovação pública. Se ele ligar o velho computador, pode entrar em algum *site* apropriado e obter uma resposta quase imediata; e se estiver vendendo histórias em quadrinhos, essa resposta pode ser muito veemente!

Claro que há exceções. Às vezes, algo que não é um sucesso imediato encontra patrocinadores aos poucos, e acaba triunfando. Mas não acontece com frequência, nem na América do século XXI. Já se foram os dias em que um magnata da mídia como William Randolph Hearst mantinha uma tira de quadrinhos como *Krazy Kat* por anos a fio só porque ele, pessoalmente, *gostava*. De um modo geral, o contador de histórias logo sabe se está indo bem; e se tiver a permissão, começa a fazer as alterações apropriadas.

O ESQUEMA DA MEME

Você pergunta o que tudo isso tem a ver com o Viper; na verdade, não pergunta, resmunga.

Para responder, lamento ter de falar do outro modo como consideraremos os super-heróis: memes, o que também requer uma definição. Aqui vai. Segundo o impecável *Oxford English Dictionary*, *meme* é "um elemento de uma cultura que pode ser considerado transmitido por meios não genéticos, em especial a imitação". De acordo com Richard Dawkins, o sujeito que inventou a palavra, as memes comportam-se como genes biológicos; são paralelos culturais à seleção natural darwiniana (não fique surpreso por descobrir que Dawkins é geneticista). E, como os genes, as memes mudam ao passar de geração para geração. Por um lado, uma meme é propagada até o futuro, porque ela captura algo que funciona. Por outro lado, à medida que é transmitida, muda sob novas pressões. Isso acontece... bem, por uma série de razões. Os criadores têm novas ideias, ou são *forçados* a ter novas ideias porque um mercado faminto exige novas histórias (eu desconfio que isso aconteceu com Jerry Siegel e Joe Shuster, famosos com seu Super-Homem). Ou os criadores envelhecem e aos poucos começam a pensar o mundo de um jeito diferente, e essas mudanças refletem-se de um modo sutil no trabalho deles. Ou novos criadores com ideias próprias começam a trabalhar com o personagem. Ou outros novos criadores chegam a uma nova síntese das ideias de seus predecessores. Ou a popularidade de um personagem cai e são introduzidas inovações para resgatá-lo. Ou algum sujeito em um grande escritório no alto de um prédio comercial em Manhattan tem uma tempestade cerebral e todos concordam com ele porque têm contas a pagar e o mercado de trabalho está difícil. Ou tudo isso se mistura no caldeirão de uma bruxa e — *voilà*! — uma transformação!

Exemplos? Muito bem, alguns rápidos e fáceis. O Super-Homem progrediu de mais rápido que uma bala, mais poderoso que uma locomotiva e capaz de saltar sobre edifícios altos com um único pulo para quase tão rápido quanto a velocidade da luz e capaz de explodir estrelas como quem apaga velas. Batman começou como aqueles cavalheirescos combatentes do crime, tão abundantes na cultura *pop* das décadas de 1930 e de 1940, e tornou-se uma figura paterna, um policial, um cidadão líder, um comediante e um obscuro vingador. O Homem-Aranha perdeu boa parte de seus modos de *nerd*. Os membros do Quarteto Fantástico adquiriram roupas de super-heróis — quando apareceram pela primeira vez, usavam trajes civis. O Hulk mudou de cor, de cinza para verde, e às vezes preservava seus modos civilizados quando aqueles diabólicos raios gama o transformaram do gentil Bruce Banner no gigante saltador, enquanto outras vezes ele parece um caule tamanho-família com um *id* descontrolado. O Arqueiro Verde começou sua carreira como um Batman arqueiro e acabou virando um arqueiro ativista, embora sua tendência política mude da direita para a esquerda, dependendo de quem escreve os *scripts*. Outro verdinho, O Lanterna Verde, mudou até quem ele *era*: na década de 1940, era um locutor de rádio, Alan Scott; nos anos de 1960 e de 1970, era Hal Jordan, piloto de testes, e atualmente é um artista *freelance*, Kyle Rayner... E há ainda Nick Fury...

Mas você já está incomodado aí. Deve ter ouvido exemplos demais. Então, eu volto ao ponto principal: se você tem sido fiel ao personagem que se transformou e se as mudanças aconteceram devagar, talvez você não se sinta tão ofendido com o novo; as mudanças podem parecer naturais e orgânicas. Mas abandonar um herói amado, para depois voltar e vê-lo irreconhecível... bem, como um antigo presidente diria: eu sinto a sua dor.

Se um personagem pula de *um meio* para outro, o processo pode se acelerar. Quando o Super-Homem passou das páginas dos quadrinhos para as ondas de rádio, no início da década de 1940, ganhou um jovem parceiro, Jimmy Olsen, e algo capaz de abalá-lo, a kriptonita. Portanto, embora o Super não tivesse mudado demais no rádio, seu ambiente mudou. Muitas pessoas provavelmente conheciam Batman de suas várias encarnações na televisão, principalmente do seriado de ação e risos estrelado por Adam West, e estranhariam ao ver nos quadrinhos aquele sujeito carrancudo, obcecado, *obscuro*, escondendo-se nas sombras, sem um *bam* ou *pow* à vista. O cruzado de capa metamorfoseou-se de comediante em vingador porque, de súbito, ninguém mais achava o comediante engraçado; mas a franquia Batman ainda gerava lucros. Quando o Capitão Marvel entrou no horário matutino da televisão, ganhou um mentor com 50 e poucos anos, também companheiro de viagem, astutamente chamado de "Sr. Mentor", e um veículo especial para percorrer as estradas do sul da Califórnia — outro caso de ambiente do personagem sendo alterado para acomodar as ideias dos novos chefes. E quando a Mulher-Maravilha apareceu pela primeira vez na televisão... bem, os fãs da Princesa Amazona mal a reconheceram (refiro-me ao filme de TV de 1974, estrelado por Cathy Lee Crosby; não à versão posterior, muito melhor, com Lynda Carter). Eu poderia continuar... os filmes deram ao Capitão América uma arma. O rádio tornou o Sombra invisível. A televisão reduziu o aerodinâmico jato de Sky King a um monomotor modesto. Etc., etc., etc.

O QUE QUEREMOS E O QUE TEMOS

É justo dizer que todas essas mudanças, tenham elas prejudicado ou melhorado o personagem, causaram tristeza em algumas pessoas. Todo herói fictício é o favorito de *alguém*, e se o herói era o seu preferido quando você tentava escapar de aulas chatas, irmãos que o importunavam e daquele garoto grandalhão da 7ª série que lhe dava uns sopapos quando o monitor do pátio não estava vendo, você tem um sentimento especial por ele. Ele fazia parte de sua infância, uma parte que não era uma droga.

Alguns anos atrás, eu falei sobre quadrinhos a um grupo de estudantes de uma importante universidade e, durante uma recepção após a palestra, perguntei a alguns alunos o que achavam que os fãs de quadrinhos *queriam*. Um jovem brilhante chamado Paul Dworkin tinha esta opinião: *Os fãs querem que os escritores, artistas e editores de histórias em quadrinhos preservem uma parte de sua infância.*

Creio que o sr. Dworkin está certo. Mas os criadores de histórias em quadrinhos simplesmente *não podem* realizar os desejos desses fãs; pelo menos não sem reeditar a mesma história mês após mês, ano após ano, década após década... o que acabaria entediando até o mais devoto fã, levando-o a procurar divertimento em outro lugar. Se novas histórias forem escritas, o arquétipo e/ou a meme evoluirá, por todas as razões já citadas. E alguém se sentirá ultrajado.

Acaba de me ocorrer uma coisa. As mudanças no rio de Heráclito não são o único motivo por você não poder entrar nele duas vezes. *Você* é o outro motivo. *Você* mudou. Certo; a versão atual do Crimson Viper não é o seu Crimson Viper, mas talvez você também não seja o leitor dele. Você ficou mais velho, cresceu e passou por maus bocados na vida, e é possível que aquilo que já foi para você uma fuga e um entretenimento não seja mais.

E, por fim... Por que os heróis dos quadrinhos deveriam ser as únicas coisas que não mudam? Considere o Crimson Viper uma parte da vasta dança atemporal do Ser, com todo o Cosmos pulsante — encolhendo, inchando, girando, tornando-se o Outro, tornando-se o Próximo, morrendo, renascendo, apresentando uma miríade de aspectos do Todo eterno...

"Ainda é uma droga", você diz.

CAPÍTULO 4

REVISIONISMO DO SUPER-HERÓI EM WATCHMEN E O RETORNO DO CAVALEIRO DAS TREVAS

Aeon J. Skoble

Os dois romances gráficos, O Retorno do Cavaleiro das Trevas *e* Watchmen, *convidam-nos a reavaliar nosso conceito do super-herói e levam-nos a reconsiderar alguns dos princípios morais fundamentais que sempre sustentaram nossa apreciação dos super-heróis. Assim como* Os Imperdoáveis *é visto como um faroeste "revisionista", apresentando temas e personagens até certo ponto familiares sob um diferente prisma,* O retorno do Cavaleiro das Trevas[6] *faz um trabalho revisionista, reinventando dois dos mais antigos super-heróis dos quadrinhos, e* Watchmen[7] *faz a mesma coisa, apresentando um mundo de super-heróis inteiramente novo, completo, com sua própria história de fundo.*

---

6. Frank Miller, Klaus Janson e Lynn Varley, The Dark Knight Returns *(New York: DC Comics/Warner Books, 1986)*.
7. Alan Moore e Dave Gibbons, Watchmen *(New York: DC Comics/Warner Books, 1986)*.

Esses dois romances gráficos têm tido uma enorme influência em termos de como os super-heróis têm sido apresentados e vistos desde o fim da década de 1980. Muitos elementos sofisticados dos quadrinhos que hoje em dia recebemos como nos dão — os temas de justiça e vingança, a exploração da ética da vigilância e sua retratação das reações ambivalentes, e até hostis, para com os super-heróis por parte do público em geral e do governo — remontam, em grande parte, a essas obras. Examinemos, então, alguns dos modos mais importantes como elas reconceituam o super-herói.

COMBATENTES DO CRIME E VIGILANTES

Em um sentido, os independentes e fantasiados combatentes do crime são, por definição, vigilantes — assumem as leis com as próprias mãos. No mundo real, isso pode ser um problema. Por exemplo, o influente filósofo britânico John Locke (1632-1704) já argumentava, de modo muito convincente, que um elemento importante nas condições que determinam a sociedade civil é que cada um de nós abre mão de seu direito à vingança pessoal, delegando-a a um governo legítimo, com o propósito de julgamento e de sentença objetivos.[8] Isso nos deixa a todos mais seguros, de acordo com essa teoria, no sentido de confiar a perseguição e a pena dos malfeitores à tarefa delegada a algum órgão do Estado. Segundo essa visão, é errado eu tentar prender ou punir os ladrões, já que essa é a função da força policial do Estado e do sistema jurídico.

Mesmo nesses padrões rígidos, há exceções. Por exemplo, eu posso me defender contra um atacante e posso ajudar uma pessoa que está sendo atacada. Mas, na maioria das jurisdições, há regras e diretrizes estritas às quais essa "justiça pessoal" se submete; entre elas, há a regra que diz que eu não posso procurar o problema e depois tentar me defender. No filme de 1974, *Desejo de Matar*, o arquiteto Paul Kersey (interpretado por Charles Bronson) defende-se, bem como a outras pessoas, contra atacantes, mas o aspecto problemático de seu comportamento é que ele sai à noite à cata de atacantes para neutralizá-los.[9] Como resultado, a polícia chama-o de vigilante. É justamente isso que os super-heróis fazem: eles não se limitam à autodefesa contra ameaças iminentes, mas vão procurar os malfeitores. Em algumas histórias, claro, os super-heróis clássicos envolvem-se em mera ação defensiva: Galactus vem para destruir a Terra, então o Quarteto Fantástico luta na defensiva. Mas de um modo geral, os super-heróis funcionam como uma espécie de unidade policial auxiliar não autorizada — Paul

---

8. Ver seu Segundo Tratado, *capítulo VIII*.
9. *Sua motivação primária é uma resposta aos ataques brutais que sua mulher e sua filha sofreram, sendo fatais para a primeira.*

Kersey com uma máscara e, geralmente, com superpoderes. Na maior parte do mundo das histórias em quadrinhos, o *status* moral dessa espécie de vigilante não é considerado um tema de grande importância. Nós damos as boas-vindas aos nossos superiores combatentes do crime e os aplaudimos. Ficamos felizes ao ver os vilões receberem o que merecem. Mas isso mudou em 1986.

Na história original de 1939, nós aprendemos que Batman foi instigado a se dedicar ao combate ao crime após o assassinato de seus pais. Como combatente fantasiado do crime, ele era portanto um vigilante, mas mantinha relações íntimas com as autoridades locais, que não só apreciavam sua ajuda, mas dependiam dela. A história de Batman de 1986, de autoria de Frank Miller, *O Retorno do Cavaleiro das Trevas*,[10] examina de forma explícita as questões morais que cercam a vigilância dos super-heróis, reapresentando a psique de Batman muito mais traumatizada pelo assassinato de seus pais. Aqui, Batman reconhece a natureza vigilante do combatente fantasiado do crime, dizendo a um comitê do congresso: "Claro que somos criminosos, sempre fomos criminosos. Temos de ser criminosos".[11] Essa afirmação é correta apenas sob um ponto de vista técnico, e Batman está sendo irônico. Ele burla algumas leis de Gotham para perseguir os verdadeiros criminosos que estão violando leis mais importantes, e para proteger os cidadãos de respeito dessa cidade contra os bandidos e assassinos. Se as leis formais protegem os criminosos e impedem que se busque a justiça, então Batman é contra as leis.

Na versão de Miller, Batman costumava ter um bom relacionamento com a polícia, mas foi obrigado a "se afastar" da pressão pública antivigilante, e quando retorna, dez anos mais tarde, logo encontra um novo comissário emitindo um mandado de prisão contra ele. Miller também mostra figuras importantes da televisão e membros do público geral debatendo o *status* moral da vigilância de Batman. Alguns o veem como um reacionário perigoso e talvez fascista, enquanto outros o consideram um verdadeiro campeão da justiça. Miller satiriza a "opinião dos especialistas" do mundo acadêmico, mostrando um psiquiatra especializado em criminologia argumentando que Batman é, na verdade, responsável pelos crimes cometidos pelo Coringa e o Duas-Faces.

---

10. Não mostro menos que um grande respeito aos artistas com os quais os escritores colaboram para fazer esses romances *gráficos*: nesse caso, Miller colabora com Klaus Janson e Lynn Varley; e o colaborador de Alan Moore em *Watchmen* foi Dave Gibbons. Sem a arte visual, as histórias seriam menos efetivas, mas, para a minha discussão a respeito de trama, tema e diálogo, devo me referir a Miller e a Moore.
11. The Dark Knight Returns, *livro 3, p. 31.*

VERDADE, JUSTIÇA E O JEITO AMERICANO

Em contraste, Miller apresenta o Super-Homem reagindo às mesmas pressões sociais e políticas contra a vigilância livre de outra maneira; ele se torna um agente do governo que trabalha em segredo. O Super-Homem de Miller entende o ressentimento que alimenta pelo menos parte do movimento antissuper-herói: "Os outros de nós reconheceram o perigo — da eterna inveja daqueles não abençoados... Não devemos lembrá-los de que gigantes caminham sobre a Terra".[12]

Batman considera o Super-Homem passivo, mas o Super-Homem acha que sua decisão de trabalhar para o governo se justifica em termos utilitaristas, visando ao bem maior: "Eu dei a eles minha obediência e minha invisibilidade. Eles deram-me uma licença para nos deixar viver. Não, não gosto disso. Mas assim, posso salvar vidas — e a mídia cala-se".[13] Ambos reconhecem que a natureza dessas distintas atividades os torna "fora-da-lei", independentemente do fato de sua motivação ser a luta contra o crime e a segurança das pessoas inocentes. Para o Super-Homem, isso só pode dar certo trabalhando para o governo, mais como um soldado na Guerra Fria que na guerra contra o crime. A interpretação de Batman é contundente:

> Você sempre diz sim a qualquer um com uma insígnia — ou uma *bandeira*... Você nos vendeu, Clark. Você deu a eles o — *poder* — que deveria ser *nosso*. Como seus pais o ensinaram a agir. Meus pais ensinaram-me uma lição *diferente* — caídos na rua — tremendo em estado de choque — morrendo sem motivo — eles me mostraram que o mundo só faz sentido se você o *obriga* a fazer.[14]

Para Batman, a presença de uma insígnia ou de uma bandeira não é necessária nem suficiente para a justiça. As leis podem ser injustas, os políticos podem ser corruptos e o sistema legal pode proteger os maus, mas nada disso desanima Batman de sua missão. O super-herói vigilante, combatente do crime, não deixa nada se interpor entre ele e a busca do que ele vê como a verdadeira justiça. Por que as estruturas sociais bem-intencionadas deveriam ficar no caminho do que é objetivamente certo?

Isso parece fazer um certo sentido, desde que o vigilante esteja de fato fazendo o bem, mas é muito mais perturbador se eles não tiverem uma percepção clara de certo e errado. Por exemplo, o retorno de Batman inspira alguns membros de uma grande e poderosa gangue de rua que ele derrota a se tornarem vigilantes também — os "Filhos de Batman" —, mas

---

12. *The Dark Knight Returns*, livro 3, pp. 16-26.
13. The Dark Knight Returns, *livro 3, p. 35.*
14. The Dark Knight Returns, *livro 4, pp. 38-40.*

eles matam e aleijam com muito menos critério que seu homônimo. Na verdade, Batman sempre evitou matar seus adversários, preferindo entregar os criminosos à polícia e vivos, ainda que machucados. Ele só se arrepende disso pela primeira vez quase no fim da história, quando lhe ocorre que, por não ter matado o Coringa muito tempo atrás, ele tem uma certa responsabilidade pelas centenas de pessoas que o Coringa assassinou depois.

Apesar da disposição de Batman para quebrar regras, ele sempre foi cauteloso e ponderado no uso da violência, recusando-se a atravessar certas linhas demarcatórias e atrapalhando e prendendo apenas criminosos. Seu costumeiro uso da violência física a serviço da justiça básica pode parecer apropriado para o contexto das sociopáticas gangues de rua e dos gênios homicidas, no qual ele se insere; e, embora isso seja muito perturbador em certo nível, leva-nos a perguntar quem é mais honesto — o vigilante que compreende o intercâmbio necessário para a proteção dos inocentes nessas circunstâncias ou aqueles críticos do super-herói que deploram os métodos de proteção social dos quais eles próprios passaram a depender.

UM MUNDO NOVO

Deixando clara a realidade das dimensões éticas da vigilância e explorando o contexto psicológico subjacente no qual operam os super-heróis, a história de Miller força-nos a reavaliar nosso entendimento do Batman e do Super-Homem, e daí a reexaminar nossas noções de certo e errado.

A série original de edições únicas de Alan Moore e agora o proeminente romance gráfico *Watchmen* (Vigilantes)[15] também nos levam a reformular nossas ideias morais fundamentais e nossas atitudes em relação ao conceito de um super-herói; porém, por meio do artifício de uma nova e mais completa visão do mundo dos super-heróis. Nesse caso, temos uma distância crítica do fenômeno, sendo apresentados a um mundo ficcional diferente. Não é o mundo da DC Comics de Batman, Super-Homem, Arqueiro Verde e o resto da Liga da Justiça, tampouco é o mundo da Marvel Comics do Homem-Aranha, X-Men e o Quarteto Fantástico — Moore cria uma coleção inteiramente nova e diferente de mascarados combatentes do crime, ao lado de um super-herói de traços bem mais sobre-humanos. Ele relembra, então, todo o histórico dos quadrinhos inventando uma coleção da "era dourada" de super-heróis e vários vigilantes fantasiados, além de uma geração posterior seguindo os passos dos primeiros. A narrativa de *Watchmen* usa os personagens para mergulhar na psicologia, bem como nas ramificações éticas e políticas da vigilância.

---

15. Ver nota 10, anterior.

Um modo como *Watchmen* nos força a reavaliar o super-herói é retratando vários fantasiados combatentes do crime como, no mínimo, indivíduos com problemas psicológicos. O personagem Rorschach, por exemplo, sofre o trauma de abusos na infância, e em muitos aspectos ele tem distúrbios emocionais e psicológicos. Ele é absolutamente cruel na hora de usar a violência para combater o crime; entretanto, seu compromisso com a justiça parece real e inflexível. Enquanto a geração anterior dos super-heróis de Moore era inspirada pelo personagem "Super-Homem" dos quadrinhos, Rorschach resolveu entrar em ação após outro evento ocorrido no mundo real: o assassinato de Kitty Genovese em 1964. Os jornais da época foram incisivos ao revelar que 38 pessoas testemunharam e não fizeram nada enquanto ela era esfaqueada até morrer em uma área pública.[16]

No mundo real, o advento dos quadrinhos do Super-Homem não provocou uma onda de combatentes mascarados do crime nem o assassinato de Kitty Genovese. Mas, em *Watchmen*, os relatos desse assassinato fizeram o homem que se tornou Rorschach "ter vergonha da humanidade", inspirando-o a vestir uma grotesca máscara em forma de borrão de tinta, "um rosto que eu poderia suportar, ao olhar para o espelho",[17] e sair às ruas para combater o crime. Um detalhe um pouco perturbador na versão de Moore da história é que as supostas pessoas "normais", que testemunharam o famoso assassinato, nada fizeram; mas o único indivíduo que partiu para a ação por causa dele, lançando uma campanha vitalícia contra o crime, é aquele que nós consideraríamos um homem perturbado ou desequilibrado.

Diferentemente do Super-Homem e do Homem-Aranha, Rorschach e Batman não possuem superpoderes. Entretanto, eles escolhem devotar a vida ao combate ao crime. Seriam eles "psicopatas com sede de vingança", ou qualquer um de nós, que nos assustamos com eles, deveria ser comparado aos monstros comuns da vizinhança de Kitty Genovese, cuja cumplicidade no horror consiste em total inação? Ou será que as duas coisas são verdadeiras? Uma das epígrafes de Moore é o famoso aforismo do filósofo Friedrich Nietzsche (1844-1900): "Quem luta contra monstros deve tomar cuidado para que, no processo, não se torne um monstro também. E quando você olha para o fundo do abismo, o abismo também olha para você".[18] Será que Rorschach (ou Batman) não seguiu esse conselho? Ou nós é que somos muito conservadores, assustados ou fracos para correr um risco nobre e enfrentar os monstros?

---

16. Martin Gansburg, "Thirty-Eight Who Saw Murder Didn't Call Police" [38 pessoas veem assassinato e não chamam a polícia], artigo do *New York Times* (27 de março de 1964).
17. Watchmen, *capítulo VI, p. 10.*
18. Epígrafe em Watchmen, *capítulo VI; de Friedrich Nietzsche,* Além do Bem e do Mal (New York Vintage, 1989), p. 89 *(Há a versão deste livro em língua portuguesa, lançada pela Madras Editora).*

A atitude mais fundamental do super-herói parece ser a de que, contrariando Locke, todos nós temos o direito, e até o dever, de combater o crime e fazer o que for necessário para buscar a justiça para nós mesmos e nossas comunidades. O Homem-Aranha descobriu que "com grande poder, vem grande responsabilidade",[19] mas Rorschach nos mostra que o "poder" de combater o crime é, no fundo, uma questão de vontade, ou de escolha, que parece criar uma responsabilidade maior para todos nós.

VEDE MINHAS OBRAS, VÓS, O PODEROSO

Alguns dos outros personagens de Moore têm uma maior estabilidade psicológica que Rorschach. Tanto o Coruja Noturna quanto o seu sucessor parecem perfeitamente sãos e emocionalmente bem ajustados, pelo menos na maioria dos aspectos, motivados por um desejo sincero de ajudar os outros e convencidos de que podem fazer uma diferença. Mas, até o atual Coruja Noturna tem seus segredos e talvez alguns fetiches pessoais associados às suas roupas. A maioria dos combatentes fantasiados do crime em *Watchmen* parece ser psicologicamente instável, de uma forma ou de outra. O Comediante tem instinto assassino e sádico. O superpoderoso dr. Manhattan é tão desapegado do mundo humano que não consegue compreender as emoções. Todos eles parecem inclinados a brigar entre si quanto à questão de perseguir criminosos. E Ozymandias, o homem que é, sem dúvida, o mais inteligente entre os vigilantes humanos, e também muito bem-sucedido segundo os padrões mundanos, é um indivíduo megalomaníaco, tendo como modelo ninguém menos que Alexandre, o Grande.

Ozymandias é um caso interessante. Ele prevê com exatidão que o mundo está caminhando para um holocausto nuclear; em seguida, cria e executa um plano bem sofisticado para impedir essa provável aniquilação de toda a vida. Usando os talentos de algumas das pessoas mais criativas do planeta, que ele mata após o término do trabalho para manter tudo em segredo, Ozymandias encena uma falsa invasão extraterrestre em New York, envolvendo uma explosão que, ele sabe, matará milhões de pessoas. Ele espera que a súbita aparição de um inimigo alienígena ameaçando a vida humana force as nações adversárias a se unirem em colaboração pacífica contra esse novo inimigo comum. Antes que possam concluir que não existe uma ameaça de fora, novos hábitos de cooperação harmoniosa já terão mudado a face da Terra para um ambiente de paz que permitirá a realização humana e a felicidade.

O plano de Ozymandias dá certo, à custa de 3 milhões de vidas. Ele é insano? É maligno? Por um lado, ele foi capaz de analisar de forma correta uma crescente ameaça de guerra nuclear, iniciada e exacerbada

---

19. Stan Lee e Steve Ditko, *Amazing Fantasy* #15, 1962.

por competição internacional. E a drástica solução que encontra para salvar o mundo e restaurar a paz parece ser bem-sucedida. Entretanto, essa solução é em si repugnante, pois implica a matança intencional de milhões de pessoas, enquanto outras tantas vivem enganadas. Será que o fim justifica os meios?

No modo de pensar de Ozymandias, a morte de até muito mais pessoas seria justificada em nome dos bilhões de outras vidas e pelo extermínio das guerras entre as nações. Se isso gera o "mundo mais forte, cheio de amor" que ele almeja, então ele não tem dúvida de que é a coisa certa a se fazer. A sua ação é eficaz? Ou é insana? Será que, infelizmente, ela é necessária? Ou é de um mal irremediável? Não podemos deixar de nos perguntar. E essas perguntas levam-nos de volta à nossa compreensão dos super-heróis.

Ironicamente, o arquivilão na história de Moore acaba sendo um dos heróis públicos de vestes exuberantes, e mais irônico ainda, Ozymandias é de longe o mais popular aos olhos do público. Esse antigo herói explica de modo arrogante aos seus perplexos colegas vigilantes, após realizar esse ato horrível, que o maior feito deles como heróis foi não conseguir impedi-lo de salvar o planeta. Eles logo querem contar ao mundo a verdade do que ele fez. Mas, ele os convence de que, se fizerem isso, eliminarão o único benefício que poderia justificar todas as mortes e, em vez de melhorar, a situação pioraria muito.

O mais sério julgamento moral de todos os demais fantasiados combatentes do crime é, portanto, por sua aceitação do argumento de Ozymandias e por eles concordarem em permanecer cúmplices no segredo do que ocorreu, a fim de não destruir a frágil paz que o evento gerou. O único entre eles com superpoderes, e ao mesmo tempo desprovido de quaisquer sentimentos humanos, o dr. Manhattan, parece de fato convencido pela lógica generalizada de Ozymandias para justificar suas ações e, pouco tempo depois, deixa a Terra, aparentemente satisfeito com o resultado das coisas. A única pessoa que não se deixa levar e se recusa a ficar quieto é Rorschach. Ele rejeita o raciocínio utilitarista aplicado dessa forma, com a implicação de que talvez seja certo infligir tamanha dor, sofrimento e morte de pessoas inocentes para que daí brote um bem maior. Ele jura que vai dizer ao mundo toda a verdade do que aconteceu e, antes de ser morto pelo dr. Manhattan para garantir seu silêncio, exclama: "Nunca seja transigente... O mal deve ser punido".[20]

As perguntas que nos intranquilizam não se limitam a saber se Ozymandias ficou louco ou tornou-se maligno, ou ambas as coisas. Somos obrigados a perguntar se alguém em sua posição poderia estar certo em fazer o que ele fez. Somos necessariamente confrontados também com a

---

20. *Watchmen*, capítulo XII, p. 20-23.

pergunta de que se nós, que abominamos tal ação, poderíamos, de certa forma, ser culpados por ser fracos demais para tomar as providências necessárias para salvar o planeta. Esse emaranhado de perguntas pode ser formulado de diversas maneiras. Será que tal homem, tal super-herói tão inteligente e popular "se tornou um monstro",[21] ou é apenas um salvador mal compreendido? O perturbado e desprezível Rorschach estaria sendo teimoso, por causa de sua obsessão com o que considera justiça, ou ele está certo em rejeitar a ética utilitarista usada para racionalizar o assassinato de milhões de pessoas? A insistência de Moore em nos impor essas perguntas, assim como as perguntas de Miller acerca da natureza da vigilância, obrigam-nos a confrontar questões fundamentais de ética, lei e psicologia, considerando o modo como vemos os super-heróis e, enfim, como vemos a nós mesmo em nossa função no mundo.

REAVALIANDO O CONCEITO DO SUPER-HERÓI

Há diversas maneiras significativas pelas quais, por meio de *Watchmen*, podemos reavaliar o conceito de super-herói: alguém pode ser confiado à posição de vigilante do mundo? No esforço para "salvar o mundo", ou a maior parte dele, uma pessoa na posição de super-herói não seria tentada a fazer algo terrivelmente maligno, para que daí resulte um bem? A perspectiva olímpica, na qual um indivíduo se coloca acima de todos os outros como juiz, julgando o modo como as pessoas devem viver, é boa e sensata para iniciar uma ação em um mundo de incerteza? Ou, em outras palavras, será que alguém que cujo poder, conhecimento e posição podem levá-lo a se preocupar de modo nobre com "o mundo", pode ter a nossa confiança para agir de modo correto com os habitantes do mundo? Ou a mentalidade do salvador é, por natureza, perigosa para qualquer ser humano que queira adotá-la?

Em muitos painéis que permeiam as seções de *Watchmen*, há uma estranha história paralela a respeito de um homem perdido no mar, que planeja uma vingança contra os piratas que ele considera os responsáveis pela destruição de seu navio e pelas mortes de seus colegas tripulantes. A história é transmitida nos quadrinhos de uma revista sendo lida por um rapaz sentado perto de uma banca de jornal em New York, enquanto a ação maior da história acontece ao redor dele. A ligação entre o conto desse bizarro e grotesco pirata e a narrativa principal da novela nunca é explicitada pelo autor, mas há um ponto de contato óbvio. O "herói" da aventura marítima, em suas tentativas de assegurar a justiça, entra naquilo que se chama de "a lei das consequências não pretendidas" e acaba cometendo um mal horrível, para surpresa dele mesmo, contra as próprias pessoas que ele

---

21. Ele literalmente *criou* um monstro.

queria ajudar, ou pelo menos vingar. O conhecimento que ele achava suficiente para guiá-lo em seu caminho de justiça, porém fora da lei, acabou sendo um emaranhado de fantasia e falsidade, culminando em tragédia. Um dos principais perigos enfrentados por qualquer super-herói consiste justamente nisto: as limitações de qualquer perspectiva em um mundo por demais complexo, a potencial inexatidão mesmo das crenças mais bem formadas e a lei das consequências não pretendidas poderiam facilmente comprometer os esforços dos vigilantes-bandidos e perpetrar um tremendo mal, em vez de alcançar a justiça cósmica e minar todo o conceito do super-herói.

Se questionarmos o conceito do super-herói, acabaremos questionando a nós mesmos. E a principal dúvida não é se nós, como pessoas comuns, estaríamos preparadas para fazer o que o super-herói talvez fizesse sob as mais extraordinárias circunstâncias, e sim, se estamos de fato preparados para fazer o possível para transformar o mundo em um lugar que não exija salvação extraordinária nas mãos de um super-herói agindo fora dos limites do que consideramos moralmente aceitável. Sobre uma base de afirmações lúgubres e niilistas acerca do sentido do Universo e da vida, Alan Moore parece estar dando o clássico passo existencialista de jogar a responsabilidade do sentido e da justiça para todos nós e, mostrando-nos o que pode acontecer se abdicarmos dessa responsabilidade, deixando-a para alguns ou para qualquer pessoa que usurpe o direito de decidir pelo resto como todos deverão ser protegidos e mantidos em segurança. De qualquer maneira que entendamos o niilismo, sentiremos o efeito profundo da lição. Se os seres humanos normais fizessem o que deveriam fazer, de um jeito humano normal, um indivíduo como Ozymandias talvez nunca chegasse a uma posição na qual acreditaria ter a responsabilidade de tomar uma providência drástica para nos salvar de nós mesmos. Estaríamos fazendo isso o tempo todo.

QUEM VIGIA OS VIGILANTES?

Um elemento interessante em *O retorno do Cavaleiro das Trevas* e *Watchmen* é que, nas duas histórias, a opinião pública voltou-se contra os super-heróis e suas atividades são consideradas criminosas, a menos que eles trabalhem para o governo. Assim como o Super-Homem de Miller, o dr. Manhattan e o Comediante de Moore são mancomunados com o Estado, autorizados a trabalhar como operativos paramilitares governamentais, e os outros super-heróis são obrigados a se retirar (se é que já não haviam deixado a ativa), exceto o soturno Rorschach, que continuava aterrorizando o submundo criminal; e, por causa disso, tornou-se um criminoso fantasiado. Fossem eles perturbados emocionalmente ou não, os combatentes fantasiados do crime escolheram ajudar as pessoas, mas a opinião pública dominante tornou-se antagônica. O referente do título de Moore, e um *slogan* pichado nos muros da New York de sua história, é uma famosa frase do escritor da Antiguidade Juvenal (c. 55 — c. 130): "Quem vigia os Vigilantes?"[22] Os fantasiados combatentes do crime — nesse caso, os "super-heróis" — estão, de certa forma, protegendo as pessoas delas mesmas, como observa o Comediante, e, por sua vez, elas não confiam neles.[23] Será que o ressentimento da população em geral se baseia no medo, como sugere o Comediante, ou sua animosidade é baseada na inveja sugerida pelo Super-Homem em *O retorno do Cavaleiro das Trevas*? Ou se baseia em ambos?

A outra pergunta que as duas histórias apresentam: quem devemos temer mais, os super-heróis fantasiados operando como vigilantes sem a sanção das autoridades, ou como os agentes disfarçados do governo? Parte da significância desse revisionismo do super-herói está no modo como nos faz pensar na natureza da autoridade, bem como na ética da vigilância e na relação entre lei e moralidade. Sem dúvida, um criminoso tem mais a temer o Rorschach ou o Batman do que o dr. Manhattan ou o Super-Homem, embora os inimigos políticos dos Estados Unidos devam ter mais medo do último.

Um argumento coloquial contra a vigilância às vezes é invocado contra o próprio poder do governo: como você sabe que está certo? Batman só agride os malfeitores, mas os Filhos de Batman são menos dotados de habilidades detetivescas e de ética. Entretanto, o governo dos Estados Unidos ordena ao Super-Homem que dê um basta às atividades de Batman. O dr. Manhattan mata Rorschach. A pergunta "quem vigia os Vigilantes" é um tema na teoria política, não apenas uma questão envolvendo fantasiados combatentes do crime. Mas, se as gerações anteriores compreendiam ética, lei e ordem, e autoridade política por meio das antigas representações de super-heróis, o revisionismo do super-herói nas obras de Moore e Miller nos leva a reavaliar nossa ética, nosso papel no mundo maior e nossa visão da lei e da ordem social. Moore e Miller pedem-nos para olharmos para o abismo e usá-lo como um espelho para vermos a nós mesmos com maior clareza.[24]

---

22. *"Quis custodiet ipsos custodies"*, Juvenal, Sátiras, *VI, 347*.
23. O Comediante faz esse comentário ao Coruja Noturna, quando está apaziguando levantes populares durante a greve da polícia. Watchmen, *capítulo II, p. 18*.
24. Sou grato a Tom Morris por muitas valiosas sugestões.

PARTE II

O MUNDO EXISTENCIAL DO SUPER-HERÓI

PARTE

O MUNDO EXISTENCIAL
DO SUPER-HERÓI

CAPÍTULO 5

DEUS, O DIABO E MATT MURDOCK

Tom Morris

Não há muitas referências a Deus na linha básica das histórias de super-heróis. As atividades religiosas quase nunca aparecem nessas narrativas. Nós não vemos o Super-Homem sentado na igreja ou Bruce Wayne consultando uma Batbíblia para inspiração e orientação. O Quarteto Fantástico não possui momentos de oração juntos para discernir a direção que seu trabalho deveria tomar. O mundo dos super-heróis é, de um modo geral, um lugar secular. O único Pregador que se destaca como personagem no mundo dos quadrinhos populares não é um exemplo típico da vida na fé.

Alguns dos super-heróis, como o Thor e a Mulher-Maravilha, são apresentados como deidades menores; mas, fora isso, há poucas menções, na narrativa básica dos quadrinhos, a um Criador, a algum tipo de plano divino para a humanidade, ou sequer a um espaço para fé pessoal em Deus na vida de qualquer indivíduo. Os quadrinhos de super-heróis não costumam incluir instituições religiosas no pano de fundo normal da narrativa e não representam seus personagens tendo qualquer interesse teológico. É quase que como se todo esse lado da vida comum não existisse.

Uma das poucas exceções menores envolve a vida e a fé de Matt Murdock, pelo menos no sentido de representá-lo em algumas das histórias mais importantes do Demolidor com o passar dos anos. Não que Matt seja retratado em cenários religiosos normais, ou envolvido em atividades religiosas típicas — de um modo geral, não é. Mas há pistas suficientes na história original neoclássica do Demolidor, conforme concebida por Frank Miller, e em muitos dos avanços posteriores mais interessantes de sua vida como combatente fantasiado do crime, particularmente nas mãos do filosófico Kevin Smith, que nos permitem fazer algumas perguntas interessantes a respeito dele como homem de fé.

O HOMEM E SUA FÉ

Matt Murdock foi criado em um bairro pobre infestado pelo crime — Hell's Kitchen (Cozinha do Inferno), na cidade de New York. Quando o conhecemos, seu pai é um lutador consagrado. Sua mãe nunca aparece, e descobrimos mais tarde, no início da vida de Matt, que ela abandonou a família. Também descobrimos em determinado momento que ela se tornou uma freira. A partir daí, podemos inferir que há uma origem católica na vida de sua família, e é plausível que ele tenha aprendido ao menos os rudimentos da fé, talvez com a mãe, e também com o pai. Em uma história, a mãe de Matt diz a seu filho já adulto, combatente do crime: "Eu sei que seu pai o educou na fé. Sei também, depois de ler a respeito de suas duas vidas todos esses anos, que você trabalha pelos justos. Você é um anjo, Matthew — não um daqueles anjos das hostes celestiais, mas mesmo assim um servo de Deus" (*Guardian Devil* #4, "The Devil's Distaff").

Matt Murdock tem suas dúvidas acerca da religião, da providência divina, do amor e da atenção de um Criador benevolente, e às vezes até se existe de fato um Deus. Mas, essas ervas daninhas espirituais parecem brotar de vez em quanto no solo básico de uma alma religiosa. As elucubrações posteriores do Demolidor, suas ocasionais orações e uso de categorias religiosas, bem como de vocabulário religioso, parecem refletir as sensibilidades de um homem que foi criado em um lar de religiosidade ao menos nominal, se não de genuína fé, embora não exibam as costumeiras perspectivas mais articuladas e corajosas de um homem adulto convertido a uma visão religiosa do mundo. Sua fé costuma se mostrar como uma parte muda, mais profunda, de uma mentalidade que parece influenciar suas crenças, atitudes e ações de forma sutil, em vez de se revelar como uma parte explícita de seu pensamento diário, consciente. É também um lado do Demolidor que não vemos nos primeiros anos da revista. É um lado observado inicialmente na narrativa de Frank Miller e, muito depois, adquire uma profundidade maior nas histórias grafadas pelo diretor de cinema e fã de quadrinhos Kevin Smith. A partir da imagem por eles construídas, fica claro que Matt Murdock é católico, ainda que um católico perturbado e em conflito, e que isso é até certo ponto relevante ao que ele faz como o super-herói fantasiado, Demolidor.

Isso gera um número de interessantes perguntas filosóficas. Qual é a relação entre uma vida de fé religiosa e um sentido de missão como vigilante fantasiado? Uma sensibilidade religiosa profunda, ou até uma fé verdadeira, ajudam um super-herói como Demolidor ou causam-lhe algum mal? A fé religiosa é uma forma de força ou é uma fonte de fraqueza para uma pessoa na posição dele? É uma coisa boa ou uma coisa ruim?

Há um importante princípio filosófico que expressei pela primeira vez muitos anos atrás no livro *Making Sense of It All* — uma verdade cósmica crucial que eu gosto de chamar de "O Princípio do Poder Duplo". Esse princípio especifica que, de um modo geral, quanto mais poder uma coisa tem para o bem, mais correspondente ela tem também para o mal, e vice-versa — cabe a nós usá-lo. Esse princípio simples explica tanto a promessa quanto a ameaça do poder nuclear, todas as espécies de tecnologia (pense na *internet*, Engenharia Genética e Nanotecnologia) e religião, entre muitas outras coisas. Todos têm grande poder para o bem e um poder correspondente para o mal. Muitas pessoas denunciam com veemência a Engenharia Genética ou a religião institucionalizada porque ambas podem ser uma fonte potencial de grande prejuízo para a vida humana. Mas o fato de algo ser uma fonte de grande prejuízo mostra, de acordo com o Princípio do Poder Duplo, que ela também pode ser uma fonte de grande bem. Os resultados reais dependem de nós.

De acordo com o Princípio do Poder Duplo, o papel da religião na vida de uma pessoa pode seguir uma ou outra direção. Pode ser uma fonte de bem ou de mal — talvez de um bem muito grande ou de um mal terrível demais. No que tange a essa visão, nós podemos fazer uma pergunta filosófica mais específica: qual seria o papel da fé religiosa tradicional na vida de um super-herói vigilante fantasiado? Em particular, o Catolicismo do Demolidor seria uma fonte de força e orientação interior para ele, ou uma causa de fraqueza e confusão? Isso o ajuda ou perturba?

Essas perguntas relacionam-se a uma pergunta maior que os filósofos fazem e que também merece reflexão: a fé religiosa é uma fonte de cegueira às realidades mais duras do mundo,* ou pode ser algo mais parecido com

---

* N.E.: Sugerimos a leitura de *Historia das Religiões – E a Dialética do Sagrado,* Leonardo Arantes Marques, Madras Editora.

o sensível radar do Demolidor, que permite-nos ao menos a possibilidade de discernir realidades que pessoas que passam a vida sem fé não perceberiam? A fé é cega, como Matt Murdock, ou tem suas formas distintas de percepção, também como nosso herói? É isso que vai determinar, em parte, se ela é uma fonte de força ou de fraqueza.

Mas, antes de mergulharmos em perguntas que nos ajudarão a entender melhor a função da fé religiosa na vida do Demolidor, devemos retroceder um passo e esclarecer um ponto preliminar. Matt Murdock ou Demolidor é, afinal, um homem de verdadeira fé? Precisamos fazer uma cuidadosa distinção entre religiosidade como forma ou comportamento externo e talvez um padrão interior de pensamento que pode se basear em nada mais que o hábito ou a superstição, e a fé autêntica, que é um compromisso muito mais profundo, uma disposição da alma. Nem tudo o que grasna como pato é pato.

Pelo menos no enredo bem conhecido de Miller e Smith, Matt vem de um lar religioso e torna-se um adulto imbuído de uma distinta sensibilidade religiosa. Às vezes, ele pensa em termos de categorias religiosas. Ele fala com Deus, mesmo quando expressa dúvidas a respeito de sua existência. Ele até se queixa a Deus, como outro famoso guerreiro e defensor dos oprimidos, o rei Davi, nos Salmos: "Por que os ímpios prosperam?" "Por que os justos sofrem?". Demolidor ressente-se do mal no mundo — encara-o de modo pessoal — e deplora a dor e o sofrimento que entraram em sua vida. Ele parece sensível ao mal do mundo, do mesmo modo que uma pessoa devota e espiritualizada ficaria — vendo o mal não apenas como um fato inevitável e desagradável da vida, mas sim como um desvio de como as coisas deveriam ser. Ele sofre quando os inocentes sofrem e sente grande satisfação — pelo menos com uma sensação temporária de justiça e conclusão — quando a justiça é feita.

Essas são evidências positivas de que ele é, de fato, um homem de fé, por mais complexa e ambivalente que seja sua vida interior. Na verdade, é justamente essa complexidade interior que, em parte, o torna tão interessante como super-herói e como pessoa. Ele é um homem dedicado, que segue a lei e age como vigilante. É um indivíduo sensível à compaixão, mas que parece gostar de socar seus inimigos. Se é um homem de fé, parece mais do tipo de "olho por olho" do Antigo Testamento que do tipo "Bem-aventurados os humildes" e "Dá a outra face" do Novo Testamento.

Mas será que Matt é mesmo um homem de fé, em um sentido substantivo? Ainda que limitemos nossa pergunta ao conteúdo das narrativas de Miller e Smith, talvez a resposta não seja clara. Religiosidade não é o mesmo que fé. Mas às vezes não é fácil distinguir uma da outra. A religiosidade é superficial, a fé real é mais profunda. De um modo geral, a religiosidade é só uma questão de hábito. A fé é algo muito mais envolvente. Não podemos julgar a vida interior mais profunda de Matt sem examinarmos todas as evidências. Consideremos, então, por um momento, o lado negativo do caso. Como bom advogado, o próprio Matt aprovaria essa atitude.

FÉ E MEDO

O Demolidor é descrito por todos como "O Homem Sem Medo". Um adversário seu na história "The Devil's Distaff" — um vilão chamado "Quentin Beck" — declara sem a menor explicação que um homem sem medo é um homem sem fé. Por quê? A fé é necessariamente — ou pelo menos com frequência — uma ponte sobre o medo? É assim que muitas pessoas parecem descrever a fé; por isso, não é de se surpreender que Quentin Beck pense do mesmo modo. A explicação é simples: as pessoas temerosas apegam-se à fé religiosa para manter sob controle suas emoções. A religião é um artifício usado para rechaçar todos os terrores da vida. A versão mais extrema dessa perspectiva diz que os seres humanos inventaram a fé religiosa por causa de seus temores. Muitas pessoas preferem enganar a si mesmas com platitudes infundadas de religião do que encarar as horríveis realidades da vida e da morte em um Universo hostil, apático. Se essa visão estivesse correta, então, por ser um homem sem medo, Matt Murdock seria também um homem sem fé. Não haveria espaço para essa atitude religiosa em sua vida; ela não teria função em sua estrutura mental. Ele não seria tocado por ela e a fé não criaria raízes em sua vida.

O problema é que essa visão nem chega perto de estar certa. O que Quentin Beck diz apenas expressa um equívoco comum a respeito da fé. Como muitos dos melhores filósofos de religião já perceberam, a fé não é apenas a reação tola de pessoas temerosas, uma muleta e uma defesa contra um mundo assustador. Esse é um bom modo de caracterizar a superstição, e talvez a religiosidade superficial, mas não a fé genuína. A superstição é um esforço temeroso e desesperado de manipular a realidade para que se adapte às nossas necessidades. A fé autêntica é mais como uma rendição pessoal do ego e suas exigências a algo maior que o eu. Envolve uma adoção profunda de algumas realidades e valores positivos, os quais temos a liberdade de ignorar e negar — realidades supremas talvez muito mais importantes que aquelas superficiais, que nos são muito mais óbvias.

Essa interpretação comum acerca da fé e a sua relação com o medo é ainda mais errônea do que indica a explicação anterior. Alguns dos melhores e mais extremos exemplos de heroísmo destemido em toda a história humana envolvem pessoas com uma fé religiosa extraordinariamente forte. Considere os profetas, os apóstolos, os missionários e os fiéis leigos no decorrer dos séculos, que prefeririam morrer a repudiar e abandonar sua crença. É perfeitamente possível que uma pessoa de forte fé viva de modo racional, sem medo. Portanto, quando Beck afirma que um homem sem medo é um homem sem fé, expressa o contrário da verdade. Mais correto seria dizer que um homem sem medo é, possivelmente, um homem de forte fé.

Até as pessoas religiosas e sinceras às vezes não compreendem o que é fé. Uma criteriosa análise filosófica mostrará que a genuína fé religiosa não é tanto uma certeza intelectual de questões teológicas quanto um compromisso total com determinados valores cósmicos absolutos e uma aliança — ainda que hesitante ou imperfeita — com uma Fonte invisível de todo o bem. Erramos ao pensar que a fé é uma questão de crença teórica e conversa religiosa, quando na verdade ela é mais um compromisso prático e uma ação corajosa, em pequena ou grande escala. Matt Murdock compromete-se com as realidades eternas que ele compreende — verdade, justiça, esperança e amor. E ele sem dúvida dedica a vida ao bem das outras pessoas. Esses empenhos podem surgir de um compromisso mais profundo (e ao mesmo tempo prepará-lo para isso) com outras realidades eternas e, em particular, com aquele compromisso central de amor entre o Criador e a pessoa criada, devidamente refletido de volta. Matt não é um paradigma de santidade, de modo algum. Mas é óbvio que ele caminha rumo à fé real. Como todos nós, ele é uma obra em andamento. E a fé também é.

Antes de prosseguirmos, vamos nos ater por algum tempo a um ponto. A classificação de "O Homem Sem Medo" é uma descrição correta do Demolidor, ou apenas um grande exemplo da clássica hipérbole dos quadrinhos? Demolidor parece de fato um homem que não conhece o catálogo normal dos medos humanos, nem os medos mais neuróticos. Ele não tem medo de alturas, nem de cair, nem de espaços grandes e abertos, multidões, dor física, nem de morrer, nem do medo peculiar que estudos recentes mostram ser, por estranho que pareça, a mais comum aversão contemporânea — falar em público. Matt Murdock é um ótimo advogado nos tribunais.

Mas, em outro sentido, será que não poderíamos dizer que o Demolidor teme que determinado criminoso faça mal ou mate uma vítima inocente, em certas circunstâncias? Às vezes, ele não teme que seu amigo Foggy sofra algum mal ou que o amor de sua vida, Karen Page, se machuque? Não é esse tipo de medo que o faz partir para a ação? Não é apenas a crença de que alguém vai se machucar que o impele a pular de um edifício e intervir em uma situação na qual ele pode sofrer danos físicos — só a crença não o motivaria a tal ponto. A fonte de um impulso tão intenso deve ser uma profunda aversão ao risco da possibilidade negativa que ele antevê. E o que é essa profunda aversão, senão uma forma de medo? Ele teme que, se não intervier, uma pessoa inocente sofrerá algum dano. Ele é motivado por um medo de que alguém se torne uma vítima desnecessária de um ato vil e sofra dor ou perda se ele não tomar uma providência, talvez com o uso da força.

Isso nos leva a uma importante distinção filosófica. Demolidor parece não ter um "medo" autorreferencial — um terror de dano ou mal infligido a ele mesmo —, a poderosa emoção que, em certo nível, bloqueia o pensamento e a ação, deixando uma pessoa comum paralisada. Ele não mostra indícios desse frio na barriga, da garganta seca, tremor das mãos, tontura, mal-estar, pânico mental ou boca seca e a hesitação que as pessoas normais sentem em situações de súbito perigo. Demolidor parece experimentar só o tipo de "medo de que...", que pode motivar uma ação corajosa e decisiva. Quando afirmamos que ele é "O Homem Sem Medo", é exatamente isso que queremos dizer. Ele não tem a emoção distinta que, por nossos paradigmas, compreendemos como medo — a reação aversiva, visceral, que costuma impedir a ação necessária. Talvez, à luz dessa distinção, fosse mais correto usarmos o conceito de "preocupação" para o que chamamos de "medo de que..." e reservar o termo simples "medo" para o que costuma ser denotado pela expressão "medo de..." Nesse caso, poderíamos afirmar com convicção que o Demolidor é "O Homem Sem Medo".

Vimos que, ao contrário do que afirma Quentin Beck, isso não implicaria que o Demolidor é "um homem sem fé". Estaremos mais corretos se invocarmos seu grau de fé profunda para explicar seu evidente destemor. A Bíblia, em determinado ponto, descreve os verdadeiros fiéis como aqueles que "vivem pela fé, e não pelo o que os olhos veem". Essa é uma caracterização que se aplica muito bem a Matt Murdock.

Demolidor às vezes tem dúvidas e crises de fé. Essa é a natureza da fé para a maioria de nós, no mundo em que vivemos. Não é uma espécie de certeza intelectual sem hesitação, autoconfiante. Não é, em essência, uma garantia calma e apaziguadora da mente. É um compromisso do coração. E os teólogos sugerem há milhares de anos que a fé pode consistir mais no apego de Deus a nós do que de nós a Deus. É por isso que podemos ficar pendurados na ponta de uma corda e ainda ser pessoas de fé. A fé é uma ligação que nem as nossas dúvidas mais perturbadoras podem quebrar, por mais fina e frágil que ela pareça. Mesmo quando Matt está prestes a abandonar a fé, o objeto de sua fé nunca o abandona.

A FÉ COMO FONTE DE FORÇA DO DEMOLIDOR

Um super-herói precisa de várias formas de fé. Primeiro, ele precisa, obviamente, de algum tipo de poder físico. Ele precisa ser capaz de vencer os vilões na luta ou de salvar os bons sujeitos de um desastre. Mas ele também precisa de força mental, a habilidade para pensar rápido, ou agir rápido, às vezes até voando. Precisa ter boa memória, criatividade para antever situações, raciocinar bem, deduzir e inferir. Talvez Batman seja o melhor exemplo de um super-herói com tremenda proeza mental ou intelectual. Sem nenhum superpoder, seu corpo muito bem desenvolvido, suas incríveis habilidades de combate e afiados dons intelectuais lhe dão vantagem em qualquer confronto. Mas, um super-herói também precisa de outra forma de força, uma firmeza de caráter, como compreendiam já os antigos filósofos gregos. Um forte caráter inclui qualidades como coragem, resistência, persistência, integridade e uma preocupação com as outras pessoas que é um importante impacto motivacional.

Haveria outra forma de força que beneficiaria um super-herói? O caso do Demolidor e suas sensibilidades religiosas pode nos fazer perguntar se existe uma força espiritual e, caso exista, se ela pode ajudar um super-herói em sua missão ou em sua vida. Antes de respondermos a essa pergunta, talvez devamos fazer outra, a respeito de um assunto que pode esclarecer o que é força ou fraqueza para uma pessoa.

Pensemos novamente, mas sob outro enfoque, na falta de medo do Demolidor. O destemor é uma fonte de força, como tendemos a crer, ou acaba tornando-se uma fonte de fraqueza? Se, por algum motivo, for uma fonte de fraqueza e a fé religiosa encoraja o destemor, então a fé se tornaria, de um modo indireto e surpreendente, uma fonte de fraqueza também.

A pergunta crucial é: um homem sem medo é apenas insensível às realidades do perigo e de possível perda? O destemor seria, então, como o daltonismo ou a surdez parcial? O grande filósofo Aristóteles acredita que toda virtude, ou força humana, é um ponto intermediário entre dois vícios — a falta extrema seria um vício, enquanto o excesso seria outro. Para ele, a virtude da verdadeira coragem ocupava o ponto intermediário entre os dois extremos da covardia, de um lado (a "falta" em resposta ao perigo), e a precipitação, do outro (o "excesso" diante do perigo). A clássica virtude da coragem não requer uma ausência de medo, mas é vista como a habilidade para agir em apoio a grandiosos valores, apesar do medo que podemos sentir. Um bravo homem não precisa ser alguém que nunca sente medo; ele é, isso sim, um indivíduo que faz o que acha certo, apesar do medo que ameaça detê-lo.

Esse simples esclarecimento conceitual assinala a importância de nossa pergunta de que se um homem sem medo é, no fim das contas, um homem cego aos riscos e, portanto, passível do extremo autodestrutivo do ato precipitado, da insensatez. Nesse caso, a fé religiosa de Matt Murdock gera sua falta de medo, como sugeri, e essa fé pode ser vista como uma fonte de perigosa vulnerabilidade, ou fraqueza, uma vez que pode encorajar ações imprudentes, autodestrutivas.

Há uma cena interessante no romance gráfico de Frank Miller, *Daredevil: The Man Without Fear* (ou O Homem Sem Medo), que ressalta esse ponto. Depois que Matt conhece a jovem e rica garota Elektra, ela o leva para passear em seu conversível vermelho, dirigindo como louca. Eles saem do carro e vão até a beira de um penhasco. Elektra diz: "Esse é o nosso lugar. Sempre na borda. Os outros vivem uma vida segura, parada. Mas você — quando eu o vi em cima dos telhados, compreendi —, nós somos iguais. Atraídos para o perigo — e além dele".

Elektra está certa? Demolidor é como ela? O seu destemor é uma fonte de ação irracional, irresponsável e autodestrutiva, "além da borda do abismo"? Nesse caso, não parece uma fonte de força duradoura, mas sim uma qualidade que pode impedir qualquer coisa "duradoura", pelo menos neste mundo.

Nossa preocupação pode ser facilmente bloqueada. Uma falta de medo não precisa encorajar atos precipitados e comportamento louco; aliás, o medo não é a única coisa que bloqueia a precipitação. O bom senso também faz isso — o que os filósofos chamam de prudência ou de racionalidade prática. Guiado pelos valores certos a respeito de sua vida e da vida dos outros, Matt Murdock, ou Demolidor, sabe — até certo ponto — quando agir e quando refrear. Mesmo que nunca sinta medo, ele sabe muito bem quando impor um limite.

Considere uma situação em *Daredevil* #233, "Armageddon": Demolidor está lutando contra um soldado superpoderoso que foi enviado por um chefe do crime para destruir a Cozinha do Inferno. Após uma batalha difícil, ele finalmente se encontra em posição de matar esse adversário. Vários outros indivíduos poderosos aparecem na cena, incluindo o Capitão América e o Thor. O super-herói de armadura conhecido como Homem de Ferro confronta o Demolidor, levantando a palma da mão em direção a ele, e diz: "Demolidor — o homem é nosso. Sob autoridade federal, afaste-se. Você tem 5 segundos". O narrador da história nos diz, então: "Há um leve zumbido, enquanto um circuito de computador gera poder suficiente para destruir um prédio — e espera. Não sendo tolo, Matt se afasta" (Miller e Mazzucchelli, *Born Again*, p. 155).

Não foi preciso uma experiência emocional de medo para gerar uma ação prudente por parte de Matt, mas apenas o entendimento total da situação e as crenças e os valores certos para guiá-lo. Apesar de suas ações extremas, o Demolidor normalmente é um homem de racionalidade prática por trás de tudo o que faz. Suas sensibilidades religiosas não prejudicam isso. Na verdade, pelo contrário, é possível que alguns dos valores que ele aprendeu na Igreja quando garoto, ou com seus pais ainda na infância, proporcionem pelo menos parte de sua orientação prudente.

Os valores religiosos mais fundamentais que Matt deve ter absorvido incluem o amor ao próximo, o respeito pela verdade, a busca pela justiça, a compaixão pelos oprimidos, e a devida valorização das realidades externas e internas. Se Matt Murdock é de fato um bom católico, ou mesmo um mau católico com boas inclinações, então ele terá pelo menos as crenças e os valores certos que podem proporcionar uma orientação útil e confiável em circunstâncias difíceis. E essa é uma grande parte da racionalidade prática ou prudência, uma das qualidades que, no fim, contribuem para a força pessoal de qualquer um de nós, super-herói ou não. Se a fé religiosa dá ao Demolidor uma boa orientação em termos de valores, um bom discernimento no mundo dos fatos, e uma fonte de encorajamento e restrição na garantia da justiça para aqueles que não são fortes o suficiente para proteger a si próprios, então é certo afirmarmos que essa é uma forma distinta de força espiritual que beneficiaria qualquer super-herói ou qualquer ser humano normal.

O CATÓLICO EM SPANDEX

Supondo que Matt Murdock seja de fato católico e que ele tenha uma boa dose de autêntica fé pessoal, ainda não podemos nos livrar da pergunta: Até que ponto ele pode ser considerado um "bom católico"? Coroinha ou beato ele não é, como até sua mãe parece admitir. Mas Matt cumpre muito bem pelo menos a maioria dos Dez Mandamentos — não pratica idolatria; não cobiça nada de outras pessoas; não dá falso testemunho; honra seu pai e sua mãe como a maioria das pessoas de bem e até mais do que algumas; esforça-se para deter, mas não matar, os vilões, independentemente do que façam; e é possível que descanse no sabá, quando o escritório de advocacia de Nelson e Murdock não abre.

No entanto, sua conduta em muitos outros sentidos viola várias prescrições bíblicas e exigências da Igreja. Primeiro, ele não é visto com freqüência na igreja; e, quando está lá, não é para assistir a uma missa. E só a sua história sexual parece suficiente para uma visita ao confessionário com certa regularidade. É possível, porém, que ele seja ou tente ser um bom católico, a seu modo. Em outras palavras, ele pode ter descartado certas exigências da Igreja por considerá-las antiquadas, ultrapassadas e irrelevantes à vida moderna, e ao mesmo tempo ainda seguir outras mais fundamentais, universais, benéficas e que ele considera certas. Claro que muitos católicos tradicionais devem estar pensando: se Matt Murdock quer que seus compromissos morais e teológicos se adaptem aos seus interesses, então ele deveria ser metodista ou episcopal.* Mas, Frank Miller já comentou que o nível de culpa que ele exibe em várias circunstâncias indica que o Catolicismo é a sua praia. Sua vida de fé é muito imperfeita, mas não tão diferente da vida de muitos católicos decentes, hoje em dia.

A fé católica de Matt é só um fio em um tecido muito maior da comunidade religiosa que lhe conferiu quaisquer medidas que ele tem hoje. Costumamos pensar no Demolidor como o perfeito exemplo de um trabalhador sem a rede de segurança. Mas talvez sua rede seja, no fim das contas, sua mãe e sua fé, uma fé que lhe foi transmitida. Como uma viva e íntima experiência de Deus, a mãe é quase ausente em sua vida. Além disso, também um pouco como a providência divina, ela aparece quando ele mais precisa dela. Considere, por exemplo, a prece angustiada que ela faz por ele quando o filho está acamado, fraco, muito doente e quase morto, na poderosa história de Frank Miller "Born Again" (*Daredevil* #230):

> A febre dele aumenta. Nenhuma força terrena pode detê-la. Ele perdeu muito sangue. Seu corpo não consegue lutar. Ele vai morrer. Mas ele ainda tem muito a fazer, meu Senhor. Sua alma

---

* N. T.: Episcopal ou episcopaliano: ramo dos anglicanos, sobretudo nos Estados Unidos.

está perturbada. Mas é a alma de um bom homem, meu Senhor. Ele só precisa que lhe mostrem o caminho. Aí, então, ele será de verdade Seu e trará luz a esta cidade envenenada. Ele será como uma lança flamejante em Sua mão, meu Senhor. Se eu tiver de ser punida pelos pecados dele, que assim seja. Se eu tiver de ir parar no inferno por ele, que assim seja. Tantos precisam dele. Ouça minha súplica. (*Legends* 2, p.95).

A fé espiritual de Maggie é a força por trás daquilo que, nessa história, é considerado o renascimento físico de Matt. Provavelmente também está por trás de seus contínuos impulsos espirituais.

Nos tempos modernos, nosso conceito de fé religiosa parece ser individualista demais. As tradições religiosas mais antigas têm uma visão mais comunitária da pessoa humana e de nossa condição, não no sentido de nossa individualidade se perder na coletividade maior, mas sim de a pessoa individual e a comunidade maior serem vistas como existentes em formas profundas de uma interdependência dinâmica. Nesse sentido, o Novo Testamento apresenta a fé própria de uma pessoa beneficiando ou abrangendo outros da mesma família. Talvez a fé de Maggie seja o supremo apoio de Matt e a fonte de qualquer medida de fé e destemor própria dele. Ele é pelo menos um tipo de católico — bom ou mau, forte ou fraco — graças à mãe ser agora uma pessoa forte na fé.

Quando Matt passa por uma crise de fé e a explica à sua mãe, como conta Kevin Smith em "The Devil's Distaff", é o exemplo poderoso e simples dela, porém profundo raciocínio, que o faz se recuperar. Ela lhe conta uma história que apresenta algo como uma versão da "Aposta de Pascal" — um argumento interessante a favor da crença religiosa e da vida de fé que foi desenvolvido pelo grande matemático, cientista e filósofo do século XVII Blaise Pascal. Na história contada por Maggie, um cavaleiro cético e mundano explica a um camponês simples que não acredita em Deus e que procura sugar tudo o que há de bom na vida neste mundo. Ele desafia o camponês, que abre mão de tantos prazeres terrenos em troca do céu, a pensar como seria triste se ele morresse e estivesse errado, por não existir céu nem Deus. O camponês replica sugerindo que seria muito pior você viver como se Deus não existisse para depois descobrir que estava errado.

Muito tempo atrás, Pascal afirmou que, em um mundo como o nosso, ambíguo a ponto de permitir que as pessoas, com base apenas em argumentos teóricos e evidências existentes, acreditem que existe um Deus ou que não existe, deveria haver outra linha de raciocínio prático em nosso pensamento. Deveríamos nos perguntar o que ganhamos ou perdemos com uma ou outra crença. Se acreditarmos que não existe Deus e vivermos como ateus, e estivermos certos, ganharemos apenas os prazeres finitos deste mundo que seriam proibidos para o crente fiel, além de uma verdade que, de outra maneira, não perceberíamos. Se formos ateus e estivermos errados, descobriremos ao morrer que seguimos nesta Terra um modo de vida que diminuiu e talvez até tenha extirpado quaisquer qualidades espirituais que nos permitiriam o relacionamento eterno de glória com nosso Criador. Nesse caso, perde-se muito.

Em contraste, se acreditarmos que há um Deus e vivermos de acordo com essa crença da melhor maneira possível, abrindo mão de quaisquer prazeres que sejam incompatíveis com nossas convicções, enquanto cultivamos outros prazeres e desfrutamos tudo sob uma perspectiva mais ampla, e estivermos certos, ganharemos a eterna alegria na presença e nos braços de Deus. Se, por outro lado, acreditarmos em Deus e estivermos errados, pensava Pascal, teremos perdido todos os prazeres finitos que poderíamos ter apreciado, mas ainda teremos uma vida plena de virtude, paz, alegria e amor, na companhia de outros que também visam às mais altas aspirações espirituais.

Resumindo essa linha de pensamento, o ateísmo carrega consigo a possibilidade de um ganho finito pequeno, se estiver certo, ou de uma terrível perda infinita, se estiver errado. O teísmo implica a possibilidade de um maravilhoso ganho infinito se estiver certo, ou uma pequena perda finita, se estiver errado. Presumindo que uma pessoa racional tenta evitar as piores perdas possíveis e maximizar sua chance de obter os melhores ganhos possíveis, com base nas evidências existentes, então Pascal conclui que essa pessoa deveria apostar na vida em Deus. Quando Matt Murdock ouve uma mínima reflexão desse raciocínio filosófico na fábula simples de sua mãe, ele se comove e, de certa forma, acalma seu espírito, até então perturbado e em dúvida.

Pascal também escreveu a respeito da "grandeza e da perversidade do homem" — como os seres humanos são, em certo sentido, grandiosos como deuses e em outros aspectos incrivelmente pequenos e decepcionantes. Os extremos do bem e do mal que se envolvem em nosso comportamento são, de fato, fantásticos. Matt Murdock parece reconhecer isso e sentir que nós somos criados para ser mais que as vítimas e os verdugos da Cozinha do Inferno. Estamos aqui para algo mais, algo realmente grandioso. E, no entanto, sofremos uma queda — uma queda de nosso intento potencial e criado. Refletindo as elucubrações de Pascal na história "And a Child Shall Lead Them All", o Demolidor fala em seu coração com Deus, dizendo:

> Todas as noites, Você encena uma peça de imoralidade para mim... Mostra-me a disparidade entre a magnificência do homem e de suas ações; éons de evolução, e ainda procuramos os cantos mais escuros para saciar nossos mais baixos impulsos. Como deve ser decepcionante para Você nos ver em nosso pior estado... se Você existe." (*Daredevil: Guardian Devil*)

Muito tempo atrás, já escrevia o salmista: "Diz o insensato no seu coração: não há Deus".* Matt Murdock pondera essa questão com a mente, mas com o coração ele reza, reclama e protesta. Grandes indivíduos de fé nos tempos bíblicos interrogavam Deus, conversavam com Deus, negociavam, imploravam e às vezes até duvidavam dele. Isso não significa que não tinham fé. Significa apenas que eram pessoas de fé e totalmente humanas — que é o caso de Matt.

O VIGILANTE HOMEM DE FÉ: HERÓI OU FIGURA TRÁGICA?

O Demolidor é um herói, uma figura trágica ou ambas as coisas? Sem dúvida, ele é heroico em sua defesa das pessoas indefesas. E é heroico em seus costumeiros — e extraordinários — esforços para não matar aqueles que ele impede de cometer atos de terrível malignidade. Ele parece dar muita importância em respeitar o clássico mandamento religioso de não matar. Os vilões podem morrer por acidente, como resultado de seus esforços para eliminar o Demolidor. Mas, mesmo quando pensa em eliminar até os mais perversos e assassinos entre eles, ele opta por não fazê-lo. Em *Daredevil* edição #165, ele diz ao dr. Octopus que, por resultado de suas próprias ações malignas, acabou correndo risco de morte por eletrocução: "Eu deveria deixar você torrar, Octopus. Mas eu seria igual a você, assim." Em seguida, ele salva o vilão.

Mesmo quando os vilões que lutam contra o Demolidor ou fogem dele morrem por causa de suas ações tolas, nosso sensível vigilante parece ficar pesaroso, como se um filho de Deus houvesse sido perdido em vão. Na história "A Grave Mistake", desenhada, mas não escrita, por Frank Miller quando ele ainda era um jovem artista encarregado do Demolidor, o maligno Death Stalker morre na tentativa de matar nosso herói, e o Demolidor diz apenas: "Que Deus tenha misericórdia da alma dele" (*Visionaries*, volume 1).

Felizmente para os super-heróis, não há nada nos Dez Mandamentos que diga: "Não chutarás o traseiro do próximo". O que é muito bom para o Demolidor. Em uma história, ele descobre que um dos piores vilões, Mercenário, tem câncer e vai morrer, a menos que tenha assistência médica. O Demolidor o persegue para providenciar-lhe essa assistência, enquanto anuncia: "Eu vou salvar sua vida, Mercenário... nem que tenha de lhe bater até você desmaiar".

Matt Murdock parece seguir a visão religiosa segundo a qual não é a nossa genética nem nossa herança que nos define, mas sim nossas escolhas pessoais no mundo. Na revista em quadrinhos da Marvel, *Daredevil*

---

* N. T.: Salmo 14:1

— *Dead-pool, 97*, Typhoid Mary Walker tenta pôr a culpa por sua vida de crimes e assassinatos em um acidente causado pelo Demolidor. Ele diz: "Não, Mary. Você é quem é por causas das escolhas que fez. Às vezes, a vida é tragédia e dor e acidente! Eu estava por perto da primeira vez que você tirou uma vida? Não! Você fez sua escolha sozinha".

As próprias escolhas do Demolidor mostram que ele valoriza e preza a vida. Ele parece pensar que onde há vida, há esperança. Na verdade, ele parece metamorfosear-se de heroico para trágico sempre que estende essa convicção ao que se mostra irredimível, como seu arquiinimigo, Mercenário. Não o matando nem o deixando morrer em numerosas ocasiões, nosso super-herói com inclinações espirituais sente-se parcialmente responsável pelo mal que esse homem comete, depois.

Em *Daredevil*, edição #169, o detetive da cidade, Nick Manolis, chega a sugerir que, em uma ocasião específica, o Demolidor deveria ter deixado aquele homem perverso morrer. O super-herói replica: "Nick, homens como Mercenário governariam o mundo — se não existisse uma estrutura de leis que a sociedade criou para segurar tais indivíduos com rédeas curtas. No momento em que um homem tira a vida de outro com as próprias mãos, ele está rejeitando a lei — e trabalhando para destruir essa estrutura. Se Mercenário é uma ameaça para a sociedade, é a sociedade que fará com que ele pague o preço, não você. E não eu. Eu — eu gostaria que ele morresse, Nick. Eu detesto o que ele faz... o que ele é. Mas eu não sou Deus — não sou a lei — e não sou um assassino". Em seguida, ele se afasta silenciosamente do detetive, que ainda tem objeções; mas, em seu coração, ele reza a Deus para que esteja certo no que fez e no que acabou de dizer. Nessa e em muitas outras ocasiões, ele tenta fazer a coisa certa, e implora a uma ordem divina superior por assistência e segurança que, de outra forma, não teria. Ele é, sem dúvida, um herói. Mas é também uma trágica figura para qualquer pessoa que não tenha a mesma convicção de que seus esforços são supervisionados, guiados e até auxiliados por uma superior providência divina que é a fonte suprema de justiça no mundo.

Perguntamos se Matt Murdock é, em algum sentido reconhecível, um homem de verdadeira fé e um "bom católico". Examinamos algumas evidências e argumentos de ambos os lados. A resposta final pode ser que ele faz o melhor possível com aquilo que o Novo Testamento chama de "os dois grandes mandamentos", que definem a vida de fé — o mandamento de amar a Deus e a injunção de amar o próximo como amamos a nós mesmos. Não parece exagero somar a influência que Deus tem na vida de Matt e os esforços de Matt para aplicar a justiça divina, concluindo que ele ama a Deus, mesmo que se preocupe com sua existência. Isso não é pouco para um homem cego, profundamente perturbado, que é um intelectual, advogado e um cidadão decente, porém vivendo em meio a todo o mundo de crime, ódio e abuso da Cozinha do Inferno. O Demolidor também tenta amar o próximo como a si mesmo. Com certeza, ele faz mais pelos outros que a maioria de seus próximos faria. Ele arrisca a vida quase todas as noites para que os outros tenham uma certa segurança e proteção. Ele faz coisas boas para os outros sempre que possível e de diversas maneiras. É um bom amigo. Tem aspirações nobres. Ele reza. Ele defende os fracos. E sente que vive sob a tutela de um ser que ele não vê nem ouve, mesmo com seus sentidos superapurados. Ele parece ser um católico muito especial, com uma medida de real fé espiritual e suficiente honestidade para reconhecer as próprias dúvidas, e ao mesmo tempo suficiente persistência para nunca permitir que essas dúvidas dominem sua vida.

Conhecendo Matt, porém, imaginamos que ele não tentaria afirmar que é um bom católico. Ele poderia admitir que é um mau católico, talvez até muito mau. Mas eu penso que, no fundo de seu coração, ele talvez sinta que isso é melhor que não ter fé alguma. E desconfio que, em última instância, ele acredita que sua fé é uma fonte de ao menos parte da força e orientação, em vez de uma causa de fraqueza e confusão. Sem a medida de fé que ele tem, Matt estaria pior do que está até nos mais horríveis dias. E, com o tipo de dia que ele tem, isso pesa muito.

CAPÍTULO 6

O PODER E A GLÓRIA

**Charles Taliaferro e
Craig Lindahl-Urben**

Uma poderosa correnteza de narrativa flui a partir da tradução refletiva da virtude e do vício nas antigas histórias gregas de seus deuses e heróis até o mundo moderno, onde nós continuamos a dramatizar a batalha entre o bem e o mal em nossos contos de aventuras e conflitos heroicos. A moralidade que encontramos nos principais quadrinhos de super-heróis é muito semelhante à moralidade e à sabedoria geral, emergentes da antiga ética filosófica.

Há uma série de lições específicas que podemos encontrar tanto nas histórias da Antiguidade quanto nas modernas histórias em quadrinhos: a sede de poder e de glória é tão perigosa quanto sedutora. A maior glória que pode ser obtida pelo ser humano deve vir como um efeito colateral de outros e mais nobres interesses, e consiste sempre, pelo menos em parte, na noção de que as pessoas são mais valiosas que o poder.

DO OLIMPO A GALACTUS

Nos antigos mitos gregos* nós somos constantemente lembrados do perigo de procurarmos o louvor e a glória com avidez. Na história de Ícaro, por exemplo, um jovem morre por causa de sua busca pela glória. Ele ganha asas que lhe são grudadas ao corpo, permitindo-lhe voar sobre o Mediterrâneo. Inebriado por seu novo poder sobre-humano, ele voa muito perto do Sol; o Sol derrete suas asas, ele cai e morre. Proliferam as lições dessas histórias nas quais o mau uso do poder nos revela o grande dano que pode vir de uma busca insensata ou mal-intencionada de grandeza.[25] Esse tema reflete-se em muitas histórias em quadrinhos sobre vilões e supervilões com os quais os super-heróis têm de lidar. Uma descoberta científica ou uma súbita aquisição de poder desencadeia uma perseguição maníaca de mais poder e glória que acaba sempre em acidente.

Encontramos uma revelação semelhante no Universo Marvel da década de 1960 quando os heróis do Quarteto Fantástico enfrentam um adversário conhecido como "Dr. Destino", além de um imenso devorador de planetas, o ser chamado de "Galactus". Os seres humanos até então normais, que se transformam no "Quarteto Fantástico", obtiveram seus superpoderes depois de um acidente ocorrido enquanto eles estavam testando um foguete experimental. Em um efeito colateral inesperado, todos foram transformados. O brilhante cientista Reed Richards virou o sr. Fantástico, com um corpo incrivelmente elástico. Sua namorada Sue Storm ganhou o poder de ficar invisível e de lançar um campo de força mental em volta das coisas. O irmão mais novo dela, Johnny Storm, tornou-se uma Tocha Humana. O amigo durão, porém amável, Ben Grimm, ficou desfigurado de maneira horrível, virando a Coisa, mas nessa barganha ganhou tremenda força.

Os quatro membros do Quarteto Fantástico às vezes são chamados de "os super-heróis com problemas". Mas todos trabalham tentando contornar esses problemas, a fim de — nas palavras de Ben — "usar seu poder para ajudar a humanidade". No Universo Marvel, essa ajuda é muito

---

* N.E.: Sugerimos a leitura de Mitos Gregos, Robert Graves, Madras Editora.
25. Uma boa visão geral da antiga filosofia grega acerca do orgulho, da sabedoria, do bem e do mal pode ser encontrada na obra de Raymond Devettere, Introduction to Virtue Ethics (Washington: Georgetown University Press, 2002).

necessária porque os vilões surgem o tempo todo e ameaçam a vida das pessoas comuns. Vamos examinar dois dos principais inimigos do Quarteto Fantástico, além de um associado desses inimigos, para contrastar dois modos de vida, um baseado em uma perspectiva altamente ética e o outro guiado pela sedução do poder e da glória.

Veremos primeiro o Dr. Destino, que conheceu o Quarteto Fantástico na edição #5, e depois Galactus, que apareceu no número #48. Destino é um gênio científico, megalomaníaco e maligno, ex-colega de faculdade de Reed Richards. Galactus é uma força cósmica além do bem e do mal, um ser imenso que precisa destruir e consumir mundos inteiros para sobreviver. Outro ator no drama é o pau-mandado de Galactus, seu explorador e "arauto", o Surfista Prateado, que viaja pelo Universo em busca de mundos para ele consumir. Vamos observar cada um desses inimigos na ordem em que se aproximaram do Quarteto Fantástico.

UMA MALFADADA BUSCA POR PODER E GLÓRIA

O Dr. Destino apareceu primeiro, mas é melhor tratarmos dele logo após o Quarteto Fantástico ter enfrentado uma ameaça de Galactus. Nas edições #57- 60, após Galactus ter ameaçado por algum tempo a existência da Terra e, por fim, partido, temos uma boa oportunidade de vislumbrar a moralidade no Universo Marvel. O Surfista Prateado ainda está na área e o Dr. Destino descobriu um meio de roubar o incrível poder cósmico que fora conferido ao Surfista por seu mestre, Galactus. Destino declara sua filosofia de vida quando diz: "O poder sempre foi o meu Deus". Por um breve período de tempo, ele está determinado a usar esse poder furtado para dominar o mundo.[26] Quando ele consegue tomar o poder do Surfista Prateado, a edição #57 termina com o grande anúncio: "O mundo inteiro pertence ao — Dr. Destino!" Claro que isso sempre acontece com os supervilões dos quadrinhos, e com os vilões do mundo real — um pouco de poder logo sobe à cabeça.

O Surfista Prateado usava esse incrível poder com uma grande medida de equanimidade filosófica. Ele era uma pessoa tranquila, sábia, digna e calma, e nunca teria proclamado seu poder e glória como fez Destino, logo após obtê-lo. Destino só queria ser servido.

Após trair o confiante, quase inocente, Surfista Prateado por meio de uma máquina muito científica e de aparência médica superavançada e roubar-lhe o poder, o Dr. Destino empertiga-se: "Agora sou eu quem possui o

---

26. Em edições mais recentes do Quarteto Fantástico — quase 40 anos depois dos quadrinhos de que estamos falando —, o Dr. Destino foi reinventado como alguém que se concentra em proteger seu reino. Mas, nos anos de 1960, ele era o epítome do desejo malévolo de dominar o mundo e fazer mal ao Quarteto Fantástico.

Poder Cósmico que antes era dele! Nunca um ser humano foi tão Supremo — tão invencível e superior — como eu! Agora, a humanidade que fique alerta — pois o Dr. Destino tem poderes sem limites — um poder suficiente para desafiar o próprio Galactus!" É evidente que o poder até então usado com parcimônia e humildade pelo Surfista Prateado foi adquirido por alguém engajado em uma louca busca pela própria glória, como novo "mestre da humanidade!" O famoso historiador Lorde Acton é citado erroneamente como tendo dito: "O poder corrompe, e o poder absoluto corrompe de maneira absoluta!"[27] A partir desses exemplos contrastantes do Surfista Prateado e o Dr. Destino, podemos chegar à conclusão filosófica mais nuançada de que não é o poder em si que corrompe; é a interação do poder com seu recipiente. Se uma pessoa já tem os defeitos de caráter que a inclinam à corrupção, algo como a súbita obtenção de poder pode maximizar esses defeitos e desencadear sua rápida queda moral.

O Dr. Destino obviamente vê a busca por poder e glória como um direito seu. Ele também acha perfeitamente permissível atingir seus propósitos à custa de todo o mundo. Para ele, as outras pessoas são apenas meios para os seus fins ou obstáculos que devem ser eliminados. Enquanto Destino está ocupado em exibir seu novo poder ao mundo, seu hóspede agora aprisionado, o Surfista Prateado, é surrado por seu carcereiro, mas mesmo assim pronuncia o que poderiam ser as últimas palavras de um filósofo estoico: "Mesmo roubado de meu poder, eu não rastejo, — não fraquejo! Eu ainda sou o Surfista Prateado!" O "recipiente" aqui ainda é o mesmo, contenha ele o poder ou não. Um indivíduo que não se corrompe com a aquisição de poder não é destruído por sua perda. Ele se conforta em saber quem é, com ou sem poder ou glória. O carcereiro do Surfista provoca-o, mencionando a inutilidade desse consolo diante do poder de Destino, e o Surfista Prateado responde: "Seu mestre nunca vencerá! Ainda que ele tenha Poder Absoluto — é um poder usurpado! De alguma forma, tão certo como existe o Cosmos, esse poder o destruirá; deverá destruí-lo!" Se olharmos adiante desse diálogo hiperdramático, vislumbraremos uma crença fundamental na justiça subjacente no Cosmos.

Esse é um ponto central de contato entre o Universo Marvel e os melhores filósofos da Antiguidade. Ambos acreditam que, do mesmo modo que as leis físicas básicas como a gravidade, o poder moral da justiça prevalecerá. Ele está imbuído em tudo. Nesse caso particular de poder e seu mau uso, as leis da justiça cósmica determinam que, se uma pessoa não é capaz de lidar com o poder obtido, recorrendo a meios antiéticos, será destruída por esse mesmo poder. O problema real com o poder não é tê-lo; o problema está no tipo de pessoa que o executa. Poder e glória não existem

---

27. *O que Acton de fato escreveu foi: "O poder tende a corromper, e o poder absoluto corrompe de maneira absoluta" (carta ao Bispo Mandell Creighton, 3 de abril de 1887).*

em um vácuo — eles têm um papel profundo a desempenhar no caráter e nas ações das pessoas.

O Surfista Prateado ganhou seus poderes quando se tornou o procurador de planetas e arauto cósmico do imenso, poderoso e antigo ser, Galactus. Ele se ofereceu para essa função porque queria salvar seu mundo do destino de ser consumido por essa voraz entidade. O Surfista Prateado sacrificou-se, ou melhor, sacrificou toda a sua vida normal em seu mundo, para servir a Galactus em éons viajando sozinho pelo Cosmos, encontrando planetas para ele devorar. O Dr. Destino, em contraste, é muito diferente. Embora a representação de seu personagem tenha ficado cada vez mais sofisticada no decorrer das décadas para agradar aos leitores que gostam de suas exibições de ego, poder, glória e importância, sua ética não mudou muito. Na edição #258, ele se lembra do episódio passado com o Surfista Prateado e tenta novamente obter o "Poder Cósmico" usando outro ex-arauto de Galactus. É difícil largar velhos hábitos. Como nos mostra a história do mundo, quando a sede de poder e glória domina uma pessoa, é muito difícil libertar-se dela.

Assim como os leitores no fim da década de 1960, nós podemos nos perguntar como o tremendo poder que o Dr. Destino tomou do Surfista Prateado pode ser combatido. A resposta confirma a previsão moral feita pelo Surfista Prateado e restabelece a ordem cósmica que foi perturbada quando Destino lhe roubou o poder, a mesma ordem moral que é derrubada quando alguém com más intenções e um coração corrupto usa outras pessoas como um meio de alcançar seus fins egoístas envolvendo poder ou glória — ou dinheiro, *status*, ou fama. A arrogância egoísta de Destino leva-o a cometer um erro e, quando o comete, a fonte suprema de seu poder prepara-se para tomá-lo de volta. No fim, Galactus tira de Destino o que nunca foi dele por direito.

No Universo Marvel, os bons levantam-se e os maus são detidos. O Surfista Prateado nunca usou o poder para dominar os outros e aumentar a própria glória, mas aceitou-o porque era o único meio de salvar seu povo. Destino é retratado como o supremo ego autossubserviente e o Surfista Prateado é mostrado, em contraste, como modelo de serviço altruísta.

Quando examinarmos o próprio Galactus, veremos como um personagem aparentemente além do bem e do mal também não pode escapar das categorias morais e, no fim, perde para o ponto de vista moral.

GALACTUS: O PODER E A GLÓRIA

Em sua busca pelo maior inimigo do Quarteto Fantástico, a Marvel Comics tinha de ir além das considerações convencionais de bem e de mal. Eles inventaram um ser extremo, Galactus, que sobrevive e reabastece seu poder consumindo planetas inteiros. Em determinado ponto no início da história envolvendo Galactus, o Surfista Prateado surge das imensidões do espaço e aproxima-se da Terra, que é uma possível refeição para seu mestre. Esse planeta está sendo vigiado pelo Vigia, membro de uma raça imortal que jurou monitorar, mas "nunca interferir" nos mundos observados. Mas, apesar desse juramento, o Vigia não resiste ao desejo de ajudar e salvar a Terra, por causa da vida humana que ele vê se desenvolvendo lá, e tenta encobrir o planeta da vista do Surfista Prateado. Seus esforços fracassam e o Surfista Prateado aterrissa em nosso planeta, sinalizando para Galactus o seguir.

Quando Galactus chega, ele tem uma conversa com o Vigia. Por causa de seu poder e *status* cósmico, o Vigia é o único ser na área que Galactus reconhece como capaz de ter uma interação significativa e um diálogo com ele. Galactus repreende o Vigia por tentar esconder a Terra de seu arauto. E o seguinte diálogo acontece:

> **Vigia:** Escute minhas palavras, destruidor dos planetas! Esse pequeno grão de matéria onde nos encontramos contém vida inteligente! Você não deve destruí-lo!
>
> **Galactus:** Qual a importância de vidas breves, sem nome... para Galactus? Não é minha intenção ferir nenhum ser vivo! Devo reabastecer minha energia! Se criaturas desimportantes são dizimadas quando eu dreno um planeta, é lamentável, mas inevitável! Vigia, já que você parece conhecer essas ínfimas criaturas, eu sugiro que recomende a elas que se calem... antes que eu as aniquile com um único golpe!
>
> **Vigia:** Cuidado, Galactus! Elas são menos ínfimas do que você pensa! E o Vigia está do lado delas nessa hora fatídica!
>
> **Galactus:** Então você está violando sua promessa de nunca interferir nas questões cósmicas! Que seja! Apesar de seu poder... que eu conheço muito bem... não se pode esquecer... eu sou Supremo em mim mesmo... Eu sou Galactus!

O grande vilão retrocede – mas não antes de uma pequena amostra de autopromoção petulante.

Observe, nesse breve diálogo, algo interessante. Apesar de Galactus ser descrito como um ser além do bem e do mal, fora da estrutura e aplicação de categorias morais, ele tenta, a princípio, justificar moralmente suas ações planejadas, fazendo uma distinção ética entre o que pretende fazer e as consequências não pretendidas, porém previstas. Ele precisa consumir um planeta para manter sua própria existência e poder. É isso, portanto, o que ele pretende — uma boa e nutritiva refeição. Ele sabe agora que seres inteligentes e sensíveis serão mortos por sua ação, mas protesta com o Vigia dizendo que esse é, no máximo, um efeito colateral infeliz, mas não um resultado planejado, do que ele vai fazer.

Esse é um raciocínio muito frequente entre seres bem menores que Galactus na tentativa de justificar um ato que trará más consequências. Não é mais convincente nesse caso que na atitude de um executivo ganancioso ou um político corrupto. O que se deve salientar nesse contexto é que nem mesmo um ser cósmico, cuja existência está além do bem e do mal pode escapar usando categorias morais, ainda que de modo deturpado e por motivos imorais.

Mas voltemos à história. Após algumas tentativas heroicas, porém ineficazes, do Quarteto Fantástico em desafiar Galactus, a única esperança deles para o destino da Terra está em um plano complicado e misterioso do Vigia, junto à inesperada redenção do Surfista Prateado provocada pela artista cega Alicia, namorada de Ben Grimm. Graças à sua beleza, ela alcança e revive nele a compaixão, durante todo o seu tempo no espaço solitário. Finalmente, ele diz "encontrei algo que vale a pena proteger! Mesmo que isso signifique eu entrar em batalha contra... o Mestre!" E acrescenta: "Galactus é o Poder! Eu sou apenas seu arauto! E, no entanto... somos ambos viajantes no Cosmos! Meu poder nunca foi testado ao máximo!" Essa ressurreição imprevista do Surfista Prateado, de sua morte emocional após eras e eras sem nada sentir, para um estado de compaixão pelos humanos na Terra causa preocupação no Vigia, porque, "sem querer, o Surfista Prateado pode ser a própria causa da destruição total da Terra!" O Vigia não pretende que outros lutem contra Galactus, porque ele sabe que tal resistência seria fútil. Ele tem um plano diferente.

Em um subsequente confronto com Galactus, o Surfista Prateado revela que não pretende mais ser seu arauto. O tempo que essa conversa dura permite que o plano do Vigia se complete, o qual consiste em trazer de "um mundo tão indescritivelmente distante que não vale a descrição" um dispositivo chamado de o "Supremo Anulador", que é uma ameaça real a Galactus. A chegada dessa máquina que pode aniquilar tudo no Universo surpreende e detém Galactus, e o Vigia dialoga com ele mais uma vez. No clímax dessa conversa, nós vemos algumas das visões e virtudes fundamentais no Universo Marvel. O Vigia começa referindo-se aos humanos que conseguiram obter esse aterrador dispositivo — O Quarteto Fantástico:

Vigia: Considere a coragem que eles mostram! Embora ainda estejam na infância, você não pode desdenhá-los! A sua raça... e a minha... não evoluíram de origens assim humildes? Eles não possuem a semente da grandeza em suas frágeis estruturas humanas?

Galactus: Mas e quanto a Galactus? E quanto à ilimitada energia que eu preciso absorver para sobreviver?

Vigia: Há outros planetas! Nós dois sabemos muito bem que o Universo é infinito! Destruir uma raça não pode ser a solução!

Galactus: Eu estou cansado! O prêmio não vale a batalha! Que o humano entregue a arma, e eu não os molestarei mais!

Vigia: Faça o que ele diz, mortal! A promessa de Galactus é a Verdade viva!

Reed Richards corre um risco tremendo e entrega a Galactus o Supremo Anulador — a única coisa que impede o ser de consumir a Terra.

Galactus: Então... Pela primeira vez desde o alvorecer da memória... minha vontade foi subjugada. Mas não me ressinto! A emoção é para os seres menores!

Antes de partir, Galactus proclama: "O Jogo terminou! O prêmio iludiu-me! E enfim eu percebo um reflexo de Glória na raça do homem! Sejam sempre dignos dessa glória, humanos... Estejam sempre atentos à sua promessa de grandeza!... Pois um dia ela os elevará para além das estrelas... ou os enterrará nas ruínas da guerra! A escolha é de vocês!"

PODER E GLÓRIA: TESTES DE VIRTUDE

Galactus talvez tenha pairado à beira da ética nesse drama, mas os esforços dos super-heróis humanos acabam trazendo-o para a arena da moral. Quando ele deixa a Terra, após os eventos anteriormente narrados, parece reconhecer o valor intrínseco dos seres humanos, mas essa não é uma percepção que permanece com ele. Como nas vidas de muitas pessoas, algo extremo deve acontecer para abalá-lo antes que adquira uma genuína mentalidade ética.

Um dos aspectos mais interessantes da ética imbuída no Universo Marvel e também no Universo DC é que a estrutura ética para os super-heróis tem uma forma ou uma lógica completamente diferente da ética usada para explicar as ações dos vilões. O contexto no qual os supervilões são criados e julgados é um tipo de utilitarismo reverso. O utilitarismo, descrito em termos simples, é a visão filosófica segundo a qual a ação certa em qualquer circunstância é aquela que produz o bem maior para o maior número de pessoas. Em um perverso contraste dessa visão, o supervilão Marvel tenta criar o pior mal para o maior número de pessoas — como se só isso pudesse mostrar seu poder triunfante. Embora esse "gêmeo mau" do utilitarismo não seja, em termos estritos, uma negação lógica de seu conceito popular, parece ser a diretriz Marvel para a criação de algum personagem verdadeiramente maligno. Mas, o contexto que dá forma às ações dos super-heróis não se baseia no utilitarismo nem em sua correspondente perversão.

Um super-herói age de acordo com a crença de que um mal infligido a um único indivíduo, ainda mais um inocente, não pode ser tolerado. Os super-heróis não aderem ao pensamento utilitarista, segundo o qual um dano causado a um inocente pode ser compensado pelo bem maior para a maioria. Diante do dilema de salvar um indivíduo ou um grupo de pessoas, o super-herói típico é incapaz de fazer tal escolha. Na verdade, talvez até mais do que seus imensos poderes, a incapacidade de fazer essa escolha é o que define um herói. É o passo seguinte do herói que o eleva ao *status* de super-herói — ele salva tanto o indivíduo inocente quanto o grupo. O super-herói sempre se concentra no valor intrínseco da pessoa individual e ainda é capaz de derrotar o perverso inimigo que trata todos os outros seres como se fossem dispensáveis. A visão que o super-herói tem da vida não é utilitarista, mas consiste em um ponto de vista ético alternativo que se chama "personalismo", uma filosofia que atribui a todos os indivíduos um valor fundamental e irredutível.

O personalismo foi desenvolvido e divulgado por muitos filósofos, desde Borden Parker Bowne (1847-1910) a Martin Buber (1878-1965). Os personalistas não calculam o valor de uma pessoa em referência às suas metas egocêntricas, como faria o Dr. Destino, ou de acordo com o utilitarismo, em que o bem de muitos supera o bem de um indivíduo. Cada pessoa tem valor absoluto. O personalismo tem raízes na ética religiosa e também na obra do grande filósofo Immanuel Kant (1724-1804), que afirmava que cada indivíduo deve ser tratado como um fim em si e nunca como um meio para um fim independente.[28] Os personalistas, assim como os kantistas, veem a insensata manipulação das pessoas como um terrível e injustificável mal. Eles são comprometidos com a ideia de uma comunidade justa, na qual as pessoas têm a possibilidade de prosperar com respeito e dignidade. Para Kant e todos os personalistas, a ética que nós usamos deve contribuir para uma comunidade em que tanto o indivíduo quanto o grupo floresçam. Kant chamava a isso de "reino dos fins", no qual cada pessoa é livre para agir dentro do reconhecimento do valor de todas as outras pessoas. Na ética personalista, o devido papel do poder e da glória na vida de um indivíduo é sempre julgado de acordo com o modo como ele respeita os outros e como esse poder ou essa glória afetam o fortalecimento da comunidade maior. Nenhum dos dois deve ser o fim em si ou a finalidade do eu individual.

No Universo Marvel, vemos constantemente o Quarteto Fantástico e outros super-heróis exibindo o personalismo, enquanto os vilões, como o Dr. Destino, empregam seus estratagemas perversos e egoístas que ameaçam ou causam grande mal aos outros, tudo por causa de sua busca individual por

---

28. Ver Kant, Fundamentação da Metafísica dos Costumes *(1785).*

poder e glória. São as ações personalistas dos super-heróis que acabam atraindo até Galactus para o ponto de vista moral.

Como vimos, Galactus paira à margem do comportamento ético e parece escapar às categorias de bem e de mal como uma força amoral, por dois motivos. O primeiro envolve sua constituição e o segundo diz respeito à sua ambivalência quanto a pertencer a qualquer tipo de comunidade. Primeiro, Galactus precisa converter matéria animada, em grande escala, em uma forma de energia que sustente sua vida. Sua própria existência parece exigir a morte de outros. E ele aceita isso como um fato nem bom nem mal. Obviamente, essa atitude é análoga à dos seres humanos, os quais, sem o menor pesar, consomem formas de vida inferiores à nossa raça na cadeia alimentar, em nome de nossa preservação. Durante a maior parte da história humana, nós também consideramos isso um fato que, em si, não é bom nem mau.

É óbvio que Galactus não considera aqueles que ele consome como parte de uma comunidade moral mútua. Infelizmente, porém com grande clareza, isso reflete a atitude normal que a maioria das pessoas tem em relação ao resto do mundo natural, incluindo a maior parte do reino animal. Assim, toda a Terra e seus habitantes humanos são tão inferiores na cadeia alimentar que Galactus não apenas não os respeita, mas nem os reconhece como seres morais como ele. Só depois das perguntas e dos comentários do Vigia, ele é capaz de enxergar, de reconhecer e até de mostrar um certo respeito por nós, meros mortais — incluindo nossos super-heróis. O surgimento do "Supremo Anulador" provavelmente não tinha o objetivo de ferir Galactus, pois seria o caso clássico de vencer uma batalha, mas não a guerra. O objetivo do dispositivo era apenas atrasá-lo, de modo que o Vigia tivesse a atenção dele o tempo suficiente para ajudá-lo a ver que os humanos têm importância, mesmo aos seus olhos. O Vigia esperava que, se Galactus reconhecesse os humanos como seres inteligentes e tivesse um motivo para respeitá-los — embora a raça humana fosse criança ainda, com vislumbres de grandeza —, ele assumiria a posição crucial de um ser ético em relação a nós, e não apenas a de um gigante faminto procurando uma tigela de Cereais Cósmicos. E, claro, o Vigia estava certo.

Esses vislumbres de grandeza dos humanos envolvem poder e glória. Nas histórias dos super-heróis Marvel e seus supervilões, nós podemos ver que a glória e o poder podem se acumular em nós de um modo aceitável, mas não são algo que devemos buscar para nós mesmos ou para o nosso benefício egoísta. Poder e glória podem ser adquiridos de modo justo, mas apenas como uma consequência de ações morais apropriadas. E eles podem ser usados apenas para o bem das comunidades morais, e não como ferramentas para a busca de metas egocêntricas. Só os maus sujeitos como o Dr. Destino vão atrás de poder e de glória para si mesmos e para seus fins egoístas. O Quarteto Fantástico, em contraste, usa seu poder e sua glória para o bem de outras pessoas. Eles representam o ponto de vista moral e constituem entre si uma comunidade moral que se abre para comunidades cada vez maiores, nas quais eles fazem uma diferença, no sentido de perpetuar o bem.

Galactus tem um poder tremendo, mas falta-lhe uma comunidade moral para usá-lo bem. Isso muda de maneira drástica quando se torna o beneficiário da ética do super-herói. Quase 200 edições após a história que estamos discutindo, no número #244, Galactus retorna à Terra em busca de um ex-arauto, Terrax, que o desafiou. Depois de encontrá-lo e derrotá-lo, Galactus enfraquece e precisa se alimentar para recuperar a força. Infelizmente — adivinhe! —, somos mais uma vez o prato rápido mais próximo. Ele pode ter se esquecido de seu reconhecimento anterior do valor humano, mas reconhece uma boa refeição quando a vê.

Dessa vez, quando o Quarteto Fantástico se mobiliza para socorrer o planeta, os Vingadores e o dr. Strange unem-se a eles e conseguem derrotar Galactus em sua condição enfraquecida. Mas, enquanto o imenso ser está morrendo, a ética personalista dos super-heróis fala mais alto. E, dos lábios do Capitão América, vem a declaração: "... Galactus é um ser vivo, sensível e não age por maldade. Ele faz o que precisa ser feito apenas para sobreviver, como nós faríamos". Reed Richards replica: "O Capitão América está certo! Nós temos de ajudar Galactus".

O gigante cósmico é ressuscitado e fica perplexo. Ele exclama, falando de si em terceira pessoa, como é de praxe: "Galactus está vivo! Mas... Galactus está confuso. Vocês haviam me derrotado. Uma vitória tão completa que Galactus se viu à beira daquele abismo no qual tudo o que vive um dia cai. Por que vocês me salvaram?" E, expressando o ponto que queremos expressar acerca dos super-heróis no Universo Marvel, Reed Richards responde: "Não tínhamos escolha, Galactus. Não podíamos dar as costas a você e deixá-lo morrer, como não faríamos com nenhuma criatura em necessidade".

Essa declaração tem um efeito potente. A partir desse momento, Galactus trata pelo menos alguns seres humanos — em particular, o Quarteto Fantástico — como "iguais", por causa de suas ações ao salvar-lhe a vida. Ele aprende a ter remorso por suas atitudes anteriores e um verdadeiro respeito pelos outros seres. Já não são meras ferramentas para sua alimentação, nem comida para saciar seu apetite — são indivíduos dignos de consideração moral, exigindo seu respeito e reconhecimento. Galactus deu um passo em direção ao ideal de uma comunidade moral personalista. E, nessa história de poder, queda, restauração e mudança, vemos em um contexto literário moderno os males da *hybris,* * ou vanglória, e a perspectiva

---

* N. T.: Hybris: *na tragédia grega, o orgulho e a arrogância do herói, responsáveis por sua queda.*

filosófica de que qualquer um de nós prosperará mais em uma comunidade pacífica de ação ética, em que o valor intrínseco de todas as pessoas é reconhecido e respeitado. Essas são algumas lições da melhor filosofia da Antiguidade, e são retratadas de forma vívida nas histórias contemporâneas dos super-heróis.

CAPÍTULO 7

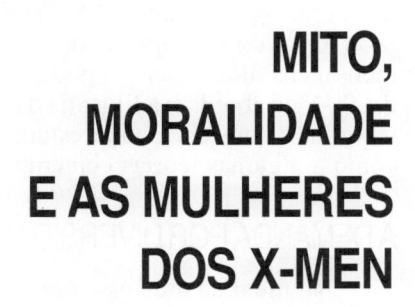

MITO, MORALIDADE E AS MULHERES DOS X-MEN

Rebecca Housel

"As imagens do mito são reflexos das potencialidades espirituais de cada um de nós. Por meio da contemplação delas, nós evocamos seus poderes em nossa vida."

— Joseph Campbell, O Poder do Mito

Desde a tragédia de 11 de setembro de 2001, a popularidade dos filmes de heróis, em suas muitas formas, aumentou muito. É natural que os super-heróis dos quadrinhos supram essa necessidade, e os filmes baseados em quadrinhos quebraram novos recordes de bilheteria. O super-herói tornou-se mais uma vez um ícone. Mas Hollywood aproveita essa oportunidade para fazer mais do que apenas nos entreter. Alguns dos filmes recentes trazem mensagens filosóficas que podem iluminar nossa vida. Em especial, os filmes dos X-Men abordam a filosofia da natureza humana, de maneira que podemos recorrer à obra do grande estudioso de Mitologia, Joseph Campbell, bem como a algumas teorias contemporâneas a respeito das decisões éticas.

A DEMANDA POR DIVERSIDADE

No meio de todo esse novo enfoque nos super-heróis, as plateias americanas estão pedindo uma gama mais variada de heróis, incluindo uma maior participação feminina. A maioria dos super-heróis conhecidos dos quadrinhos é de homens, como Super-Homem, Batman, Homem-Aranha, Lanterna Verde, Flash, Thor e Demolidor, e a maior parte dos filmes de super-heróis do passado enfocava quase só esses heróis do sexo masculino. Entretanto, Hollywood está tentando agora satisfazer à nova necessidade do público mais jovem, incluindo heróis de ambos os sexos, diante das várias faces do espectador no século XXI. Essa nova tendência de inclusão tem ajudado filmes como *X-Men* e *X2: X-Men United* a se tornarem parte de uma nova mitologia do super-herói. Criados pela primeira vez como história em quadrinhos da Marvel no início da década de 1960, e hoje tornando-se lendários de outra maneira, os homens e mulheres X-Men vão ganhando as alturas de um novo *status* mitológico em filmes cinematográficos de grande porte.

A história básica original é simples. Em várias partes do mundo, nasceram crianças com mutações genéticas que lhes deram vários poderes além do alcance do ser humano normal. Esses mutantes podem fazer um grande bem aos seres humanos ou infligir-lhes um terrível mal. A população normal tem medo deles e algumas pessoas até os odeiam. Dois líderes destacaram-se entre a população mutante: o heroico Charles Xavier e o vil Magneto. Xavier quer organizar os mutantes e treiná-los para trabalhar a serviço do bem maior da humanidade e, como resultado, espera convencer as duas comunidades de que elas podem viver juntas em harmonia. Para esse fim, ele reúne um time conhecido como os X-Men. Magneto segue um caminho diferente. Ele acredita que os humanos declararam guerra à população mutante e que os mutantes devem responder de acordo. Suas ações são todas em nome da liberdade dos mutantes, embora no primeiro filme *X-Men*[29], ele mostre que está disposto a assassinar um colega mutante para realizar seu intento.

---

29. X-Men, *direção de Bryan Singer (20th Century Fox, 2000)*.

Em sua malignidade, Magneto opõe-se a Xavier, representando uma parte importante da dualidade presente em todos os mitos — bem e mal, mulher e homem, vida e morte. Na mitologia clássica, o reconhecimento dessa dualidade é o primeiro passo para se entrar no mundo maior.[30] E é assim que começa *X2*. Mas não é assim que termina. Em seu trabalho com a mitologia mundial e as imagens históricas do heroico, Joseph Campbell sugere que, por trás de toda dualidade, existe uma singularidade operante. A principal premissa do segundo filme dos X-Men é que sempre deve existir transcendência por meio da dualidade para uma específica singularidade, ou unidade. O título e o subtítulo do filme, *X2: X-Men United*, são bem escolhidos.

A obra definitiva de Campbell acerca das mitologias de todas as culturas é crucial para entendermos os paralelos entre mitologia tradicional e os mitos dos super-heróis de Hollywood. Ela também pode ser usada para construir elementos importantes de uma filosofia da natureza humana, enfocando principalmente a questão do que está envolvido na excelência heroica. De acordo com Campbell, todos os heróis fazem uma jornada cíclica que envolve três fases principais: a partida, uma iniciação e um retorno. Lançando-se na fase da partida, o herói deixa o isolamento de sua casa após receber "o chamado". Isso lhe permite atravessar um limiar até o mundo maior, em que ele pode entrar na fase da iniciação, experimentando um bom número de diferentes provações. Após o indivíduo se mostrar digno de *status* heroico, a fase do retorno pode começar. Nessa fase final, nosso herói já transcendeu a dualidade e entrou em uma subjacente singularidade. Há uma integração do familiar com o estranho, e ele se torna um "Mestre de Dois Mundos". Isso envolve uma transformação necessária de consciência e completa a jornada. Esse mesmo ciclo tríplice é usado de muitos modos pelos filmes populares e sem dúvida faz parte da trama heroica de *X-Men* e *X2: X-Men United*.

Às vezes, Hollywood escolhe bem seus temas mitológicos. Diante da progressão feminista, os principais estúdios de cinema precisam mostrar mais mulheres em papéis principais, heroicos. E talvez nenhum recurso dos quadrinhos seja melhor que *The Uncanny X-Men* para suprir essa necessidade, criando um novo e mais abrangente mito do super-herói. Quando o gigante dos quadrinhos da Marvel, Stan Lee, lançou os quadrinhos dos "Misteriosos X-Men" em 1963, ele queria usar um título menos masculino para a série: "The Mutants", ou Os Mutantes. Um editor discordou, e mudou o nome para "X-Men".[31] Apesar do nome, essa série sempre deu um importante destaque a mulheres fortes. Claro que a maioria dos times de grandes

---

30. Joseph Campbell, *The Power of Myth*, editado por Sue Flowers (New York: Anchor, 1991).
31. Stan Lee, em "Special Features" do X2 em DVD.

super-heróis do passado sempre incluiu mulheres, como por exemplo a Mulher-Maravilha, da LJA, e depois a linda Canário Negro, que se junta a ela na SJA; Sue Storm no Quarteto Fantástico; e Vespa nos Vingadores. Mas os X-Men têm mais modelos femininos fortes que a típica história de super-heróis. Examinaremos três delas para ver à luz filosófica que sua jornada mítica projeta sobre a condição humana.

A TEMPESTADE PERFEITA

A população diversificada em *X-Men* inclui a personagem afro-americana Tempestade. Filha de uma princesa africana e do jornalista fotográfico americano Ororo Munroe, o codinome "Tempestade" apareceu pela primeira vez nos quadrinhos da Marvel *Giant-Size X-Men #1*, em 1975. Ela ficou órfã ainda criança no Cairo, Egito, quando um prédio desmoronou e matou seus pais.[32] Como muitas jornadas heroicas, a dela começou com uma tragédia. Quando a conhecemos, ela é inteligente, leal e muito poderosa — suas habilidades mutantes incluem controle de voo e das condições climáticas, daí seu nome, "Tempestade". Tempestade é uma espécie de professora em *X2*, além de ser uma poderosa guerreira pelo bem da humanidade, apesar da insistência humana em temer e odiar todos os mutantes. Ela se encaixa perfeitamente na descrição clássica de Campbell do herói, atendendo um chamado para novas aventuras, trocando o conhecido pelo desconhecido, enfrentando provações, aprendendo com elas e retornando para casa, pelo menos no sentido metafórico, com uma rica sabedoria. Tempestade deixa o isolamento e a segurança de seu ambiente no Quênia, onde é venerada como uma deusa por seus incríveis poderes, para juntar-se ao professor Xavier na América, atravessando aquele limiar e enfrentando pesadas provações, tudo em nome da justiça e do bem.[33] Campbell descreve um herói como "alguém que participa da vida de modo corajoso e decente, no caminho da natureza, não no caminho do rancor, do desapontamento ou da vingança pessoal".[34] Tempestade é a imagem do conceito de Campbell, ao mesmo tempo em que expande o nosso sentido das possibilidades femininas para o heroísmo.

Ela é também é bonita. Interpretada em ambos os filmes por Halle Berry, ela tem rosto e corpo perfeitos. Claro que há uma rica tradição nos quadrinhos de super-heróis femininas que parecem ter sido incluídas só por causa de sua exagerada beleza física, mas Tempestade não está em cena só por seu físico. E ela não é o centro de uma matriz heterossexual patriarcal e

---

32. *Ultimate Marvel Encyclopedia*, "Storm", editado por Beazley e Youngquist (New York: Marvel Comics, 2003), volume 1; p. 157.
33. Ultimate Marvel Encyclopedia, *p. 157.*
34. The Power of Myth, p.82.

tradicional — o relacionamento clássico homem-mulher. Ela é ela mesma, e acrescenta considerável substância aos X-Men.

Em *X2*, Tempestade mostra um profundo interesse intelectual por um mutante chamado "Kurt Wagner", que também é conhecido como "Noturno". Ele é um personagem de aparência demoníaca, com dentes afiados, orelhas pontudas, olhos amarelos, mãos com três dedos, pés com dois dedos e um rabo preênsil. Além disso, ele aparece coberto de evidências de automutilação na forma de símbolos angélicos tatuados no rosto e no resto do corpo pelas próprias mãos. Noturno explica a Tempestade que essas cicatrizes são representações de símbolos dados à humanidade pelo arcanjo Gabriel, e que eles correspondem, em número, aos seus pecados. Interessante é que Gabriel[35] é o arcanjo conhecido por sua misericórdia, verdade, esperança, ressurreição e humanidade.* Kurt passa a representar cada uma dessas coisas para seus colegas X-Men.

Noturno é muito diferente em aparência, tanto de Tempestade quanto dos outros X-Men. Ele é uma forma de vida de aspecto alienígena e tem poderes estranhos; contudo, é justamente essa estranha "diferença" que atrai a curiosidade e o questionamento de Tempestade. A estranheza que incute medo no coração da maioria das pessoas quando confrontadas com mutantes é apresentada aqui como uma ponte na trajetória de aprendizado e crescimento pessoal de um indivíduo. O interesse de Tempestade por Noturno mostra seu caráter aparentemente apático abrindo-se para mais possibilidades além daquelas de experiências e conceitos que formam a sua vida. O passo seguinte, segundo Campbell, é a transcendência por meio da dualidade para a singularidade, que é, sem dúvida, a progressão natural em qualquer relacionamento — tornar-se uma mente ou um espírito, duas metades de um todo, como o grande filósofo Aristóteles e muitos outros entendiam.

O contato de Tempestade com esse ser diferente compensa, de um modo inesperado. Em determinado momento, ela e Noturno conversam sobre a fé. Ela exprime uma queixa comum aos humanos e, em resposta, Kurt recomenda-lhe ter compaixão pelos ignorantes, como instruiria qualquer professor espiritual. Em mais de um sentido, o tranquilo Kurt reza e coloca sua fé em ação, mesmo a ponto de segurar e rezar o terço, quando enfrenta dificuldades. A experiência de Tempestade com a fé cresce em *X2*, em grande parte por causa de sua relação com ele. Em um momento crítico do filme, ambos precisam realizar uma tarefa perigosa. Noturno expressa dúvida, como Tempestade o fizera no início do filme, e agora ela é

---

35. Gabriel vem do hebraico "Gavriel", que significa "homem de Deus"; o som do "v" foi substituído pelo "b", pois a segunda e a terceira letra no *Alef-Bet* hebraico são "bet" e "vet". As duas letras são a mesma, exceto por um ponto na "bet", indicando o som mais suave de "b". Variações em pronúncia ocorrem com base em diferentes traduções do texto hebraico.
* *N.E.: Sugerimos a leitura de* Arcanjos – Encanto e Magia*, Giana Mordenti, Madras Editora.*

quem o fortalece, dizendo: "Eu tenho fé em você", transcendendo, por meio da dualidade dos dois personagens, para uma necessária singularidade — tanto no sentido físico quanto no espiritual, enquanto os dois se seguram com firmeza para atravessar uma sólida porta de aço, completando assim uma transformação de consciência necessária para todos os heróis.

O psicólogo Lawrence Kohlberg é famoso por ter identificado três níveis básicos de desenvolvimento moral.[36] O nível "pré-convencional" é o da obediência à autoridade. As crianças pequenas fazem o que é certo porque alguma autoridade lhes ordena a agir assim e elas querem evitar a punição por desobedecer. O "nível convencional" representa um raciocínio moral mais complexo. Nesse estágio de desenvolvimento, as pessoas esforçam-se para fazer parte, e agem de modo convencional em relação aos outros, satisfazendo expectativas sociais mais generalizadas e mantendo a ordem social. O "nível pós-convencional" do desenvolvimento moral exibe raciocínio ético da mais alta ordem. Nesse nível, as pessoas agem de acordo com princípios morais superiores que enfocam a justiça, permitindo-lhes apoiar ou criticar os próprios grupos ou sociedades a que pertencem, tentando fazer o que é certo.

A característica de Tempestade é demonstrar o nível pós-convencional da "ética da justiça" por meio de seu trabalho de proteger os humanos de uma maneira racional e objetiva. Essa forma de ação costuma ser associada a uma abordagem de decisões morais, com base em regras, que normalmente é chamada de "ética masculina". Tempestade segue seu instinto de justiça, baseando-se em uma forte crença nos direitos individuais, na igualdade e no bem comum, apesar do quase constante e ativo preconceito humano contra todos os mutantes. Entretanto, ela também tem a habilidade para mudar da ação, segundo a ética masculina de Kohlberg, para o conceito "feminino" alternativo de "ética do cuidado", identificada pela mais proeminente crítica e ex-assistente de Kohlberg em Harvard, Carol Gilligan.[37]

Em determinado momento em *X2*, vemos Tempestade operando a partir de uma perspectiva de cuidado — em vez de um sentido racional, frio de justiça e de dever —, quando ela salva oito crianças mutantes do aprisionamento em um laboratório secreto do governo. O conceito de ética do cuidado de Gilligan exibe uma reação quase maternal quando ela corre para salvar as crianças que acabou de ver por um monitor. Ela tem complexidade moral e domina a dualidade ética. Ela não é comprometida com um conceito de ética acima dos outros. Parece entender que situações diferentes exigem modos diferentes de pensar. A ação ética pode ser baseada em um sentido abstrato de justiça e de dever correspondente ou pode surgir da emoção apropriada.

---

36. Ver Lawrence Kohlberg, The Philosophy of Moral Development *(New York: Harper Collins, 1981)*.
37. Carol Gilligan, In a Different Voice: Psychological Theory and Women's Development *(Cambridge: Harvard University Press, 1982)*.

Compreendendo isso, Tempestade escapa às típicas expectativas das diferenças de sexo, tanto em termos de mitologia quando de psicologia moral. Tempestade talvez seja a heroína perfeita. Ela tem proeza mental e física, beleza e o lado feminino do cuidar, bem como um lado racional e centrado. E ela consegue completar todas as fases heroicas de Campbell.

Outra visão que Joseph Campbell tem do mito é que ele pode nos ajudar a compreender que cada pessoa é apenas um pedaço pequeno da imagem total da humanidade. Os indivíduos são limitados por categorias como sexo, idade, profissão, religião, orientação, etnia e educação. A "plenitude" da humanidade não está em cada pessoa individualmente, mas no "corpo da sociedade como um todo".[38] Os mais diversos filósofos, como Platão, o apóstolo Paulo, os estoicos e Pascal, para mencionarmos alguns, enfatizaram no decorrer da História a importância dessa visão de unidade. Esses filósofos falam de maneira congruente, ainda que cada um ao seu modo, da importância da solidariedade humana por meio da diversidade para a máxima realização humana. As heroínas são tão necessárias quanto os heróis — na verdade, de acordo com o conceito de Campbell de heroísmo, cada um de nós pode ser um herói ou uma heroína. A personagem de Tempestade dá-nos um bom exemplo disso.

A METAMÓRFICA MÍSTICA

A personagem mutante Mística é interpretada por Rebecca Romijn Stamos em *X2*. Ela nos mostra uma reviravolta no mundo dos superpoderosos. Ela é capaz de projetar qualquer forma de beleza imaginável, é muito poderosa e habilidosa, tanto intelectual quanto fisicamente. Ela é também malévola.

Mística, também conhecida como Raven Darkholme, apareceu pela primeira vez nos quadrinhos da Marvel em *Ms. Marvel # 16*, em 1978.[39] A história narra as batalhas fracassadas e frustrantes de Mística para unir os mutantes e humanos; em seu desencanto, ela acaba tornando-se uma guerreira fria, manipuladora, que se une a Magneto e à Irmandade dos Mutantes do Mal. Mística é a verdadeira mãe de Kurt Wagner, nosso Noturno. Na história em quadrinhos original, descobrimos que ela abandonou seu recém-nascido com cara de demônio para a segurança dela própria. Seu principal poder de mutante é mudar de forma. Em sua forma "normal", ela é uma mulher, mas pode manipular com facilidade sua aparência física para transformar-se em um homem.

---

38. Joseph Campbell, *The Hero with a Thousand Faces* (Princeton: Princeton University Press, 1973).
39. Ultimate Marvel Encyclopedia, *p. 170.*

Em *X2*, Mística aparece com pele de cor anil, cheia de escamas. Ela é dotada de olhos amarelos como os de cobra e cabelo vermelho, e seu corpo ágil tem um aspecto serpentino. A cobra é um símbolo mitológico primário e antigo associado ao feminino, ao renascimento e ao mistério.[40] A aparência física de Mística no filme alude a tudo isso. Até seu nome tem entoações antigas, uma vez que a raiz da palavra *mística* é o termo latino *mystes*, que significa sacerdote dos mistérios, ou alguém que foi iniciado — ambas as definições se encaixam bem em seu caráter complexo.

Sua natureza é de uma dualidade instável, mutável. Ela não é só fêmea, mas pode ser macho também. Presa nessa estranha dualidade física e transmutante, talvez ela nunca transcenda para a singularidade necessária para completar o ciclo do herói. Mas esse não é seu único obstáculo no caminho heroico. Ela é uma sociopata, aparentando ter vontade de matar todos os humanos. Fará o que for necessário para alcançar suas metas, cuja natureza deriva de sua necessidade primitiva de autopreservação. É capaz de usar suas habilidades metamórficas para seduzir um homem com qualquer aparência que ele mais deseje, sempre que servir aos interesses dela. Mas, quando Noturno lhe pergunta por que ela não muda de uma vez sua aparência para se parecer com todo mundo, ela responde, com amargura, que não precisaria disso. Qual é a ética de uma criatura assim?

Certamente, não se pode atribuir nada parecido com a ética do cuidado a Mística. Uma mãe que abandona seu bebê recém-nascido para se salvar não é uma cuidadosa. No primeiro filme *X-Men*, ela deixa o professor Xavier em um perigoso coma. Ela ajuda a sequestrar um senador, assume a forma dele para atingir seus fins e depois participa do que seria um ataque terrorista contra líderes mundiais.

Em *X2*, ela se associa aos X-Men por algum tempo para perseguir e derrotar um inimigo mútuo, um militar poderoso que pretende eliminar todos os mutantes, mas depois abandona os colegas à possível morte quando obtém o que quer. Ela se recusa a reconhecer qualquer coisa ou pessoa que a desvie de suas metas. Sob sua perversa perspectiva, suas ações podem resultar em perdas, mas acabam criando o que ela considera um mundo melhor. As posições e ações de Mística pervertem a ética de justiça de Kohlberg, levando suas noções de ação racional, orientadas por regras, a um extremo maligno. Seu distorcido senso de justiça exige ações que são contrárias a qualquer conceito sensato de um mundo justo. Seus atos são orientados por regras, mas regras próprias. Seu comportamento segue princípios, mas os princípios são perversos. Sua ética cruel chega a ser irônica — no ódio que ela tem por tudo o que é humano, sem querer, por meio de sua insegurança, medo e ódio, ela mostra uma humanidade latente e reprimida. Se Tempestade é a heroína perfeita, Mística talvez seja sua correspondente oposta, a anti-heroína.

---

40. Joseph Campbell, *The Masks of God: Occidental Mythology* (New York: Penguin, 1991).

A FÊNIX SE LEVANTA: JEAN GREY

Jean Grey apareceu pela primeira vez nos quadrinhos da Marvel *X-Men #1*, em 1963.[41] Ela é um X-Man original, e foi introduzida como a primeira aluna do professor Xavier. Sua personagem é muito diferente de Tempestade ou Mística, criadas nos anos de 1970, mais de uma década depois de Jean. Ambas representam as novas atitudes em relação à mulher na sociedade americana. Como já vimos, Tempestade e Mística são espertas, autoconfiantes e altamente habilidosas. Ambas operam sem a menor necessidade de um amor romântico. Em contraste, Jean é retratada como alguém confiável, leal e inteligente, sem grande autoconfiança e dependente dos homens à sua volta. Ela é atraente e faz parte de um triângulo amoroso com seus colegas X-Men Scott e Logan — Ciclope e Wolverine. Ela funciona como o foco de uma contínua matriz heterossexual, promovendo o relacionamento tradicional homem-mulher às plateias.

No primeiro filme *X-Men*, Jean ajuda a salvar a vida de Wolverine. Wolverine, um mutante durão e agressivo, expressa seus sentimentos de atração e até de adoração por Jean em seu olhar ansioso, cheio de desejo e até de capricho. Em *X2*, o flerte continua, e também a animosidade resultante entre Ciclope e Wolverine pelas atenções de Jean.

X2 mostra Jean logo no começo, com um grupo de alunos da escola para os superdotados do professor Xavier em uma excursão pelo Museu de História Natural. O diretor mostra-nos parte da evolução da humanidade nas amostras do museu, e continua com alusões sutis à ideia de evolução, mostrando brevemente *banners* com a palavra "evolução" esboçada em cores vivas. Jean está sofrendo dores de cabeça e, por causa de suas poderosas habilidades telecinéticas, faz pifar tudo o que é eletrônico no museu. A plateia vê Jean lutar contra a dor, enquanto a câmera focaliza seu *bling*, um colar de prata de um pássaro — mas não um pássaro qualquer, uma *fênix*. Fãs dos quadrinhos *X-Men* reconhecem imediatamente a referência.

Os poderes mutantes de Jean são telepatia e telecinesia. Mas sua personagem é mostrada como uma mera sombra do grande professor Xavier no primeiro filme *X-Men*. Há uma cena em que ela faz uma apresentação em uma audiência no congresso e não se dá muito bem. Mais tarde, ela pede desculpas a Xavier pelo fraco desempenho. Com seus poderes especiais, ela poderia se comunicar facilmente e de maneira persuasiva com qualquer um, mas perdeu a atenção da plateia no congresso por falta de autoconfiança. Depois que Xavier entra em coma por causa de um infortúnio com Cérebro, Jean, que antes relutava em usar a máquina, resolve tentar — mas só cria coragem mesmo quando seu mentor está em coma. Em *X2*, ela ainda aceita a orientação dos homens à sua volta, incluindo

---
41. Ultimate Marvel Encyclopedia, *p. 139.*

Ciclope e Xavier. No entanto, há sinais sutis de que não ficará apenas recebendo ordens por muito tempo — está evoluindo.

Essa personagem está destinada a um salto gigantesco na evolução. Para os leitores assíduos de quadrinhos, Jean Grey é sinônimo da Fênix, um ser cósmico que assume a identidade de Jean após ela ser exposta a altos níveis de radiação solar durante uma missão de salvamento.[42] Sua personagem evolui aos poucos em *X2*, mostrando um crescimento pessoal, social e filosófico, além de um aumento de seus poderes. E, embora o final do filme não dê nenhuma resposta definitiva quanto ao futuro dela, há uma alusão ao grande avanço evolutivo além da morte física, como a Fênix.

Durante todo o período de sua vida mostrado no filme, Jean exibe os três principais níveis da ética de justiça de Kohlberg. Ela passa pelo nível pré-convencional, sendo orientada por aqueles que têm autoridade. Parece tímida e submissa, com sua vozinha suave, explicando seu fracasso a Xavier ou desculpando-se por não poder realizar certas tarefas porque não é muito poderosa. Ela também exibe em muitas ocasiões o nível convencional de desenvolvimento moral, quando age para agradar aos outros de acordo com suas expectativas.

Por fim, quando, no final do segundo filme, Jean sacrifica a vida para salvar seus colegas, poder-se-ia dizer que ela atingiu o estágio final, pós-convencional da ética de Kohlberg. Nesse ato, ela rejeita os desejos e apelos dos outros e age por conta própria para preservar o bem comum, independentemente de seus vínculos e relacionamentos emocionais. Ela pode ser vista em seu supremo ato de autossacrifício como a utilitarista quintessencial, calculando o melhor interesse do maior número de pessoas envolvidas (o que aumentará a utilidade total ou a soma líquida total do prazer acima da dor) e, em um ato de fria racionalidade, escolhe a ação, ainda que isso signifique sua morte. Mas, essa é a Jean Grey que conhecemos? Ela é o tipo de pessoa que simplesmente calcularia como obter o bem maior para o maior número de pessoas, e então agiria de acordo? Ou ela estaria agindo segundo a mais profunda forma de cuidado?

Quando Jean se sacrifica para salvar todos os outros, ela segue uma interpretação comum da ética do cuidado de Gilligan que insiste para que as mulheres se considerem tão merecedoras quanto os homens. Muitas analistas feministas sugerem que a ética do cuidado, interpretada de modo correto, exclui qualquer tipo de sacrifício pelos outros. Elas recomendam, no entanto, o equilíbrio entre um interesse saudável da mulher por si mesma e o interesse apropriado pelo bem-estar dos outros. Entretanto, dentro do vasto entendimento da ética do cuidado, pode haver recursos maiores que a simples ética clássica centrada na justiça, como a de Kohlberg, que motivem e expliquem o supremo sacrifício que Jean está disposta a fazer por seus amigos.

---

42. Ultimate Marvel Encyclopedia, *p. 139.*

A ética da justiça é centrada em regras e direitos. A ética do cuidado enfoca os relacionamentos e o cuidado com as pessoas. Quando Jean enfrenta uma situação na qual a vida de todos os seus amigos mais próximos só pode ser salva pelo sacrifício de sua própria vida, ela não é confrontada por pessoas que têm o tipo de direito à vida que exige o ato final dela como um dever moral, a serviço da justiça. É justamente porque ela vai além do chamado do dever que seu ato é heroico. Ela não age por dever, mas por amor, cuidado e interesse, sabendo que só a sua morte pode salvar os outros X-Men. Agindo assim, ela se torna uma espécie de figura de Cristo feminina e sua morte parece pressagiar uma ressurreição.

O Evangelho segundo João (15,13) diz: "Ninguém tem maior amor do que este: de alguém dar a própria vida em favor dos seus amigos". Jean Grey prova que esse não é privilégio só dos homens. E, ao fazer isso, ela talvez esteja superando a dualidade implícita tanto na ética do cuidado quanto na interpretação feminista dela. Ela não pesa seus direitos em contraste com os de seus colegas, e não questiona de quem vai cuidar melhor: dela mesma ou deles. É possível que ela tenha transcendido por meio da dualidade para uma singularidade ou unidade com os outros, a ponto de elidir a diferença entre autossacrifício e autopreservação. Ela faz o que precisa ser feito para a preservação da unidade maior.

Embora a plateia não veja a recompensa final pelo ato de autossacrifício e salvação de Jean, a alusão no fim do filme, junto ao comentário de Xavier a um grupo de crianças de que "tudo está bem", insinua que a prontidão de Jean em transcender as demandas e deveres da ética normal, alcançando os extremos heroicos do que os filósofos chamam de "supernobreza" — agir além do chamado de dever —, pode lhe trazer uma surpreendente recompensa, por meio de um renascimento como a extraordinária e poderosa Fênix. Essa pode ser uma moderna apresentação mítica do supremo poder transformativo do amor. O exemplo do ato pode ser tão poderoso para nós, espectadores, quanto o ato em si foi para os X-Men.

Os estágios de Campbell do herói correspondem à metamorfose de Jean em *X2*. Ela sai da casca, tem um desempenho corajoso em muitas provações e passa pela necessária transformação da consciência. Por fim, em seu momento final de autossacrifício, ela parece iniciar outra fase do ciclo, quando vemos a imagem de uma figura dourada com aspecto de pássaro deslizando sob a superfície do lago onde Jean parece ter encontrado seu fim. Será que Jean retornará como "Mestra de Dois Mundos",[43] como Campbell sugere? Ela voltará para os X-Men? Não podemos deixar de sentir que os resultados de seu ato derradeiro não seriam completos se ela não voltasse para Xavier, Ciclope e Wolverine.

---

43. The Hero with a Thousand Faces, p. 229. *Campbell sugere que todos os heróis retornam com a habilidade de ir e vir entre o isolamento e o mundo maior sem corromper nenhum dos dois.*

Campbell afirma: "Aonde quer que vá o herói, o que quer que ele faça, estará sempre na presença de sua essência... a participação social pode, no fim, levar à percepção do Todo no indivíduo, de modo que do exílio trará o herói ao Eu presente no todo".[44] Talvez esse seja o destino de Jean Grey. Sua decisão de sacrificar-se pelo bem comum, um exílio do tipo mais extremo, leva ao crescimento social, filosófico e pessoal. Ela transcende suas dualidades — poderosa, porém tímida; inteligente, mas sem autoconfiança; amando o estável e sensível Ciclope, mas atraída pelo selvagem e imprevisível Wolverine — e no fim reconhece a si mesma no "todo".

X2, MITO DO SUPER-HERÓI, FILOSOFIA E O MUNDO

Tempestade, Mística e Jean Grey são três mulheres muito diferentes. Uma delas, que parece a princípio a menos super-heroica de todas é, no fim, talvez a maior das três, e a que mais pode nos ensinar. As recentes representações cinematográficas de cada uma delas mostra uma crescente percepção da importância das mulheres e seu papel na mitologia do super-herói. A mitologia é um poderoso veículo para aprofundar a experiência. *X2: X-Men United* evoca elementos cruciais da experiência evolutiva humana baseada na diferença dos sexos por meio de fortes personagens masculinos e femininos, de uma maneira que aproxima toda a sociedade da ideia de transcender a dualidade masculino/feminino, eu/outro e familiar/desconhecido, para alcançar um novo entendimento da singularidade da raça humana. A surpresa é que essa visão psicológica expressa no mito moderno pode ser tão divertida quanto esclarecedora.

---

44. The Hero with a Thousand Faces, *p. 386.*

CAPÍTULO 8

BARBARA GORDON E O PERFECCIONISMO MORAL

James B. South

Confesso que demorei a apreciar os prazeres dos quadrinhos. Li com atenção meus primeiros quadrinhos quando já tinha 40 e poucos anos. Menciono esse fato pessoal porque ele ajuda a explicar este ensaio. Quando comecei a ler quadrinhos, presumi que as histórias do "Ano Um", isto é, aquelas minisséries que detalham a origem de um personagem, seriam um bom modo de conhecê-los. Logo percebi, porém, que esses quadrinhos não são tão acessíveis ao iniciante como eu imaginava. Um motivo para isso é que eles costumam ser escritos com uma riqueza de background *e décadas de continuidade (ou falta dela).*

As histórias do "Ano Um" têm como uma de suas metas básicas a criação de uma origem estável e canônica para um personagem, baseada em uma história passada que é quase sempre — até certo ponto — instável. Ignorando quaisquer histórias desestabilizadoras que possam estar ligadas a um personagem, esses quadrinhos também oferecem uma espécie de verdade a respeito do personagem, pelo menos para um futuro previsível. Portanto, o desafio dessas histórias em quadrinhos para o leitor novato é não deixar de apreciar as escolhas feitas pelo autor. O leitor observador de histórias em quadrinhos vê essas escolhas, nota o que está ausente na nova narrativa canônica e decide aceitar ou rejeitar essa leitura estabilizada do personagem. Esse prazer que o leitor antigo desfruta é justamente o que me faltava ao ler minha primeira história do "Ano Um". Entretanto, é essa característica desestabilizadora dos quadrinhos do "Ano Um" que eu pretendo explorar neste capítulo, pois o trabalho retrospectivo deles é o que torna possível o tema de meu ensaio.

DE BIBLIOTECÁRIA A BATGIRL A ORÁCULO

Barbara Gordon é uma relativa novata no Universo de Batman, aparecendo pela primeira vez nas histórias em quadrinhos em 1967, ao mesmo tempo como Batgirl e sobrinha (mais tarde, filha adotiva) do tenente da polícia James Gordon.[45] Uma das características interessantes da personagem é o fato de ela ter duas identidades diferentes de super-heroína. A famosa história de Alan Moore, *The Killing Joke*, mostra Barbara Gordon sendo baleada pelo Coringa.[46] A paralisia resultante é o fim da carreira da Batgirl. No entanto, ela ressurge como Oráculo, uma gerente de informações altamente eficaz, que usa suas extraordinárias habilidades com computador para ajudar a combater o crime em Gotham City. No caso incomum de Barbara, temos duas histórias do "Ano Um": uma série de nove edições chamada *Batgirl: Year One*,[47] e um conto intitulado *Oracle: Year One*, "Born of Hope".[48] Desde que se tornou o Oráculo, Barbara também desenvolveu seu time de combatentes do crime, consistindo em Canário Negro e a Caçadora, conhecidas em grupo como Aves de Rapina (Birds of Prey).

A história de Barbara Gordon ilustra itens-chave em uma importante teoria filosófica conhecida como "perfeccionismo moral".[49] Uma característica muito interessante do perfeccionismo moral é que ele pode

---

45. Há uma ótima biografia de Barbara Gordon no site Canary Noir: http://www.canarynoir.com.
46. Alan Moore et al., Batman: The Killing Joke *(New York: DC Comics, 1988)*.
47. Alan Moore et al., Batman: The Killing Joke *(New York: DC Comics, 1988)*.
48. *Compilada em formato capa-mole como:* Scott Beatty et al., Batgirl: Year One *(New York: DC Comics, 2003)*.
49. John Ostrander et al., Oracle: Year One. *"Born of Hope". Esse conto aparece em* The Batman Chronicles 5 *(New York: DC Comics, 1996)*.

ser encontrado no pensamento de vários filósofos, pois o tema que enfoca serve como uma espécie de pré-condição para qualquer reflexão ética séria. Por isso, está presente não só em textos filosóficos como a *República* de Platão, mas também em obras de literatura, cinema e coisas do gênero. Em suma, onde quer que encontremos narrativas que tratam do progresso moral de indivíduos, é provável que encontremos também uma história iluminada pelo perfeccionismo moral. Quero mostrar que um personagem de quadrinhos pode oferecer essa narrativa estável.

É famosa, ou notória, a ausência de uma definição do perfeccionismo moral. Na verdade, o termo denota uma gama de temas que são centrais a qualquer vida que seja vista como moral. A palavra "perfeccionismo" sugere que "moral", nesse sentido, é um termo compreendido de um modo rigoroso, designando a característica de "busca" que figurará de modo proeminente no que virá a seguir. O tema central do perfeccionismo moral é que o eu pode se tornar melhor e que uma vida verdadeiramente moral é aquela em que o eu está sempre tentando se aperfeiçoar. Outros temas envolvem o papel que os exemplos ou amigos exercem na busca de uma pessoa pelo progresso moral, e ao mesmo tempo os perigos contínuos da conformidade inapropriada em sua aventura moral. Em suma, o que está em jogo no perfeccionismo moral é o desenvolvimento de um distinto eu moral. E essa é uma questão crucial em Filosofia.

ONDE EU NÃO QUERO ESTAR

Considere a seguinte cena de *Batgirl: Year One*. Vemos Barbara Gordon em seu emprego na Biblioteca Municipal de Gotham City. Ela está sentada na frente de um banco de computadores: há livros de crimes empilhados à sua volta e nas prateleiras ao lado de sua mesa; um formulário endereçado ao departamento de polícia da cidade e carimbado "recusado" também está sobre a mesa, além de um jornal com uma manchete a respeito do "Batman". A mesa está de frente para uma grande janela que dá para uma sala de leitura central, vários andares abaixo. Os elementos da identidade de Barbara Gordon até esse ponto em sua vida são expostos para ela e o leitor verem. Claro, o significado desses elementos ainda é desconhecido para ela, mas a história é toda acerca do que Barbara vai se tornar, não só como Batgirl, mas também como Oráculo. Temos acesso aos pensamentos dela: "Eu quero fazer parte da ação. Qualquer coisa que me faça sair daqui. Onde eu não quero estar". (*Batgirl: Year One*, p. 13). Eu quero enfatizar esse momento na vida de Barbara, apontando para uma famosa passagem do clássico ensaio do filósofo John Stuart Mill, *Sobre a liberdade*:

> Em nossos dias, da classe mais alta da sociedade até a mais baixa, todos vivem sob o olhar de uma censura hostil e temível.

Não só no que diz respeito aos outros, mas a nós mesmos também, o indivíduo ou a família não pergunta a si mesmo: o que eu prefiro? Ou: o que serviria para o meu caráter e disposição? Ou: o que permitiria o melhor e mais elevado em mim ter um jogo justo e crescer e prosperar? Eles se perguntam: o que é apropriado para a minha posição? O que costumam fazer as pessoas em minha condição e circunstância pecuniária? Ou (pior ainda): o que costumam fazer as pessoas em uma condição e circunstância superiores à minha? Eu não quero dizer que elas escolhem o costumeiro em preferência ao que serve melhor à sua inclinação. Não lhes ocorre ter inclinação alguma exceto pelo que é costumeiro... Ora, essa é ou não é a condição desejável da natureza humana?[50]

Mill chama a nossa atenção para dois fatos relevantes à condição da natureza humana que a maioria de nós vive. Um deles é que a condição que experimentamos é menos que desejável. O outro é que uma saída dessa condição adversa é observar os nossos desejos. Por que tantas pessoas não prestam atenção aos seus desejos, não agem de acordo com eles e, como resultado, ficam tão insatisfeitas?

Ora, é possível que Mill esteja enganado e essas pressões para a conformidade afetem a todos, embora eu desconfie que ele está certo. Mesmo que essas pressões afetassem apenas uma pessoa, nós podemos aplicar seu diagnóstico dessa situação. No caso de Barbara Gordon, ela sente a pressão de se conformar ao que o pai dela quer e o que a sociedade em geral espera de uma jovem da idade dela, e há sinais em toda a história de que ela acha essa situação indesejável. Aqui, a pergunta que surge naturalmente para Barbara e para qualquer um de nós não é tanto como sabemos o que queremos — embora seja uma pergunta difícil também —, mas sim como podemos obter alguma orientação em seguir nossos desejos quando os conhecemos.

Nenhum de nós pode ter orientação suficiente sobre como viver a vida segundo as teorias-padrão da Filosofia Moral. Não encontraremos ajuda em uma teoria do bem, como a desenvolvida pelo utilitarismo clássico, nem na teoria do certo, proposta pelo kantismo. As duas teorias filosóficas são projetadas em um nível mais abstrato do que a pergunta bastante concreta de como eu devo viver minha vida, e também desconsideram a pergunta do

---

50. *O filósofo contemporâneo Stanley Cavell é um dos grandes responsáveis por levar os temas de perfeccionismo moral à atenção da comunidade filosófica. Para um contundente relato dos principais temas de perfeccionismo moral, ver a obra de Cavell,* Cities of Words: Pedagogical Letters on a Register of the Moral Life *(Cambridge, Massachusetts: Harvard University Press, 2004). Na sequência, não citarei discussões particulares de temas específicos de Cavell. Entretanto, todos os assuntos que eu abordo são apresentados em* Cities of Words.

que eu quero. Para ambas as teorias, a pergunta "o que eu quero" é irrelevante à moralidade das ações. Ao mesmo tempo, não parece fazer sentido dizer que a questão referente ao tipo de pessoa que eu devo me tornar é tangencial à moralidade concebida por essas teorias de peso. A moralidade, seja do tipo que for, não diz respeito tanto ao que nós fazemos quanto ao que nos tornamos? Mas na verdade, segundo a visão utilitarista, eu devo ser simplesmente o tipo de pessoa que maximiza o bem em cada uma de minhas ações. Sob a perspectiva kantiana, eu devo ser uma pessoa que cumpre o dever. A ideia de eu me tornar algo, seja o que for, não tem função alguma em nenhuma das teorias. E essas teorias bem conhecidas afirmam que nossos desejos pessoais devem ser excluídos, em vez de consultados, quando tentamos fazer a coisa certa. Elas insistem para que eu potencialize o bem, ou aja segundo o meu dever, independentemente de meus sentimentos, desejos ou aspirações. Portanto, elas, na verdade, não abordam esses ingredientes da identidade humana.

Por isso, seria melhor dizer que o risco para Barbara Gordon, quando ela confronta seu futuro, e para qualquer um de nós, quando pensamos no nosso, não é basicamente o desenvolvimento de uma espécie de regra pela qual podemos medir o bem ou a justiça de ações específicas, mas sim o desenvolvimento de um sentido geral de moralidade, falando em termos simples. Ou, se tal afirmação soa forte demais, talvez outra maneira de dizer a mesma coisa seja que nós precisamos compreender e preparar as condições a partir das quais nosso eu moral se desenvolverá. E um meio de compreender isso é nos empenharmos em tornar nossos desejos inteligíveis, ou compreensíveis, para nós mesmos. De fato, é sobre o abismo entre o que Barbara Gordon é e o que ela quer ser que se deve construir uma ponte. Digno de nota é o fato de ela não sentir essa necessidade como algo estranho ou adicional à pessoa que ela é: "Eu tenho de encontrar outro caminho. Divisar meu próprio futuro. Um de seja exclusivamente meu. Nem uma página sequer do livro de outra pessoa" (*Batgirl: Year One*, p. 12). Ela não apenas faz a pergunta e o desafio — isso faz parte dela.

EU POSSO ME TORNAR ALGO MAIS

Se não pudermos recorrer às teorias morais comuns para nossa orientação, então para onde iremos? Na sequência de *Batgirl: Year One*, vemos Barbara Gordon cair como que por acidente no papel de Batgirl. Ela vai a um baile à fantasia com seu pai e usa uma fantasia de "Morcego" (em inglês, *bat*). Faz isso mais para provocar o pai, pois acha que ele tenta frustrar suas ambições de uma vida mais ativa e excitante e prepará-la para um futuro medíocre, embora ele nunca admita isso nem pense em seus desejos para a filha nesses termos. Mas a escolha da fantasia também reflete a atração que ela sente pelo estilo de vida de Batman. Enquanto eles estão na festa, um vilão aparece e tenta sequestrar Bruce Wayne, que, de folga de seu trabalho secreto como Batman, está presente no evento. Barbara entra em ação, salvando Bruce e perseguindo o vilão. Em determinado ponto da história, o criminoso a chama de "Batgirl" e isso, ela percebe, torna a situação "oficial".

No decorrer da luta de Batgirl com o vilão, temos acesso aos pensamentos dela: "Eu posso me tornar algo maior. Algo melhor. Sairei da concha como uma pessoa melhor. Ganharei novas asas. Como uma mariposa. Ou um morcego". Nesse momento, Batman entre em cena, graças a Barbara ter resgatado Bruce. E essa é a resposta à pergunta de como ela pode ter orientação em se tornar uma nova pessoa.

Barbara precisa, assim como todos nós, de um exemplo, ou paradigma, ou um mentor que nos ajude a compreender quem somos ou, mais precisamente, o que queremos. O papel dos exemplos na busca por uma vida moral tem uma longa história, remontando a no mínimo Sócrates e seus seguidores. Estes eram rapazes que sentiam na vida de Sócrates uma orientação para o bem que também os atraía. Mas há perigos nesse tipo de relacionamento. A importância do modelo não é que ele seja imitado, mas que esse indivíduo, em virtude de estar mais avançado no caminho que você quer seguir, compreende você melhor do que você mesmo se compreende — pelo menos no começo. Esse ponto é muito bem sublinhado pelo filósofo do século XIX Friedrich Nietzsche, em seu ensaio "Schopenhauer como Educador". Essa passagem é tão crucial para a filosofia do perfeccionismo moral que a cito aqui:

> Qualquer pessoa que acredite em uma cultura, na verdade, está dizendo: "Eu vejo acima de mim algo melhor e mais humano que eu; que todos me ajudem a alcançar isso, assim como eu ajudarei todos que sabem e sofrem como eu: para que enfim apareça o homem que se sente perfeito e ilimitado em conhecimento e amor, percepção e poder, e que em sua completude é uno com a natureza, o juiz e o avaliador das coisas". É difícil criar em alguém essa condição de intrépido autoconhecimento porque é impossível ensinar o amor; pois o amor pode conferir à alma não apenas uma visão clara, discriminante e altruísta de si mesma, mas também o desejo de olhar para além de si e procurar com toda a sua força um eu superior, ainda oculto.[51]

"Procurar um eu superior, ainda oculto" é justamente o que Barbara Gordon está fazendo. Mas como Batman pode ajudá-la a procurar esse eu superior?

---

51. John Stuart Mill, On Liberty, *capítulo 6, parágrafo 6 e Friedrich Nietzsche,* Untimely Meditations *(Cambridge: Cambridge University Press, 1997), pp.162-63.*

A palavra de abertura de *Batgirl: Year One* é "máscaras". Máscaras e fantasias, claro, são questões delicadas para os super-heróis. Achamos que as máscaras escondem a identidade, mas, no caso dos super-heróis, elas quase sempre a revelam, em um sentido importante. No caso específico de Barbara Gordon, porém, a máscara metafórica que ela usa no começo esconde seu eu superior. É o que poderíamos chamar de máscara "Barbara Gordon", a "casca" em volta da bibliotecária, parente do tenente James Gordon. Só quando põe a máscara de Batgirl, ela inicia sua jornada para o eu superior — aquele que ela ainda não conhece.

No fim da história, Barbara é chamada à batcaverna. Essa é a segunda vez que ela vai lá. Na primeira vez, ela foi testada em uma espécie de curso de obstáculos, forçada a deter uma série de vilões de papelão. Conseguiu chegar ao fim, mas só pelo uso de "força letal". Embora ninguém tenha de fato sido morto, Batman interpretou isso como um sinal de que ela não servia para fazer parte do time. Perguntado o que uma estratégia contrária teria provado, Batman responde: "Que você poderia ser uma de nós". Ele, então, questiona sua autocompreensão, perguntando-lhe por que ela quer ser um deles. Barbara é pega de surpresa e não tem resposta. Para Batman, a falta de resposta, a óbvia falta de autoconhecimento, é suficiente para excluir a possibilidade de Barbara entrar para o time. Mas ela não desiste. Ela tem uma resposta, afinal: "Porque eu posso". Essa afirmação ambígua — ela está dizendo que possui a habilidade para ajudar ou apenas vê isso como uma possibilidade? — é suficiente para convencer Batman a lhe dar uma chance. Ele não diz isso a ela, mas, no decorrer da história, por meio de seu amigo e sócio Robin, dá-lhe recursos para ela continuar com a jornada. Agora, Barbara é chamada novamente. Faz e passa em outro teste, mas dessa vez nos termos de Batman: sem uso de força letal. No final do teste, ela pergunta a Batman: "Passei? Você vai admitir, afinal, que sou capaz disso?"

Considere essa pergunta. Barbara está pedindo algo de Batman — reconhecimento. Em outras palavras, ela pede a Batman que aceite seu desejo por um eu superior. Esse eu superior ainda não existe, mas ela precisa ter seu desejo reconhecido; precisa saber que ele faz sentido para os outros, como uma espécie de confirmação para ela mesma. Batman não responde de imediato, mas manda-a segui-lo. Conduzindo-a para fora da batcaverna, ele vai com ela até as sepulturas dos pais de Bruce Wayne. Ele tira a máscara e os dois se olham. É Batman reconhecendo Barbara, deixando-a saber quem ele é, deixando-a entrar no passado *dele* e no desejo *dele* por um eu superior.

Ao mesmo tempo, embora seja evidente agora que Batman será o exemplo de Barbara, essa cena também deixa claro que o caminho individual dela não pode ser apenas uma cópia do caminho de Batman. O dele tem raízes em sua experiência pessoal e única, e o de Barbara deve estar enraizado também na experiência e no desejo dela. Esse momento é significativo, dando a impressão inicial de que ter um modelo para o caminho do eu melhor é um passo para a conformidade. Mas essa interpretação é errônea. Percebendo como o caminho de Batman é único, nós vemos que a função do modelo, ou exemplo, é na verdade refletir a legitimidade e a especificidade do desejo de Barbara por um eu melhor. Batman a ajudará a realizar em sua vida algo análogo ao que ele realizou e está realizando, mas com todas as diferenças apropriadas à identidade única dela, e que no fim só ela poderá conhecer.

O QUE PODE VIR A SER

Há outro possível erro de interpretação do perfeccionismo moral que a série em quadrinhos *Batgirl: Year One* parece sugerir a princípio: que existe um eu certo e definido, um eu superior e melhor que é a meta final da busca. Se fosse assim, ao tornar-se Batgirl, Barbara Gordon talvez tivesse alcançado seu eu. A busca vital estaria completa, o jogo teria acabado. Mas, se fosse tão simples, em termos relativos, encontrar o nosso eu, então duvidaríamos da sensatez da visão de Mill. Por que tantas pessoas estariam lutando, como ele sugere, com formas inapropriadas e inautênticas de conformidade, se a individualidade genuína fosse tão objetiva e comparativamente simples de alcançar? As coisas são mais interessantes do que isso. Um fato acerca da vida humana que faz da obtenção do eu um projeto contínuo é sua fragilidade. Afinal de contas, como leitores, sabemos que Barbara Gordon um dia levará um tiro e ficará paralisada. Na verdade, as últimas linhas de *Batgirl: Year One* apontam para essa fragilidade presente e, de modo irônico, pressagiam o futuro: "Mas, apesar de meu grande e permanente respeito pelos oráculos, resolvi abrir mão de previsões e presságios. Há o que pode vir a ser e há a vida que eu tenho agora" (p. 213). Barbara enxerga o eu no caminho da transformação, ilustrado no último quadrinho, enquanto ela luta ao lado de Batman e de Robin. Ao mesmo tempo, ela reconhece que o eu que ela espera alcançar, e que está no caminho para alcançar, é provisional. Ainda existe o que pode vir a ser.

Em *Oracle: Year One*, "Born of Hope", Barbara inicia o longo processo de recuperação de sua enfermidade provocada pelo Coringa. Recuperando-se em casa, ela descobre que seu pai está trabalhando em um caso que envolve um vilão fazendo lavagem de dinheiro por meio de computadores sofisticados. Barbara decide pôr em prática sua habilidade com informática e começa a caçar o vilão. Um dia, quando ela está fora de casa, tomando ar, o criminoso empurra sua cadeira de rodas para a rua. Escapando por pouco de outro grave acidente, Barbara resolve aprender novas técnicas de autodefesa. Ela marca um encontro com Richard Dragon, um especialista em artes marciais. Nesse primeiro encontro, ela afirma que quer a vida de volta. Dragon replica: "Essa é quem você era, não quem você é. E quem você é?" A resposta confusa de Barbara é: "Eu não sei.

Acho que nunca soube" (p. 13). Mais adiante na história, após derrotar o vilão, ela tem outra conversa com Dragon, quando lhe diz que encontrou o começo de uma resposta para a pergunta que ele tinha feito. Quando sai do parque onde os dois se encontraram, ela pensa: "Eu sou eu mesma — mais do que sempre fui até hoje". Ela conseguiu mais uma vez encontrar seu eu superior, embora não seja o superior de todos.

É significativo que o encontro desse novo eu provisional, porém superior, significa deixar para trás o eu antigo, Batgirl, e o amigo cujo reconhecimento foi tão importante para ela. Esse caminho particular até ela mesma — no qual Batman desempenhou o papel de exemplo — não pode mais ser o caminho que lhe permitirá alcançar seu eu melhor. Comentei, anteriormente, que, ao aceitar o reconhecimento de Batman, Barbara conseguiu evitar se converter em uma imagem de Batman. No entanto, é interessante notar que ela reconhece a existência desse perigo.

De fato, há um bom exemplo de sua resolução em não deixar que isso aconteça. Por algum tempo após se tornar Oráculo, Barbara continuou namorando Dick Grayson, o antigo sócio de Batman, Robin. Dick saíra de Gotham City, mudando-se para Blüdhaven, onde assumiu a nova identidade de Asa Noturna.[52] Em uma edição pivô de *Nightwing* (Asa Noturna), Barbara decide que não pode mais sair com ele. Ela percebeu que Dick se tornou apenas outro Batman. Quando ele explica que está se excedendo porque só ele oferece proteção a Blüdhaven, Barbara diz: "Parabéns. Você conseguiu se transformar em Bruce, afinal".[53] Ela diagnosticou, de modo correto, a possibilidade latente em versões deformadas de perfeccionismo moral, nas quais a busca pelo eu superior se transforma em nada mais que uma simples cópia do eu superior de outra pessoa.

Barbara também tem outro motivo para deixar Dick. Em um momento anterior na sequência da história, ele, sem pensar, menciona o Coringa. Barbara começa a chorar, e Dick tira a conclusão óbvia, porém errada. Ele acha que ela ainda se perturba quando ouve falar no vilão. Mas Barbara deixa claro que o problema é outro: "Não é o Coringa. Você não precisa pisar em ovos. O que aconteceu, aconteceu. Mas aí é que está o problema, Dick. O passado... Mas alguma coisa acontece quando você está comigo. Você se perde nos momentos que vivemos juntos e...". Ela interrompe o pensamento, mas logo retorna: "Você está sempre me lembrando de quem eu era".[54] Na verdade, agora ela vê Dick como um tipo de exemplo retrógrado, não moral, puxando-a de volta para os padrões do passado. Barbara

---

52. Nunca houve, aliás, a revista em quadrinhos Nightwing: Year One *(embora a DC houvesse anunciado uma para 2005); por isso, a história da origem do Asa Noturna permanece até hoje instável.*
53. *Devin Grayson et al.*, Nightwing 87. *"Snowball"(New York: DC Comics, 2004), p.14.*
54. *Devin Grayson et al.*, Nightwing 86. *"The Calm Before" (New York: DC Comics, 2003), p. 21.*

reconhece agora o modo como o passado pode nos aprisionar em uma espécie de conformidade, ou o que John Stuart Mill chama de costume, um padrão habitual que talvez já tenha sido certo em um estágio anterior da contínua jornada, mas que já não serve para o estágio atual. Esse passado é um risco constante para Barbara, pois pode impedi-la de avançar no caminho que hoje ela enfrenta para se tornar seu eu superior.

MENTES IGUAIS

Se o passado dela ficou para trás e seu futuro está aberto, quem ajudará Barbara ao longo da jornada? Quem será seu novo exemplo? Aqui, é importante percebermos que às vezes não é o reconhecimento ou a orientação de um exemplo que precisamos, mas de alguém que esteja disposto a escutar nossas tentativas de compreender a nós mesmos, de atingir aquela medida de autoconhecimento que qualquer jornada produtiva e bem direcionada exige. Às vezes, só precisamos de um amigo. Ao mesmo tempo, o amigo não pode bloquear nossa passagem para um eu superior, como Dick Grayson faz com Barbara nesse estágio. De fato, é melhor dizermos que o amigo, em qualquer momento, é aquele que pode acompanhar você em sua jornada, escutando com os ouvidos abertos, chamando sua atenção quando você escorrega, e animando-o e apoiando-o quando você precisa disso.

Na nova vida de Barbara Gordon como Oráculo, ela desenvolveu exatamente esse tipo de amizade com duas outras pessoas, Dinah Lance (Canário Negro) e Helena Bertinelli (Caçadora). Na série que narra o trabalho das três juntas, vemos muitos momentos em que o imperativo é a amizade, porque as incita a se tornarem melhores. Em determinada sequência da história, por exemplo, Barbara questiona se Dinah deveria continuar no time. Em uma história anterior, Dinah quase fora morta e Barbara conclui que não aguentaria a perda da amiga. Mas, no fim da história, ela percebe que o propósito da amizade não é eliminar possibilidades. Nas palavras de Dinah, Barbara precisa "aprender a relevar o que não é tão importante". Ao mesmo tempo, incitada pelas ações de Barbara, Dinah faz um novo regime de treinamento para que nunca mais se encontre na posição perigosa de refém. É a incitação entre as amigas que coloca Barbara e Dinah na direção do crescimento.[55]

Assim, os amigos surgem em várias formas. A jovem Barbara Gordon precisava de um amigo que fosse um exemplo. A madura Barbara Gordon, em contraste, não precisa de um exemplo. Ela precisa, isso sim, de amigos que lhe são iguais, mas também amigos que cumpram a tarefa de exigir que sua jornada para um novo e melhor eu seja uma que Barbara torne

---

55. A reafirmação da amizade de Barbara e Dinah aparece em Birds of Prey: Of Like Minds, de Gail Simone et al. (New York: DC Comics, 2004).

compreensível para eles, de modo que eles, por sua vez, tenham a certeza de que é compreensível para ela.

Em uma sequência de histórias mais recente de Batman, Barbara foi obrigada a explodir sua casa e quartel-general no edifício da Torre do Relógio em Gotham City. Ela resolve sair de Gotham City junto com suas amigas. Tudo em Gotham City a deixa triste, ela explica, mencionando Batman, Asa Noturna e os escombros da Torre. Ela e as amigas começam uma nova missão a bordo de um novo avião, chamado *Aerie One* (usando o termo técnico para o lar das aves de rapina, "aerie" — ninho), que servirá como a nova casa delas.[56] A repetição da palavra "novo/nova" na sentença anterior tem o objetivo de enfatizar o que Barbara conseguiu. Morar em uma casa móvel pode ser a última palavra em imagens de possibilidade. Entretanto, não é uma possibilidade qualquer, mas um passo conquistado a duras penas em direção ao que Barbara ainda pode ser: seu eu ainda não alcançado, mas alcançável.[57]

Quando os filósofos analisam a ética, nós às vezes consideramos noções abstratas como o bem e o certo. Ponderamos, com frequência, teorias de dever e proibição. Mas uma parte importante da reflexão filosófica dentro dos limites gerais da Filosofia Moral é ponderar a vida e como ela melhora. As categorias de pontos de vista filosóficos, como o perfeccionismo moral, podem nos ajudar a ler as histórias em quadrinhos de super-heróis, e as histórias desses quadrinhos, vistas sob essa lente, podem, por sua vez, nos ajudar a calibrar o progresso de nossa vida, enquanto tentamos descobrir e criar o nosso eu melhor.[58]

---

56. Gail Simone et al., *Birds of Prey* 75. "Breathless" (New York: DC Comics, 2004).
57. A expressão *"não alcançado, mas alcançável"* é uma das favoritas de Cavell, tirada do ensaio de Ralph Waldo Emerson, *"History"*.
58. Quero agradecer aos editores deste volume pelos importantes comentários a respeito de uma versão anterior deste ensaio, e a Kelly A. Wilson por instigá-lo.

CAPÍTULO 9

BATMAN E AMIGOS: ARISTÓTELES E O CÍRCULO INTERNO DO CAVALEIRO DAS TREVAS

Matt Morris

"Melhor é serem dois do que um, porque têm melhor paga do seu trabalho. Porque se caírem, um levanta o companheiro; ai, porém, do que estiver só; pois, caindo, não haverá quem o levante."

— Eclesiastes *4: 9-12*

Batman costuma ser considerado o mais solitário super-herói. A princípio, isso pode parecer um tanto estranho, já que ele está sempre em companhia de seu amigo e sócio, Robin, e trabalha perto de seu mordomo de confiança, Alfred. Há outros super-heróis que fazem seu trabalho de combater o crime ou salvar o mundo totalmente sozinhos. Veja, por exemplo, o Homem-Aranha e o Demolidor. Nenhum dos dois é visto na companhia de um assistente fantasiado. Nenhum deles tem um sócio para ajudar com a logística, regularmente. Mas, por outro lado, eles têm vários amigos íntimos na vida normal, civil, como Peter Parker e Matt Murdock. E isso é quase impossível no caso do alter ego de Batman, Bruce Wayne. Bruce, ou Batman, tem uma solidão interior que ninguém mais parece ter.

O Super-Homem tem uma Fortaleza da Solidão longe de todo mundo. Batman usa o próprio coração e a mente para o mesmo fim. Desde sua juventude, quando ele viveu a dramática e horrível experiência de testemunhar o assassinato de seus pais, ele se dedicou de corpo e alma ao mais severo regime de autodesenvolvimento e à mais centrada missão de combater o crime. Ele é o último paradigma de um homem em uma missão, e nada pode desviá-lo dela. Seu preparo para tal missão, e a execução dela, criou um espírito independente, um enfoque austero ao extremo e um senso de alienada solidão, sem igual entre seus colegas combatentes fantasiados do crime. Ele é obscuro, ameaçador, apático e até assustador. Esse não é o sujeito com quem você gostaria de sair para jogar boliche ou comer uma pizza. Será que ele poderia ter ou ser um amigo?

Essa alma supersolitária, no entanto, é cercada por um círculo interno de associados de colegas e talvez até de amigos. Isso não nos deveria surpreender muito. O grande filósofo Aristóteles entendia que nós, seres humanos, somos todos, em essência, criaturas sociais. Em *A Ética a Nicômaco*, Aristóteles faz uma afirmação que foi usada por Jeph Loeb em sua majestosa série Batman intitulada *Hush*: "Sem amigos, ninguém gostaria de viver, ainda que tivesse todos os outros bens..." (EN, 1155).[59] Bruce Wayne é um industrial bilionário cuja mansão e vida são repletas de bens materiais. Mas até ele precisa de mais.

DE ARISTÓTELES À BATCAVERNA

A análise que Aristóteles faz da amizade nos ajudará a compreender os vários relacionamentos íntimos na vida de Batman. Mas há um ponto que merece um esclarecimento especial. A palavra grega para amizade, ou amigo, e o conceito correspondente no mundo antigo eram um pouco mais amplos que o nosso entendimento contemporâneo da amizade.

---

59. Aristóteles, *A Ética a Nicômaco*, disponível em muitas traduções. As referências em parênteses usam a numeração padronizada de seções, encontrada em quase todas as edições modernas.

Vemos como conhecidos os indivíduos a quem já fomos apresentados e que podem ou não estar envolvidos em nossa vida em um nível significativo. O termo "relacionamento" costuma ter a conotação de um envolvimento mais que apenas contínuo. E, claro, entre os nossos relacionamentos estão colegas, associados, vizinhos, membros da família e o que chamamos mais especificamente de amigos. Em termos contemporâneos, uma amizade é um relacionamento que implica uma certa intimidade. Pensamos em amigos como bons companheiros que, mesmo que vivam separados, mantêm uma forte ligação e interesses comuns, alguns aspectos de intimidade emocional e talvez até elementos de um senso pelo menos episódico de proximidade. Se lembrarmos que o conceito grego é um pouco mais abrangente que essa subcategoria de relacionamentos que hoje consideramos amizade, podemos entender Aristóteles muito melhor.

A visão de Aristóteles é que há três tipos distintos de relacionamentos. Mais de um tipo pode ser encontrado no mesmo, mas isso nos ajuda a entender as variadas naturezas de relacionamentos quando fazemos a distinção. Primeiro, o nível mais baixo de amizade é o que Aristóteles chama de amizade de utilidade. É um relacionamento em que ambas as partes se beneficiam uma da outra e relacionam-se por causa desse benefício. Pense em nossos colegas de trabalho, membros de uma banda, ou participantes de um time de super-heróis como a LJA (*Liga da Justiça da América*), os Vingadores ou o Esquadrão Supremo. Cada participante se beneficia de um modo prático do relacionamento. Sua utilidade contínua e mútua é o que mantém a amizade de utilidade viva entre duas ou mais pessoas.

Uma segunda e talvez superior forma de amizade é o que Aristóteles chama de amizade de prazer. Esse é um relacionamento baseado não em utilidade mútua para algum projeto ou atividade, mas em prazer mútuo. Os amigos por prazer gostam de estar juntos. Eles apreciam a companhia um do outro. Divertem-se juntos. Esse tipo de amizade dura enquanto durar o prazer. Sem dúvida, os amigos por prazer também podem desfrutar outros benefícios mútuos dessa associação e os amigos por utilidade também podem gostar da interação mútua. Essas categorias não devem ser exclusivas. Mesmo assim, nós podemos categorizar qualquer amizade de nível dual nos termos de sua natureza mais fundamental, como em: "Bem, eles se dão bem e parecem gostar da companhia um do outro, mas são basicamente parceiros no combate ao crime". Ou, "Claro, eles trabalham juntos; mas quando se aposentarem, continuarão tocando música juntos, fumando charuto e frequentando a casa um do outro — eles são amigos mesmo". Em outras palavras, um relacionamento pode conter elementos tanto de utilidade quanto de prazer; contudo, uma dessas categorias pode ser mais fundamental que a outra em um caso determinado.

Aristóteles afirmava existir uma terceira e mais nobre forma de amizade, uma "amizade perfeita" ou uma "amizade completa"; ou ainda uma "amizade de virtude". Esse é o relacionamento admirável que pode existir apenas entre pessoas realmente virtuosas, comprometidas com o que é bom, comprometidas uma com a outra, e que sejam em algum sentido mais ou menos iguais. Para Aristóteles, uma medida de igualdade é importante para qualquer espécie de amizade, pois ele acreditava que, se um relacionamento se torna desequilibrado e unilateral demais, provavelmente acaba. Mas é possível interpretar as categorias aristotélicas de amizade valorizando a amizade ainda mais, à medida que ascendemos a formas superiores dela. É essa forma superior de relacionamento — a amizade completa — que, nos relatos do historiador da Antiguidade Diógenes Laércio, Aristóteles caracterizava como "uma alma em dois corpos".

De acordo com Aristóteles, um amigo completo deseja o bem a seu amigo "por ele mesmo" — isto é, só pelo bem do amigo, e não por interesses egoístas ou atrás de benefícios residuais. Uma amizade perfeita é "centrada no outro", por parte de ambos. Cada um quer se doar ao outro e ver o amigo prosperar. A amizade completa envolve benefício, prazer e bondade; e Aristóteles acreditava que ela perdura enquanto existir a bondade dos amigos. E como, na visão de Aristóteles, a verdadeira bondade é um traço perene em qualquer ser humano, ele acreditava também que as amizades perfeitas são, na verdade, permanentes. Ele também reconhecia, contudo, que tais amizades são raras, uma vez que também são raros os indivíduos verdadeiramente bons.

Com essa análise tríplice da amizade como ferramenta, vamos examinar alguns dos relacionamentos mais íntimos de Batman. Tentaremos determinar que espécies de amizade eles podem ter, e se, no fim das contas, algum deles atinge a terceira e perfeita forma.

BATMAN E ROBIN

Batman já teve vários parceiros no decorrer dos anos, mas nós nos concentraremos no primeiro, e sem dúvida o mais importante. A história original de Robin começou no circo. John e Mary Grayson, conhecidos como "Os Grayson Voadores", estavam fazendo um número no trapézio quando a corda quebrou, eles caíram e morreram. O filho do casal, Dick Grayson, testemunhou a morte dos pais, como acontecera com Bruce Wayne, quando era criança. Bruce estava na plateia quando o acidente ocorreu e logo sentiu muita pena de Dick. O jovem órfão não tinha para onde ir, e Bruce foi magnânimo e adotou-o. Dick logo descobriu que a morte de seus pais não fora acidental, mas planejada. Bruce sentiu que a resultante raiva, tristeza e confusão de Dick pelo terrível crime deveriam ser concentrados em uma direção positiva. Para orientar a vida do rapaz nos passos certos, ele revelou-lhe sua identidade como Batman e ofereceu-se para treinar Dick no combate ao crime. E foi assim que Dick Grayson se tornou Robin.

É natural que os leitores pensem na parceria desses dois combatentes do crime como uma amizade. Eles estão sempre juntos, conhecem bem um ao outro e costumam unir forças para alcançar as mesmas metas. Parecem também gostar da companhia um do outro. Os dois parecem de fato personificar elementos das duas formas menores de amizade de Aristóteles. Seu relacionamento contém medidas discerníveis de utilidade e prazer.

Consideremos primeiro os benefícios que Robin adquire do relacionamento. Batman assume o papel de mentor e ajuda Robin a se preparar como combatente do crime, digno de ser seu parceiro. Uma análise criteriosa revela que Batman oferece vários serviços a Robin:

1. Comida, abrigo, roupas e outros itens essenciais, além de um transporte de primeira, fantásticas máquinas e um esconderijo fora de série;
2. Treinamento físico e mental para ajudá-lo a desenvolver suas habilidades físicas e mentais no combate ao crime;
3. Um sentido de missão na vida;
4. Companheirismo.

Mas, segundo a análise da amizade, deve haver alguma forma de igualdade ou reciprocidade equilibrada no relacionamento para ele contar como verdadeira amizade, e principalmente para poder perdurar. Não sendo Robin tão avançado em suas habilidades quanto Batman, e não podendo fornecer a seu mentor nenhum bem material que ele já não possua, como os benefícios dessa amizade podem ser recíprocos?

Primeiro, Robin presta serviços a Batman, como por exemplo uma ajuda prática no combate ao crime e uma assistência contínua na continuidade de sua missão. Claro, não que Batman não pudesse agir sozinho — ele já fazia isso antes de os dois se conhecerem —, mas Robin acrescenta certa eficiência à luta e maximiza o que pode ser realizado, a qualquer momento. Isso, sem dúvida, é de grande valia para um indivíduo orientado por missões, como Batman. Mesmo assim, podemos argumentar que, diante da motivação de Dick Grayson em combater o crime e deter os criminosos, essa amizade com o maior detetive e combatente do crime do mundo o beneficia nessa área específica muito mais do que Batman. Ainda existe uma tremenda desigualdade no relacionamento.

A solução de Aristóteles parece ser a de que o menos abastado dos dois amigos deve oferecer uma dose proporcional e compensatória de amor e respeito. E Robin parece fazer isso. Ele obviamente se preocupa com Batman, valoriza-o e tem profundo respeito por ele. Tenta servir seu mentor e nunca o usurpar. E aprecia muito o relacionamento que eles têm.

Além disso, Robin proporciona a Batman um bom nível de prazer social e intelectual. Isso inclui o prazer de ensinar um aluno hábil e talentoso, e a satisfação de vê-lo se tornar um grande homem, além do simples prazer de sua companhia. Para Robin, também é um prazer ter Batman como professor e desfrutar de sua contínua companhia. Mas é possível que, como muitos sábios filósofos sugerem, o prazer do benfeitor seja maior que o prazer do beneficiário; nesse caso, então, o prazer de Batman como mentor no relacionamento é ao mesmo tempo mais profundo e maior que o de Robin. Entretanto, o prazer de Robin não é pequeno.

Aristóteles acreditava que os jovens sempre baseiam suas amizades no prazer, e esse parece ser o caso de Robin. É óbvio que ele sente prazer em todas as situações em que está utilizando algo que adquiriu de Batman, como a habilidade e até as incríveis ferramentas para o combate ao crime que Bruce lhe passou. Ele gosta da emoção da caçada na presença de seu forte e confiável mentor. E se regozija em promover o bem da comunidade. Em suma, ele sente prazer em muitos aspectos do relacionamento que tem com Batman.

Infelizmente, a amizade de prazer de um jovem nem sempre é estável. Aristóteles explica: "Pois a vida dos jovens é guiada por seus sentimentos, e eles buscam acima de tudo o que é prazeroso e fácil de adquirir. Mas, quando crescem, o que lhes é prazeroso muda também. Por isso, são rápidos para fazer amizade e rápidos em acabar com ela" (EN 1156). Até certo ponto, vemos isso em Robin, embora sua amizade com Batman mude, mas nunca termine. Enquanto vai ficando mais velho, ele se torna cada vez mais parecido com Batman em habilidades. Como resultado, já não aprende tanto com seu velho professor. Viver à sombra de Batman e sempre fazer o que ele lhe ordena começa a incomodar Robin, e a parceria começa a ser cada vez menos prazerosa. E, como resultado, ele decide assumir uma nova identidade como Asa Noturna, e abandona Batman e Gotham para uma carreira de combatente do crime na cidade vizinha de Blüdhaven.

Por algum tempo após a cisão, o relacionamento entre Batman e Asa Noturna foi um pouco tenso. Havia um clima de alienação, misturada com desapontamento, e talvez até ressentimento. Os caminhos dos dois cruzavam-se só quando os casos que estavam resolvendo os obrigava a visitar a cidade um do outro. Mas, no fim, o Cavaleiro das Trevas conseguiu se reconciliar com seu colega mais jovem, Asa Noturna, demonstrando respeito por suas habilidades e mostrando que não se ressentia dele por causa de sua partida. Agora, eles parecem ter uma espécie renovada de amizade, baseada principalmente em prazer, mais como iguais, ou quase iguais, e desfrutam da companhia um do outro sempre que precisam se unir para combater o crime. A consideração e o respeito que eles sentem um pelo outro maximiza o prazer de estarem juntos e de ver o sucesso do outro. É um passo na direção de uma amizade completa, mas parece que nunca chega de fato a esse alto patamar.

O MORCEGO, HARVEY DENT E DUAS-FACES

A história do relacionamento de Batman com Harvey Dent é um exemplo de amizade que se estragou. Harvey era o procurador público de Gotham City e costuma trabalhar muito próximo do tenente de polícia Jim Gordon. Por meio de Jim, Harvey conheceu Batman. Desde o começo, ele tinha mais em comum com Batman do que Jim. Em primeiro lugar, Batman e Dent tinham mais ou menos a mesma idade, e ambos nutriam um profundo interesse em manter a justiça. Mas enquanto Gordon só queria prender criminosos de acordo com a lei, Harvey invejava a habilidade de Batman em trabalhar fora dela, e ele próprio não hesitava em deter um criminoso ou em conseguir sua condenação. Harvey e Batman desenvolveram uma amizade de utilidade bem parecida com a já existente, em forma tênue, entre Batman e Gordon, com a importante diferença de que Batman estava prestes a revelar a Harvey sua verdadeira identidade, quando um evento trágico provocou uma reviravolta na direção oposta.

Enquanto Dent interrogava um suspeito em julgamento, seu rosto foi mergulhado em um ácido que lhe causou horríveis cicatrizes. Essa desfiguração física desencadeou um profundo distúrbio de dupla personalidade, e ele assumiu a persona de "Duas-Faces". Duas-Faces logo se tornou um criminoso e assassino, tudo o que Batman despreza. Será que o mestre combatente do crime poderia, sob quaisquer condições, continuar amigo de tal indivíduo? Se a amizade dos dois fosse da forma superior, uma amizade de virtude ou uma "amizade completa", Aristóteles certamente diria que a continuidade dela seria impossível. Ele também alerta, porém, que um homem virtuoso não deve cortar um relacionamento de modo brusco. Uma amizade de virtude deve ser encerrada com alguém que se torna "vicioso incurável". Mas, se a pessoa puder se reabilitar, voltando a ser boa, então a forma superior de amizade pode continuar. Dent e Batman, infelizmente, nunca haviam chegado a uma amizade completa, nos termos aristotélicos. Eles funcionavam mais no nível da amizade de utilidade, embora a possibilidade de um passo adiante ocorrera a Batman.

Aparentemente, nada no caráter de uma das partes impede que uma amizade de utilidade continue, desde que ambas as partes permaneçam úteis uma para a outra. Dent, por exemplo, poderia decidir que, apesar de ser criminoso e assassino, ele continuaria ajudando Batman a deter outros criminosos, fornecendo-lhe pistas. E Batman, por sua vez, talvez considerasse essa prestação de serviço tão importante que faria vista grossa às novas e desafortunadas tendências de Harvey, e continuaria a ajudá-lo. Mas esse cenário, ainda que apenas imaginado, seria contrário ao senso intransigente de certo e errado por parte de Batman. Ele não faria isso. Ele nunca continuaria com um relacionamento de utilidade sob esse tipo de condição.

Isso pode esclarecer um pouco mais a análise aristotélica das amizades de utilidade. Segundo ele, uma amizade assim só poderia perdurar se a utilidade continuasse recíproca. Mas temos aqui, sem dúvida, um caso em que não continua. Um homem virtuoso não pode usar os serviços de um homem vicioso só para continuar com sua amizade. A colaboração com a corrupção corrompe. E Batman sabia disso. Além do mais, ele não toleraria tal coisa. Assim, talvez devamos compreender que a amizade de utilidade tem isso em comum com a amizade completa: se uma parte é virtuosa, há um limite no que a outra parte pode ser. Se um dos amigos desvia para o mal, mesmo uma amizade de utilidade com a pessoa virtuosa deve acabar.

Apesar de todos os esforços para reabilitar Harvey, pagar-lhe uma cirurgia plástica para reestruturar seu rosto, uma boa terapia que pudesse restaurar sua antiga personalidade, nada funcionou para restabelecer a identidade original de Dent, a qual Batman achava tão compatível. Por causa disso, Batman não teve outra escolha senão enterrar a amizade que tanto significava para ele.

O TIRA E O VIGILANTE

Sempre foi evidente que Batman é capaz de cumprir sua missão sozinho, se necessário, mas aceita a companhia de quem ele respeita e que possa ajudar. Em seu primeiro ano combatendo o crime nas ruas, ele se conscientizou de duas coisas importantes que lhe dão vantagem em sua missão. A primeira é um jeito que ele tem de infligir medo em seus oponentes e pegá-los desprevenidos. Sua fantasia e sua tática de ataque-relâmpago encarregam-se disso. A segunda era a necessidade de outra pessoa dentro da corrupta polícia de Gotham City que o auxiliasse no combate ao crime. O indivíduo que cumpria esses requisitos era o tenente James Gordon. Quase no fim de *Batman: Year One*, vemos Bruce ponderando essa questão, quando diz a si mesmo: "Não posso fazer tudo sozinho. Preciso de um aliado — um homem de dentro. Preciso de Jim Gordon. Do meu lado".

Desde o começo, é óbvio que Batman está atrás de Jim Gordon porque quer usá-lo como meio para um determinado fim. A princípio, o tenente não tem certeza se pode confiar em Batman. Como vigilante, esse personagem fantasiado comete atos que a polícia não pode cometer. E isso preocupa Gordon. Mas Batman prova que é de confiança, e ele e Gordon tornam-se aliados íntimos e até amigos.

Esse é outro exemplo clássico da amizade de utilidade de Aristóteles. Batman pode usar as informações e os serviços de investigação do departamento de polícia para ajudar a resolver crimes e prender criminosos com rapidez. Gordon pode usar o bat-sinal para chamar Batman sempre que a polícia precisa de assistência especial. Tanto Batman quanto Gordon beneficiam-se desse relacionamento. Cada um recebe o que precisa e o que quer dessa associação. O relacionamento é uma rua de mão dupla e benefícios significativos para ambas as partes.

Podemos nos perguntar por que esse relacionamento continua sendo de utilidade, e não se desenvolve em uma amizade de prazer também. Um exame apurado das interações entre os dois homens, porém, mostra a resposta. Sempre que Batman está com Gordon, ele fica de guarda. Se o tenente descobrisse a verdadeira identidade de seu amigo mascarado, ele poderia prendê-lo, caso algum dia julgasse que Batman ultrapassou certos limites. Por isso, Batman não revela a seu amigo de utilidade algumas verdades importantes a seu respeito. Por sua vez, Gordon também sempre teve certos problemas de confiança com o amigo mascarado. Ele sabe que, se fizer Batman prometer cuidar de um caso de determinada maneira, ele fará isso; mas, do contrário, Batman é imprevisível. Houve ocasiões, incluindo as vezes em que Batman apresentou jovens parceiros — cada um dos Robins —, que Gordon chegou a duvidar do poder de julgamento de seu amigo. Além disso, como você pode ter prazer na companhia de uma pessoa que usa máscara o tempo todo? Se a confiança não fosse um ponto importante em todos esses sentidos, tanto Batman quanto Gordon poderiam desfrutar melhor da companhia um do outro, e talvez manter um relacionamento um pouco menos voltado só para a missão.

Aristóteles observa que as amizades de utilidade podem facilmente se romper. Se Batman fosse longe demais e matasse alguém, ainda que parecesse justificado, não estaria mais contribuindo para o senso de justiça de Gordon e a amizade acabaria. Gordon tem uma visão de justiça muito mais estreita que Batman. Ele acredita que os criminosos devem ser perseguidos e punidos dentro dos limites da lei. Se a polícia tivesse ordens de prender Batman, Gordon obedeceria, fazendo o possível para prendê-lo. Sob essas circunstâncias, esse oficial da lei não estaria mais disposto a ajudar Batman em sua missão; pelo contrário, atrapalharia seu caminho e os dois não poderiam continuar com o relacionamento. Do mesmo modo, certas ações praticadas por Gordon alienariam Batman. Se o tenente se tornasse de uma hora para outra mais condicionado ao espírito da lei, ele não serviria mais para os propósitos de Batman. Não temos motivo para crer que, em qualquer um desses casos, um relacionamento positivo entre os dois continuaria a existir.

Batman e Gordon nunca se encontram, exceto no chamado do dever. Em uma história, Gordon faz uma tentativa de socializar fora de sua missão comum, mas é frustrado:

> **Gordon:** Você bem que poderia tirar uma folga. Hmm... Há uma festa na casa de Bruce Wayne. À fantasia. Você poderia ir... como está.

Batman fica em silêncio.

Gordon: Não que eu queira ir... É Bárbara. Quando ela enfia uma coisa na cabeça...

Batman: Bárbara...

Gordon: Minha esposa. Bem, vamos esquecer essa conversa.

Batman sai sem dizer mais uma palavra.

Gordon: Foi a última vez que eu tento uma coisa assim...

Não há nada entre esses dois homens que sustente uma amizade além da mera utilidade. Eles trabalham juntos quando necessário, e quando é benéfico, e respeitam um ao outro, mas não há nada mais em suas vidas que cultive uma forma maior de amizade. São colegas, compatriotas na luta contra o crime em Gotham, e só.

BATMAN E A MULHER-GATO

Batman tem um relacionamento singular com a Mulher-Gato. Seus primeiros encontros não foram amistosos, pois a Mulher-Gato estava envolvida em atividade criminosa. Ela era uma ladra, e é difícil imaginar uma ladra e um dedicado combatente do crime juntos. Mas Batman e a Mulher-Gato sempre se sentiram atraídos um pelo outro, apesar de cada um estar de um lado da lei. Como poderia ocorrer essa atração?

Em primeiro lugar, Batman tem uma visão muito boa. Se você olhar bem para a Mulher-Gato, não é difícil de entender o nível mais superficial de atração física. Afinal, o Homem-Morcego não é morcego, é homem. Mas há muito mais coisas envolvidas nessa atratividade. Batman admira as incríveis habilidades da Mulher-Gato e sua coragem pessoal. Ela desenvolveu o físico ao extremo, assim como ele. Ela é forte, capaz, e até um pouco parecida com uma ginasta olímpica, com uma fantástica disposição para correr extraordinários riscos físicos. Tudo isso atrai Batman. Mas como ele pode vencer o desgosto visceral que sente por toda atividade criminosa, no caso dela? Há um fato que compensa.

No fundo, a Mulher-Gato é uma pessoa de boa índole. Ela não é má e, exceto pelos roubos de alto risco que pratica, ela tem sempre uma afinidade pelo bem. Assim como Batman, ela não mata, e é capaz de abandonar suas atividades criminosas se perceber que vão prejudicar Batman. Ela sempre se divertiu praticando furtos, mas também se sente tão atraída por Batman que já pensou em se regenerar. E, instintivamente, Batman sabia disso. Ele sempre teve esperanças de que a Mulher-Gato mudasse seu jeito de ser e se juntasse a ele, no lado do bem. Recentemente, ela de fato mudou de vida, para melhor, e tornou-se protetora da vizinhança. Por causa dessa mudança de atitude e atividade, seu relacionamento com Batman floresceu, culminando recentemente com ele revelando-lhe o maior segredo de sua carreira: sua identidade como Bruce Wayne.

A amizade de Batman com a Mulher-Gato é sem dúvida por prazer. Quando eles se encontravam do lado oposto da lei, ambos gostavam de seus encontros de gato e rato (ou, melhor, morcego e gato). Batman aprecia um bom desafio, assim como a Mulher-Gato gosta de uma boa emoção. Mesmo quando era apenas uma ladra, ela às vezes ajudava Batman com um caso. Mas esses incidentes não eram constantes, e não se podia contar com a ajuda dela. Batman não é mentor nem colega da Mulher-Gato, por isso ela não tem a obrigação de ajudá-lo em sua missão nem de cumprir ordens dele. São essas coisas que impedem que o relacionamento dos dois seja de utilidade.

Na verdade, Batman e a Mulher-Gato têm um relacionamento romântico. Aristóteles acreditava que os relacionamentos românticos são amizades de prazer, pois cada um dos amantes gosta da companhia do outro. E, por ora, não passa disso.

O MORDOMO E O DONO DA MANSÃO

A amizade mais incomum que Batman tem com outra pessoa é a de seu mordomo, Alfred. Alfred trabalhava para a família Wayne quando Bruce nasceu. Ele é a pessoa mais próxima de Bruce, e Bruce conhece-o desde sempre. Quando Thomas e Martha Wayne foram assassinados, Alfred incumbiu-se de educar Bruce como seus pais teriam feito. Embora continuasse sendo, para ele próprio e de acordo com sua compostura, o mordomo, Alfred assumiu quase um papel de pai na vida de Bruce, e também o ajuda desde o início em sua missão como Batman. O resultado de tudo isso é a inevitável pergunta: que tipo de amizade Bruce e Alfred poderiam ter?

Com certeza, eles possuem elementos de uma amizade de utilidade. Alfred está sempre trabalhando. E o propósito de seu emprego é ajudar Bruce Wayne, inclusive em sua vida de combate ao crime, o que ele faz de todos os modos imagináveis. Em troca, Alfred ganha abrigo, comida e roupa da mais alta qualidade, e provavelmente uma renda bem grande. É difícil determinar se tais benefícios fluem entre Batman e seu mordomo só porque são as exigências do emprego para Alfred e as obrigações do empregador para Bruce, ou se Bruce e Alfred se comprometeram em servir um ao outro em todas essas coisas porque são amigos. O certo é que eles são tão amigos um do outro como dois bêbados embriagando-se juntos, o tempo todo em que Alfred está fazendo o seu trabalho, que é quase o tempo todo.

Alfred destaca-se de todos os amigos de Batman porque seu senso de missão é igualmente forte. Ele tem um compromisso total com a função de mordomo da família Wayne. Embora ele esteja sempre tentando fazer Bruce tirar alguma folga de seu papel de Batman e descansar, esse melhor de todos os mordomos não pratica o que prega. Ele nunca tira folga do trabalho. Nós nunca vemos Alfred sair com uma mulher, ou com um grupo de amigos ou jogar pôquer ou ir a um concerto. E, claro, Bruce nunca o encoraja a fazer isso, mesmo porque não vê tais coisas como parte essencial de uma vida normal e bem ajustada. Nas imediações da batcaverna, padrões diferentes aplicam-se à vida normal.

Talvez seja essa mutualidade de um forte senso de missão que impeça Bruce e Alfred de serem amigos da ordem superior. Alfred compromete-se em ser o mordomo, e Bruce sempre será seu "mestre". Como vimos, Aristóteles considerava a igualdade um forte fator em uma amizade virtuosa, e isso não pode ser alcançado enquanto Bruce for o patrão e Alfred o empregado. E é quase impossível imaginar uma circunstância em que isso não aconteça. Se Alfred pedisse as contas, ou se Bruce o demitisse, essa dramática reviravolta desencadearia uma alienação pessoal da mais alta ordem, impediria a realização de uma amizade completa. Um precisa do outro para cumprir sua missão, do modo como ambos a veem. Qualquer quebra desse relacionamento seria considerada um terrível ato de deslealdade. Assim, apesar do fato de Alfred ser provavelmente a pessoa mais próxima de Bruce, enquanto eles continuarem como são, não podem ser amigos completos porque cada um dos dois tem um marcante senso de missão; e, mesmo que mudassem isso de uma maneira relevante, ainda não poderiam ser amigos completos por causa da inevitável ruptura provocada por tal mudança. Por isso, mais uma vez, um relacionamento entre Batman e um de seus associados mais próximos parece destinado a não subir mais alto nas categorias de amizade do que o *status* em que se encontra agora.

O CARÁTER EVASIVO DE UMA AMIZADE COMPLETA

O que impede Batman de ter o que Aristóteles considerava uma amizade completa? Não são seus altos padrões. Não é uma falha das outras pessoas. Uma boa parte da responsabilidade parece estar bem diante de seu nariz. Uma amizade assim requer um grande envolvimento pessoal. Isso é quase impossível para Batman depois da promessa que ele fez a seus pais mortos. Ele dedica tanto tempo e esforço à missão de combater o crime que não tem muito tempo para os amigos. É por isso que, como já vimos, todos os amigos de Batman devem, de alguma maneira, se encaixar em sua missão. Aqueles que o cercam o ajudam como companheiros e parceiros: Jim Gordon, Harvey Dent (antes de se tornar o Duas-Faces), Robin (que se tornou o Asa Noturna), Batgirl (que se tornou Oráculo), os outros três Robins (Jason Todd, Tim Drake e Carrie Kelly, em *O Retorno do Cavaleiro das Trevas*), Alfred e todo o resto. Às vezes, Batman esquece como essas pessoas são íntimas em sua vida. No recente filme *Hush*,

Batman confessa à Mulher-Gato sua incapacidade de manter amizades íntimas, e ela lembra-o de quantos amigos ele tem.

Batman: Eu... Eu não sou muito bom nisso. Ter amigos. Parceiros. Tudo termina em traição e morte. Se é que algum dia eu já tive isso, perdi na noite em que meus pais foram assassinados.

Mulher-Gato: Diga isso ao Asa Noturna. Robin. Oráculo. Preciso falar mais?

É verdade que todos esses indivíduos são amigos e parceiros de Batman. Mas será que algum deles satisfaz as exigências da mais alta forma de amizade? E ele, satisfaz?

Em seu coração, Batman provavelmente sabe que talvez nunca tenha uma amizade superior. Ao se tornar Batman, Bruce Wayne fez alguns sacrifícios, um dos quais a habilidade para se doar às outras pessoas. Sua vida já está tomada por sua promessa feita aos pais e por seu compromisso com a justiça. Depois de uma vez ser seriamente tentado a deixar para trás o mundo de Batman, Bruce teve de pagar o preço para continuar com sua missão:

Eu aprendi uma coisa nesse Halloween passado. Eu pensava que não tinha escolha em ser Batman. Que Gotham City havia me escolhido como seu protetor. Estava errado. Desde a noite em que meus pais me foram tirados, eu fiz a escolha. Significa que alguns desejos de meu coração podem não ser realizados... mas muitos outros são... É uma boa escolha.

Aristóteles diz que, na verdade, os homens bons são amigos de si mesmos. E talvez isso se aplique a Bruce Wayne. Ele é amigo dele mesmo, e de sua persona alternativa. Batman usa Bruce Wayne, e Bruce Wayne usa Batman. Portanto, isso envolve uma amizade de utilidade. E cada persona pode até sentir um certo prazer nas aventuras da outra. Mas se há alguma espécie de amizade perfeita para Bruce, ou Batman, talvez seja aí — na solidão da relação dele com ele mesmo. Bruce Wayne é comprometido com o bem. E ele se compromete com o que considera ser o bem maior, o que singnifica para ele comprometer-se com Batman. No caso dele, vemos não uma alma em dois corpos, mas uma alma em duas personas, duas identidades, duas apresentações para o mundo. Por causa da natureza consumidora de sua missão, parece que esse é o máximo possível para ele no nível da amizade virtuosa.

Mas a mesma coisa, ou pelo menos algo semelhante, pode se aplicar a muitos outros super-heróis. E eles parecem perceber seus limites devido ao senso de dever e de responsabilidade própria de suas missões. Em *Superman: The Man of Steel*, John Byrne e Dick Giordano apresentam o primeiro encontro entre Batman e Super-Homem. Quando eles se despedem, Batman diz a si mesmo: "Um homem notável, no fim das contas. Quem sabe? Em uma realidade diferente, eu poderia chamá-lo de "amigo".[60]

Quando lidamos filosoficamente com a arte, seja em forma de novela, história em quadrinhos ou em filme, uma variedade de coisas pode acontecer. Podemos iluminar a obra de arte, ou expandir nossa compreensão filosófica, ou podemos, como resultado, lançar alguma luz sobre nossa própria vida. Às vezes, fazemos as três coisas. Mas o empenho filosófico atende ao seu chamado mais importante se conseguir iluminar nossa experiência no mundo. Um senso de missão é algo bom e importante na vida, mas a história de Batman é um grande conto de advertência a respeito do preço que temos de pagar se formos incapazes de manter tudo em equilíbrio. Alguns indivíduos sentem uma obrigação desproporcional de viver uma vida de serviço. Costumam ser nossos heróis e nossos super-heróis. Nós, por nossa vez, devemos aprender com eles a lição, e tomarmos o maior cuidado para não deixar nosso trabalho e nosso serviço ao mundo afastarem-nos das mais básicas necessidades para uma vida boa e feliz, entre as quais Aristóteles contava a amizade.

---

60. John Byrne e Dick Giordano, Superman: The Man of Steel #3 *(New York: DC Comics), p. 22.*

CAPÍTULO 10

O QUARTETO FANTÁSTICO COMO FAMÍLIA: O MAIOR DE TODOS OS LAÇOS

Chris Ryall e Scott Tipton

Quando refletimos as questões filosóficas das histórias em quadrinhos de super-heróis, costumamos enfocar o super-herói individual, no curso de suas aventuras. E isso é natural. Afinal, é o indivíduo que ganha superpoderes e que deve escolher se vai usá-los para o bem ou para o mal. Em outros capítulos deste livro, por exemplo, pergunta-se muito por que os heróis são bons, escolhendo usar seus poderes para o benefício da humanidade, e por que, em contraste, outros indivíduos escolheram ser supervilões, agindo em interesse próprio, para o mal da sociedade. Há, porém, muito mais em que se pensar nas histórias clássicas de super-heróis do que apenas em como e por que alguém escolhe fazer o que faz. Aristóteles (384-322 a.C.) acreditava que nós somos essencialmente criaturas sociais. E essa visão pode nos levar a outro nível na vida dos super-heróis que merece ser examinado sob uma perspectiva filosófica.

Neste capítulo, abordaremos um conceito que tem sido negligenciado pela maioria dos grandes filósofos em todos esses séculos, mas que é de vital importância para compreendermos tanto a condição quanto a natureza humana: a ideia da família. Em particular, examinaremos o modo como um time de indivíduos superpoderosos pode se unir como uma espécie de unidade familiar. Na maioria das histórias em quadrinhos, as famílias são relegadas ao segundo plano da narrativa principal, em favor de inflamadas batalhas entre seres superpoderosos. Uma exceção notável é o Quarteto Fantástico da Marvel Comics, cujos laços de família são uma parte tão importante da história quanto suas aventuras.

A PRIMEIRA FAMÍLIA

Muitos supertimes alegam ter laços familiais. Desde a Liga da Justiça da América aos Jovens Titãs, os membros dessas unidades proclamam que seus parceiros de time são mais que colegas no combate ao crime — são uma "família". Esse é um tema muito comum nos quadrinhos, quase tão comum quanto os abalos nos times. Por mudanças de membros, disputa interna ou carreiras solo, os indivíduos desses times acabam se separando e depois unindo-se novamente em várias ocasiões. O compromisso próprio de uma família é mencionado, mas nem sempre é sentido de verdade. O Quarteto Fantástico, apesar de muitas semelhanças com os outros times de super-heróis, é um pouco diferente. Os membros desse grupo estão unidos há mais de 40 anos de aventura. Por quê? Como a existência de verdadeiros laços familiais mantém unidos os membros desse time, enquanto outros mudam com uma aparente inevitabilidade?

Claro que leitores há muito assíduos sabem que até o Quarteto Fantástico já se separou por algum tempo e viu um ou outro membro ir e vir; mas, de um modo geral, eles ainda vivem em uma categoria diferente de qualquer outro time de super-heróis. Eles demonstram um compromisso e uma forma de continuidade nem sempre vista no mundo dos super-heróis. Na verdade, o Quarteto Fantástico, criado pelo escritor Stan Lee e o artista Jack Kirby e perpetuado por muitos outros com o passar dos anos, costuma ser chamado de "a Primeira Família dos Quadrinhos Marvel". O fato de dois dos membros do time serem irmãos de fato (Johnny Storm e Susan Storm-Richards) fornece-nos a primeira pista de por que eles se comportam mais como uma família do que os outros times. Acrescente um terceiro membro, Reed Richards, marido de Sue, e você tem um núcleo familiar. Entretanto, é o quarto membro que faz o time ser único como unidade familiar, quando comparado com qualquer outro grupo na história das histórias em quadrinhos.

Ben Grimm, que ficou conhecido como a Coisa, é o quarto membro do time, e sua ligação inicial com a família acontece por meio de sua amizade com Reed Richards. Os dois eram colegas de faculdade e depois companheiros no exército. Claro que amizades formadas na faculdade ou nos círculos militares costumam se estender por toda a vida; portanto, isso também não é extraordinário — até você olhar melhor o caso.

Uma consequência infeliz dos poderes de Ben, que são superforça e corpo à prova de balas, é que ele ficou horrivelmente desfigurado pelo dramático acidente que deu a todo o time seus superpoderes. E o que é pior — o acidente foi em grande parte o resultado a *hybris*, ou o excessivo orgulho pessoal de Reed. Essa não é exatamente uma fundação firme para uma amizade duradoura ou um laço de família.

FORMANDO LAÇOS

O supertime dos quadrinhos, Quarteto Fantástico, foi criado no início da década de 1960. A florescente cultura jovem da época parecia estar mais interessada nos assuntos típicos de adolescentes, por isso uma revista em quadrinhos que abordasse temas mais pesados como traição, angústia e brigas em família poderia não ser tão atraente para o público-alvo como as histórias que apresentavam adolescentes com superpoderes. No entanto, a revista também tratava de temas como alienação individual, a natureza de uma família e a importância da amizade mais do que os outros quadrinhos da época. E todos esses temas são típicos dos anos transitórios, nos quais o adolescente enfrenta suas dificuldades.

A história original do Quarteto Fantástico parece improvável como base para qualquer espécie de parceria duradoura. Platão (c. 428-347 a.C.) apresenta um personagem em seu tratado *República* que afirma que a motivação predominante na vida humana é o desejo por poder. Parece ser essa sede de poder e a supremacia que motiva o gênio da ciência, Reed Richards, quando ele aparece pela primeira vez. Suas ações e a origem da família como um time de super-heróis refletem o ímpeto por trás da verdadeira corrida espacial internacional no fim da década de 1950 e início da de 1960. Elas eram oriundas de um forte desejo por parte dos americanos de superar os poderosos rivais, os russos, no espaço exterior. O personagem de Platão que se concentra no poder, Trasímaco, anuncia que, no seu modo de ver as coisas, o homem justo sempre luta para ser melhor que os homens injustos, que é como os americanos de 1960 viam a si mesmos em relação aos adversários russos.

Reed projetou uma espaçonave, mas não a testou o suficiente ou não considerou o estresse que ela poderia sofrer em sua primeira viagem. Ele estava tão ansioso para ser o primeiro homem no espaço, que não se preocupou com tais coisas. Seu amigo e piloto, Ben Grimm, mostrou-se preocupado em colocar aquela nave sem escudos protetores e ainda experimental no espaço, temendo os efeitos desconhecidos dos raios cósmicos. Mas Reed estava determinado em seu intento. Ele sentia que seu objetivo refletia os desejos do país, e ganhou voz com sua noiva, Susan Storm, quando ela disse:

"Ben, nós temos de arriscar... a menos que queiramos que os comunas nos vençam!" Ela chegou até a questionar a masculinidade de Ben, afirmando que nunca imaginou que *ele*, entre todas as pessoas, seria um covarde.

Palavras provocantes à parte, a decisão de Ben em deixar de lado suas preocupações legítimas e entrar na nave foi motivada mais pela raiva diante do desafio de Susan, e não porque ele mudou de ideia e aceitou o plano de seu precipitado amigo, Reed. O interessante é que no decorrer dos próximos 40 anos de aventuras do time, Reed se tornaria cada vez mais cauteloso e analítico, enquanto Ben seria retratado como impetuoso e impulsivo. É possível que essa inversão de papéis tenha resultado, em parte, do profundo sentimento de culpa de Reed pelo que aconteceu. O time estava completo quando o irmão adolescente de Susan, Johnny, decidiu, em um impulso, participar do passeio. Suas palavras exatas: "Vou com a mana — está decidido". Essa dose de lógica adolescente mostra as sementes do compromisso familiar enterradas no âmago desse pequeno grupo.

Sócrates (470-399 a.C.) acreditava que a virtude é sua própria recompensa, não importando as consequências. Claro que Sócrates nunca foi atingido pelos raios cósmicos dos quadrinhos. Sue pagou um preço muito alto por sua lealdade a Reed, e Johnny, por sua decisão de ir com a irmã. Quando o foguete chegou à velocidade de escape e, de fato, superou os russos na corrida espacial, o intrépido quarteto sofreu graves consequências. Como o Ícaro mitológico, a espaçonave de Reed caiu, por resultado da ação prepotente, impetuosa de Reed.

Mas esse foi o menor dos problemas. Cada um dos quatro logo descobriu que havia adquirido poderes incomuns que refletiam suas devidas personalidades. Susan Storm, a frágil e inibida violeta do time, podia agora ficar invisível; o interior durão e rude de Ben Grimm ganhou uma forma externa equivalente; o intelectual Reed Richards descobriu que era capaz de esticar o corpo com a mesma facilidade com que esticava a mente; e o adolescente de temperamento explosivo, Johnny Storm, virara uma Tocha Humana.

Depois que os quatro se recompuseram e começaram a analisar o que lhes havia acontecido, decidiram formular uma declaração de missão referente aos seus novos poderes, como o rude Grimm expressou de maneira sucinta: "Temos de usar esses poderes para ajudar a humanidade, certo?" Os outros três membros estavam de total acordo. Nascia o time — o Quarteto Fantástico — e seu propósito era claro. Mas haveria um laço entre eles maior que esse? Seu relacionamento cresceria além da amizade básica e do desejo mútuo de servir a humanidade?

UMA PARCERIA PARA VIVER BEM

Até aqui, a origem singular do grupo resultou na formação de um time não muito diferente de outros da época — um grupo de indivíduos superpoderosos decididos a ajudar uns aos outros no combate ao mal e usar seus poderes para proteger a humanidade. Entretanto, mesmo em sua primeira batalha contra o mal, há evidências de que há algo entre eles que é mais do que o desejo comum de fazer o bem juntos. No meio de uma batalha, Ben faz um comentário ofensivo a Sue a respeito de seu noivo, Reed. É óbvio que ele ainda guarda uma certa raiva de Reed e o culpa pelo acidente que causou sua desfiguração. "Oh, Ben", Sue replica, "se ao menos você parasse de odiar Reed pelo que lhe aconteceu..."

Isso levanta uma pergunta interessante, que há anos não é expressa em palavras. Por que Ben continua, de um modo geral, mostrando lealdade em suas ações a um amigo que, na verdade, lhe tirou a vida como ele a conhecia? Diferentemente dos outros três membros do time, Ben é o único cujos poderes ele não pode esconder do mundo. Enquanto os outros podem passar como cidadãos comuns e membros da sociedade, e até como pessoas atraentes, Ben será para sempre uma aberração, um proscrito e um monstro horroroso. Em outras obras de literatura, os monstros tentam destruir seus criadores. Mas, nesse caso específico, a transformação de Ben fortalece seu vínculo com Reed e o time, a despeito de suas ocasionais explosões de raiva, contribuindo, em essência, para formar uma forte unidade familiar. A pergunta é: por quê?

O caráter de Ben fornece boa parte da resposta. Ele era jogador de futebol americano na faculdade, e depois militar. Ele é, por natureza, um participante de equipes, um membro de um time. Quando sua aparência exterior mudou, seu caráter e seus valores interiores se fortaleceram. Era importante fazer o certo para o mundo, sim, mas mais importante ainda era fazer o certo para os amigos, que, em suas transformações — se não antes —, haviam se tornado algo como sua família *de facto*. Todos eles eram diferentes dos seres humanos normais, apesar da habilidade de Reed, Sue e Johnny para esconder essas diferenças. E as diferenças tinham a mesma origem. Agora, eles haviam escolhido atribuir às diferenças um propósito comum. Ben está no grupo por causa desses pontos comuns, mas também para lembrar a Reed o que pode acontecer se ele deixar seu intelecto agir sem controle, ignorando as consequências para os outros. Essencialmente, Ben funciona como a consciência de Reed.

Em seu seminal livro *A Política*, Aristóteles tenta compreender a essência de qualquer grupo de pessoas vivendo e trabalhando juntas. Em determinado ponto, ele pergunta o que é uma cidade. Sua própria resposta é muito perspicaz: "Uma cidade é uma parceria para se viver bem". A partir dessa noção, podemos extrapolar um pouco. Segundo o raciocínio de Aristóteles, podemos ver sob o mesmo prisma qualquer grupo de pessoas que se associam e trabalham juntas para o bem.[61] Uma vizinhança ideal

---

61. Mais a respeito do tema em If Aristotle Ran General Motors, *de Tom Morris (New York: Holt, 1997)*.

seria uma parceria para se viver bem. Uma empresa, também. E essa pode ser a melhor maneira de vermos um time, seja do tipo que for. Para nos atermos ao nosso propósito, talvez a mesma análise se aplique à unidade da família. Uma família ideal é uma parceria particularmente íntima para se viver bem. Na verdade, se os membros de uma família não compreendem isso em seu relacionamento, é provável que as situações não sejam tão boas nessa família como poderiam ser. Pode-se até argumentar que a família é a parceria humana mais fundamental e a que permite a existência de todas as outras. Nós viemos a este mundo por causa de uma parceria muito especial e sobrevivemos nos primeiros anos de vida graças ao apoio proporcionado pelos outros. À medida que crescemos, aprendemos novos meios de participar dessa primeira e menor de todas as unidades comunitárias. E o que aprendermos nela nos levará ao mundo com determinadas expectativas e ferramentas para viver na comunidade maior de seres humanos, seja ela boa ou má.

Claro que nem todos os membros de uma família precisam ser parentes de sangue ou por nascimento, mas, para partilhar dos mais íntimos laços com um grupo específico de outras pessoas, um indivíduo não aparentado teria de ser aceito na unidade com uma boa medida de apoio e compromisso, e por sua vez precisaria mostrar também uma atitude de apoio, um compromisso com os outros e uma inclinação para envolver-se em ações que colaboram para o bem deles. Em outra obra, sua *Ética*, Aristóteles oferece uma análise da amizade que também podemos usar aqui em referência à família. Ele distingue três tipos de amizade; uma que se baseia em benefício ou utilidade, outra em prazer ou divertimento, e outra que reflete o compromisso e respeito mútuos oriundos do bem virtuoso.[62] Os relacionamentos entre membros da família costumam refletir pelo menos uma dessas bases para a amizade, se não as três. Ninguém negará que os membros de uma família podem ser muito insensíveis, difíceis de engolir, intratáveis em suas interações. Os amigos também, às vezes. Mas, para viver e manter um laço de família — mesmo de uma família extensa —, as pessoas envolvidas precisam ter o dom de perdoar ou relevar e superar atitudes e ações contrárias que, de outro modo, podem quebrar a unidade e alienar os membros da família. Nenhuma família é perfeita, assim como nenhuma amizade. Os membros do Quarteto Fantástico discutem e ficam zangados uns com os outros, mas o compromisso fundamental entre os membros e o prazer da companhia um do outro sempre os reúne novamente.

Vamos examinar um pouco mais as três bases de amizade identificadas por Aristóteles. Primeiro, vejamos a utilidade. Nesse nível, as pessoas são amigas por causa dos benefícios que obtêm do relacionamento. Ben se sente em família e parte do grupo quando está com Reed, Sue e Johnny, o

---

62. Ver capítulo 9 neste volume uma maior discussão acerca da análise aristotélica da amizade.

que nunca acontecera antes em sua vida. Em vários momentos de sua carreira de combatente do crime, ele experimenta outras amizades, outros times e outros ambientes além de sua família no Quarteto Fantástico. Mas, nenhuma dessas outras experiências — desde a participação em outro time de indivíduos superpoderosos, os Vingadores, até uma carreira de luta livre entre supers — poderia se igualar aos benefícios que ele recebeu por ser membro do Quarteto Fantástico. No caso de Ben, o principal benefício é o amor de uma família, além de um verdadeiro sentimento de ser querido e necessário. Outros times podem desfrutar sua companhia e valorizar sua habilidade, mas só quando serve de consciência e tábua de salvação de Reed, ele se sente mesmo útil. Reed e os outros precisam dele, e ele precisa deles.

Em seguida, há a amizade por prazer, ou divertimento. Ela envolve os relacionamentos entre pessoas que gostam de estar na companhia umas das outras, mesmo que nada lucrem com isso. Ben não admitiria esse tipo de sentimento, claro. Faz parte de sua natureza mascarar os sentimentos mais profundos por meio de piadas. Mas suas capacidades intelectual e emocional são muito maiores do que ele mostra ao mundo, pois acredita que deve exibir uma persona tão rude e áspera quanto sua aparência. Durante anos, ele e Johnny desfrutam de algo como uma rivalidade entre irmãos que às vezes termina em acrimônia; e, no entanto, o prazer que Ben desfruta por ser o alvo das maquinações infantis de Johnny não é totalmente encoberto por seus comentários irritados, ou pelo sofá atirado no ar, nem pelas vezes que ele sai pisando firme e zangado, prometendo que nunca mais vai voltar. Mas ele sempre volta, pois há um nível no qual até essas batalhas brincalhonas lhe dão prazer e um verdadeiro sentimento de família. As famílias brigam e discordam, ele sabe disso muito bem, como todos nós. E isso acontece porque as pessoas se importam umas com as outras — o que lhes permite perdurar.

Por fim, há o que Aristóteles chama de uma amizade de virtude, ou amizade completa. É a mais alta forma de relacionamento entre pessoas moralmente boas e virtuosas que respeitam e se importam umas com as outras. Nesse tipo de relacionamento, cada amigo ama o outro pelo outro, sem segundos interesses. Em outras palavras, Ben e Reed podem ser amigos completos se Reed se importa com o bem de Ben, independentemente de ter algum benefício pessoal. E o mesmo aplica-se no sentido contrário. Essa não só é a forma mais forte de amizade, mas também a que os dois vivem em seu mais alto grau. E também a forma de amizade que causa tanta culpa em Reed.

Reed preocupa-se de fato com seu amigo, como se fosse sua família nuclear — as duas coisas são iguais para ele —, e, no entanto, Ben o faz lembrar todos os dias da extrema falha de Reed como amigo. Será que parte do laço de amizade entre os dois existe porque Reed precisa se sentir culpado o tempo todo? Talvez. Ver a aparência de Ben, sabendo que foi sua culpa, talvez reforce a dependência mútua um do outro. Apesar de todos os grandes feitos de Reed e de todas as suas magníficas invenções, ele nunca esquece que não é capaz de realizar um milagre que devolva a forma humana de seu melhor amigo.

Se examinarmos todas as interações do Quarteto Fantástico, perceberemos que a visão de amizade de Aristóteles junto à ideia de que uma família pode ser vista como uma parceria para se viver bem, podem nos ajudar a compreender esse time de super-heróis como uma dinâmica unidade familiar composta de amigos que se importam de verdade uns com os outros, apesar de suas diferenças e desacordos. Em uma família equilibrada, os membros apoiam-se (utilidade), gostam de estar juntos (prazer) e zelam pelo bem-estar de todos (virtude). Uma família é mais forte se houver um senso de parceria no apoio de valores e metas comuns. Ben Grimm, filho de uma família desestruturada, sabe disso e encontra o único verdadeiro lar dentro do sistema de apoio e zelo do time, com aqueles bons amigos que se importam com ele e uns com os outros.

A FAMÍLIA DURANTE A CRISE

Toda família e todo time enfrentam crises, e o Quarteto Fantástico já passou por uma boa dose delas. Entretanto, os quatro sempre perseveram. Às vezes, os problemas são causados pelos vilões com quem eles lutam; outras vezes, são desencadeados a partir de uma premência normal de viver uma "vida comum". Em seus 45 anos de história, o time teve alguns desenlaces, desapontamentos e separações. Ben saiu em busca de si mesmo, descobrindo que o caminho que ele procurava o conduzia de volta ao time. Seu sentido do eu fundamenta-se na necessidade de ser necessário, um desejo de fazer o bem e a sensação de fazer parte. Johnny, o membro mais jovem do time e a pessoa mais passível de buscar independência, saindo do suposto confinamento da família, descobriu que a independência que ele procura não é tão atraente quanto a família que ajudou a construir. Reed e Sue, agora casados e com filhos, já viveram suas brigas conjugais — salvar o mundo e achar tempo para a intimidade pode ser uma tarefa ingrata —, mas também persistiram e permaneceram comprometidos um com o outro. As ameaças ao time os fizeram pensar se a luta contra os vilões superpoderosos criariam ou não um ambiente propício para formar uma família, e isso resultou em uma tentativa de começar uma vida suburbana longe do ambiente do time. Mas, inevitavelmente, todo esforço de viver uma vida "normal" fora do núcleo familiar dos quatro converteu-se em um ambiente pior que o anterior.

Todos os membros do time já tentaram se desvencilhar do grupo em determinado momento, e todos acabaram voltando, mais sábios e mais felizes do que quando se separaram. O potencial para uma vida boa, significativa e virtuosa longe dos outros existia, sem dúvida. Portanto, a atração da unidade familiar para cada um deles transcende todas essas coisas, por mais importantes que elas sejam. Essa atração tem a ver com um sentimento crucial de conforto, de ser realmente capaz de desenvolver melhor o próprio potencial sendo parte da unidade que separado dela. Os quatro membros já tiveram aventuras solo, mas todos experimentam um sentimento de completude como membro do time que não encontram em nenhum outro lugar. É só no grupo que cada um deles experimenta os mais profundos sentimentos de certeza e de veracidade, uma partilha real e fundamental de metas comuns e uma base firme de confiança.

As melhores famílias não julgam; elas permitem que o potencial de cada membro seja incentivado e realizado. Na boa família, as metas de cada um são afinadas com as dos outros, e não contrárias. E uma família existe como a mais confiável fonte de apoio que qualquer um de nós pode ter. Bons membros de uma família tentam levantar uns aos outros em momentos de necessidade. Nós vemos tudo isso no Quarteto Fantástico.

Entretanto, aquilo que faz do Quarteto Fantástico uma família, mais do que qualquer outro supertime, também acaba sendo um detrimento. A presença de Ben no time em seus primeiros dias poderia ser vista, sob diversos aspectos, como disfuncional, pois ele assumia um papel quase infantil perto de Reed e Sue "fugindo de casa" com frequência e o casal assumindo os deveres de pais ao buscar o filho fujão. Nesse sentido, as frequentes picuinhas de Ben com Johnny parecem uma típica rivalidade entre irmãos, com os dois disputando pela atenção dos "pais", Reed e Sue.

Por outro lado, os sentimentos paternais de Reed em relação a Ben estenderam-se além das primeiras aventuras do time. Há um momento em que Reed percebe um fato importante acerca da incapacidade de Ben de recuperar a forma humana, e em vez de agir como um amigo e lhe dizer a verdade do que descobrira, Reed resolve manter esse fato perturbador em segredo porque, como um pai diria de seu filho: "É para o bem dele". Papai (na forma de Reed Richards) sabe tudo.

Certa vez, sentindo-se traído, Ben abandonou o quarteto pelo período mais longo de todas as vezes em que saiu do time. Mas, como todos os outros membros do time, uma hora ou outra, resolveram sair por algum tempo, ele voltou, não pelo senso de dever, mas porque se sentia apegado aos outros, embora não quisesse admitir. Como já foi dito muitas vezes, você pode escolher os amigos, mas não a família. A escolha parece que já está feita. Isso parece tão verdadeiro a respeito das famílias "construídas" quanto das naturais. Nós dois nos encontramos e criamos um vínculo; não falamos no assunto, mas tomamos a decisão consciente de criar uma casa como uma unidade familiar. É mais uma afinidade mútua, do que uma decisão ou um dever que gera o laço de família.

Até os membros "interinos" do Quarteto Fantástico entraram para o time por meio de alguma ligação familiar. Vários vieram para o grupo, como acontece com membros de família extensa, por meio de relacionamentos com "as crianças" da família, como no caso das namoradas de Johnny,

Crystal — dos Inumanos — e Lyja, ou da ligação romântica de Ben com a Garota Marvel, Sharon Ventura. E até o membro substituto que durou mais tempo, Jen Walters (a "Mulher-Hulk"), logo se adaptou às funções familiares, assumindo a rivalidade entre irmãos com Johnny e entrando em um relacionamento romântico com Wyatt Wingfoot, o velho amigo da família Quarteto Fantástico. Podemos ver que, mesmo para aqueles que pretendem entrar para o time apenas por questões profissionais, a verdadeira natureza do grupo como família contagia a todos.

O ETHOS DO TRABALHO EM EQUIPE

Uma família é uma pequena unidade da sociedade que visa a suster a vida de seus membros. Aristóteles entendia que nós ganhamos vantagens adicionais por fazer parte de uma sociedade maior; do contrário, argumenta ele, contentar-nos-íamos em viver em famílias menores, ou tribos. Mas é na família em que tudo começa. Como vimos, viver bem é a meta final de qualquer grupo como a família, transcender o mero viver e manter vivos outros membros da família. Os membros do Quarteto Fantástico, unidos por serem família e para promover o bem maior da sociedade, alcançaram essas metas.

As famílias normais geralmente começam como uma forma de criar uma unidade protetora para proteger as crianças pequenas. Em um sentido mais amplo, o Quarteto Fantástico estende essa natureza protetora para fora — os cidadãos normais de todo o mundo tornam-se como crianças e vivem sob sua proteção. Os membros do Quarteto Fantástico também se esforçam para permitir que os quatro vivam bem. Mas, com seus poderes, riqueza e liberdade, eles sempre voltam a atenção para a melhoria das condições de vida dos outros. Com seu especial laço de família, eles ficaram amigos no mais nobre sentido da palavra e parceiros para o bem maior.

Amizades assim genuínas, altruístas, são raras, e elas exemplificam as diferenças entre o Quarteto Fantástico e os outros supertimes. Aristóteles reconhecia a amizade completa como aquela que existe entre pessoas que se amam e só querem beneficiar uma à outra. A diferença entre esse time de quatro e, digamos, os Vingadores, pode parecer desprezível em muitos sentidos. Esse time também é composto de amigos, por assim dizer, que se unem para combater o mal. No entanto, a amizade entre os membros lá, ou em outros times, costuma ser baseada em si mesmos ou é até um pouco egoísta — os indivíduos que eles consideram amigos são vistos assim principalmente porque servem a seus interesses primários. Em contraste, os membros do Quarteto Fantástico parecem mais ter a amizade verdadeira e completa que chega ao amor. É altruísta, benevolente e visa a trabalhar pelo bem do outro. No caso do Quarteto Fantástico, é esse amor entre os membros que une o time como uma família.

CAPÍTULO 11

SABEDORIA DOS QUADRINHOS

Michael Thau

Você sempre irá encontrar muita ação nos quadrinhos de super-heróis. Encontrá histórias muito bem elaboradas, personagens míticos, uma arte incrível e vibrante, e grandes toques de humor. E também poderá se deparar com uma verdadeira sabedoria. Isso pode ser uma surpresa para aquelas pessoas que não conhecem bem as histórias em quadrinhos. Em uma época em que a sabedoria desapareceu da maior parte de nossa cultura, às vezes ela pode ser vista personificada, representada e retratada — de uma maneira fantástica — nos quadrinhos de super-heróis.

Como a tarefa do filósofo é prestar atenção à sabedoria onde quer que ela seja encontrada, quero fazer uma rápida análise da sabedoria que aparece em algumas perspicazes sequências de histórias dos super-heróis. Veremos que o ceticismo cultural generalizado acerca da sabedoria se reflete em algumas amostragens nas histórias em quadrinhos de super-heróis, mas também teremos vislumbres da real apreciação da sabedoria pelo que ela é.

PARA ONDE FOI TODA A SABEDORIA?

O termo "filósofo" vem até nós dos antigos gregos e significa "amante da sabedoria". Todo mundo hoje em dia sabe o que é um amante, ou pelo menos pensa que sabe. Mas um fato curioso é que o conceito de sabedoria quase desapareceu de nossa vida cotidiana — não completamente, como "diligência" ou "coche" e outros termos usados para a charrete puxada por cavalos, que desapareceram das conversas normais, sendo conhecidos apenas entre os leitores de literatura vitoriana. Todo mundo ainda tem *alguma* ideia do que é sabedoria, e tê-la deve ser uma coisa boa. Entretanto, o fato de a ideia da sabedoria não aparecer com muita frequência em nossa vida diária nos faz perguntar se achamos de fato que ela é uma coisa boa.

Quando foi a última vez que você ouviu alguém ser descrito como sábio ou que você pensou em alguém como sábio? Pergunte a si mesmo se a noção de sabedoria alguma vez lhe passa pela cabeça, aparece em seus sonhos e planos para o que você gostaria de ser. A palavra "sábio" ainda aparece às vezes em conversas — talvez você ouça alguém dizer: "qual seria a decisão sábia a tomar?" —, mas é mais provável que seja usada em um sentido negativo, como: "Não banque o sábio comigo", com a conotação de "sabichão". Mas a maioria de nós, em nossas conversas diárias, nunca pensa na sabedoria nem fala de modo positivo de alguém sábio.

O conceito de sabedoria não só quase sumiu da cultura comum, mas também da maioria dos departamentos de Filosofia em nossas faculdades e universidades. Embora você encontre pilhas de livros e artigos escritos por professores de Filosofia a respeito de tópicos como crença, conhecimento, desejo e outras disposições e atitudes cognitivas, eu ficaria surpreso se você achasse mais que um punhado de ensaios acadêmicos publicados nas duas últimas décadas sobre o tema da sabedoria. E eu aposto que a maioria ou tudo do que você encontrar será matéria histórica — uma espécie de exumação das ideias daqueles grandiosos vultos já mortos.

Tampouco a noção de sabedoria está mais viva na mente dos filósofos quando eles não estão escrevendo seus artigos em periódicos profissionais, mas apenas vivendo a vida. Embora a palavra "filósofo" ainda signifique "amante da sabedoria", você nunca ouvirá em uma reunião administrativa do departamento de Filosofia de qualquer faculdade um filósofo dizer a outro: "Acho que esse emprego deve ser dado a Fulano porque ele ama a sabedoria mais que tudo", ou sequer: "Ele é mesmo sábio" — você vai ouvir, sim, as palavras "inteligente", "brilhante" ou "rápido", muito usadas como termos de elogio, ou pelo menos o quanto for possível ouvir um professor de Filosofia elogiar outro; mas é quase inconcebível que algum filósofo acadêmico contemporâneo descreva outro em termos de presença ou ausência de sabedoria.

A sabedoria é uma virtude tão negligenciada que até o departamento oficial da universidade, no qual o amor pela sabedoria deveria residir, não parece ligar muito para ela. Não é uma situação estranhíssima? Como chegamos a esse estado? Antes que a noção da sabedoria se torne tão antiquada como os conceitos relacionados ao transporte vitoriano, talvez esta seja uma boa hora para perguntarmos por que a sabedoria parece ter desaparecido de nosso pensamento e, com frequência, de nossa vida. Podemos traçar parte desse desaparecimento examinando por uns instantes o modo como a sabedoria funciona naqueles barômetros culturais que conhecemos como histórias em quadrinhos. Houve uma época em que a sabedoria tinha um lugar reconhecido nas histórias de pelo menos alguns super-heróis. Mas mesmo no mundo dos quadrinhos, as coisas não são mais como eram.

A SABEDORIA DO CAPITÃO MARVEL

Se você sabe alguma coisa de quadrinhos, perceberá que a sabedoria nem sempre foi uma virtude negligenciada no mundo moderno. Pense no original Capitão Marvel: um velho mago dá ao jovem Billy Batson a habilidade para tornar-se uma figura do tipo de um Super-Homem adulto quando pronuncia o nome do mago: "Shazam". Não que só o mago em si seja a figura de sabedoria dos quadrinhos — um velhinho de barbas longas usando túnica branca —, mas é também significativo que a primeira das seis virtudes e poderes que a palavra "Shazam" lhe confere (uma para cada letra do nome do mago) é a sabedoria de Salomão. E Salomão, claro, foi um antigo sábio cujas palavras de sabedoria, segundo a tradição, compuseram os livros dos Provérbios e Eclesiastes, além do Cântico dos Cânticos de Salomão, na Bíblia.

Criado em 1940, o Capitão Marvel não foi baseado em algum conceito singular e esquisito. Na época, quando alguém construía um super-herói completamente padronizado, era natural incluir a sabedoria na lista dos superpoderes, ou formas aprimoradas de excelência pessoal, como superforça ou supervelocidade. Mas a diferença no mundo contemporâneo é: posso imaginar um escritor de histórias em quadrinhos populares criando um novo personagem e decidindo que um dos atributos heroicos dele será a sabedoria; mas quando visualizo isso, não ouço o autor dizer: "Isso, vamos fazê-lo sábio", sem acrescentar um "mas..." — "Vamos fazê-lo sábio, mas..."

Podemos ter uma ideia do tipo de coisa que seguiria ao "mas..." examinando como a sabedoria do Capitão Marvel figura atualmente em sua história, contada por Geoff Johns nas páginas de *JSA* (*Justice Society of*

America, ou a Sociedade da Justiça da América). Como veremos, Johns dá-nos um "mas" sem estragar o que vem antes. Sua história é cética em relação à sabedoria sem cair no cinismo total e, assim, é útil para ajudar-nos a ver por que a sabedoria tem sido relegada. Nessa atual revivificação da SJA, Johns não está só contando novas histórias, mas recontando algumas das velhas. Em sua distinta concepção contemporânea do Capitão Marvel, a transformação de Billy Batson no Capitão Marvel é apenas física. Quando o jovem diz "Shazam", embora se transforme fisicamente em um super-herói adulto, mentalmente ele ainda é o mesmo garoto ingênuo que era antes da notável mudança. De modo específico, Billy não assume em nível pessoal a sabedoria de Salomão, embora adquira a força de Hércules. Seu corpo muda, mas sua mente não. Ele experimenta a sabedoria de Salomão, mas como uma voz externa que lhe dá conselhos sempre que ele precisa.

A ideia da sabedoria personificada falando com uma pessoa, mas fora de sua mente, não é nova. Esse dispositivo é usado por ninguém menos que Boécio, em seu texto clássico *A Consolação da Filosofia*, escrito quando ele estava na prisão por falsas acusações. Ele se imagina visitado pela sabedoria e escuta com atenção o que ela tem a dizer.[63] Mas a voz da sabedoria falando com Marvel substitui a ideia de ele mesmo ter sabedoria, como uma de suas formas de excelência. Perguntamo-nos, a princípio, se isso é porque a sabedoria não é mais vista como uma excelência, ou se Johns entende que a sabedoria pessoal não é o tipo de coisa que pode ser instantaneamente acrescentada a uma pessoa; e, nesse caso, o melhor que a transformação poderia efetuar seria uma nova disponibilidade de sabedoria ao recém-mudado jovem. Independentemente do motivo por que a sabedoria não consta mais de seu novo cabedal de propriedades pessoais, nós podemos ter uma ideia da moderna incerteza acerca dela, se examinarmos o desenvolvimento da narrativa.

No decorrer do novo enredo construído por Johns, Billy e uma jovem adolescente, membro da SJA e chamada Stargirl — nome verdadeiro, Courtney Whitmore —, começam um relacionamento romântico. O Flash, membro há mais tempo da SJA, nota que o Capitão Marvel tem passado tempo demais com a jovem Stargirl e, não sabendo que o Capitão é apenas um adolescente também, fica incomodado com o fato de seu colega de 30 e poucos anos sair com uma menina menor de idade e menciona a ele suas preocupações. O Capitão Marvel procura Stargirl e fala-lhe da impropriedade do relacionamento que aflora entre os dois, das consequências que poderia trazer à SJA, e desmancha com ela. Mas, de modo significativo, a decisão de romper o namoro não é de Billy; pelo contrário, nós entendemos

---

63. *A sabedoria, "Sofia" em grego, era considerada, em certo sentido, feminina, embora os conselhos dela fossem tão importantes para o sucesso dos homens quanto das mulheres no mundo.*

que ele está apenas seguindo o conselho da sabedoria quanto à situação. Na verdade, Stargirl não quer romper com ele e lhe implora que volte à sua identidade adolescente original, sabendo que, naquele estado, as decisões dele a respeito dela não seriam influenciadas pela sabedoria de Salomão e, assim, ele não acabaria com o namoro.

A atração de Courtney por Billy e seu medo de perdê-lo fazem com que ela queira manter o relacionamento mesmo que seja problemático aos olhos de seus colegas de equipe. Os outros membros da SJA não sabem que Marvel tem apenas 16 anos de idade; por isso, só veem um homem de mais de 30 anos aproximando-se cada vez mais de uma garota de 16. Os membros da SJA veem Marvel como o modelo de perfeição; por isso, Flash não conversa com ele sobre a situação porque acha que o Capitão vá fazer algo inapropriado. O próprio caráter conhecido de Marvel não só implica que ele não se envolveria com uma menina, mas também que ele não é o tipo de sujeito que faria coisa alguma que sequer indicasse tais tendências. Se Billy e Stargirl continuarem com o aparente namoro, o poderoso super-herói terá de contar à SJA que ele — seu estimado colega, Capitão Marvel — é na verdade um adolescente. E aí é que está o dilema: Billy precisa escolher entre romper com Courtney ou revelar ao resto da SJA que o Capitão Marvel é, na verdade, um garoto de 16 anos no corpo superpoderoso de um homem; e é a segunda alternativa — expor o segredo de Billy à SJA — que a sabedoria o aconselha a evitar.

Visto sob essa perspectiva, o conselho de romper com Courtney pode parecer mais imbuído de autointeresse do que de real sabedoria. Pois, o custo para o Capitão Marvel de revelar sua verdadeira identidade civil — isto é, o custo sob as circunstâncias de ficar com Courtney — seria o de a SJA ver o Capitão Marvel com menos respeito. Uma pessoa sábia e experiente recebe uma espécie de respeito e deferência que um adolescente — por mais próximo que esteja de um sábio conselheiro — não teria. É um fato da vida. As pessoas que têm tarefas perigosas, que trabalham em situações de risco, preferem trabalhar com indivíduos que tenham tanta experiência quanto elas ou até mais. De fato, ter a sabedoria de Salomão é uma coisa — muito boa e vantajosa —, mas usufruí-la como algo sempre disponível, como uma conselheira mística e sábia, é outra bem diferente. Nós sabemos como as pessoas adquirem a sabedoria prática, ou pelo menos achamos que sabemos: por meio da experiência e da reflexão ponderada nela. Mas, não temos a menor pista de como a sabedoria de uma pessoa há muito morta pode ser passada a alguém vivo; assim, não teríamos a inclinação natural de confiar em alguém que nos afirma ter acesso a uma grande sabedoria, apesar de sua juventude e inexperiência. Para piorar as coisas, os outros membros da SJA saberiam que, independentemente do que Marvel ouvisse de sua voz conselheira, caberia a ele interpretar e usar o que ouviu. E se ele não tivesse sabedoria suficiente própria, seu uso da sabedoria externa poderia não ser considerado confiável.

Assim, à primeira vista, nós podemos ser tentados a suspeitar que o conselho da sabedoria a Billy acerca do que ele deve fazer aqui é motivado por considerações egoístas por parte da sabedoria — se o segredo de Billy for revelado, a voz da sabedoria, por mais influência e poder que ainda tivesse em Billy, não teria a mesma influência e poder no resto do time. Na verdade, o dilema que Johns constrói para Billy é, em certo sentido, engenhoso porque, de todas as virtudes que a pronúncia da palavra "Shazam" lhe dá, a única que parecerá risível aos colegas, ou no mínimo duvidosa, se descobrissem seu segredo, é o seu acesso à sabedoria.

Se os outros membros da SJA descobrissem que Marvel é apenas um garoto de 16 anos superdesenvolvido, não menosprezariam suas outras virtudes — físicas ou mentais — que ele já manifestou no passado. Provavelmente, ainda estariam dispostos a contar com sua força, velocidade, coragem, resistência, etc. Mas — mesmo deixando para trás o fato de que todos foram enganados por tanto tempo que poderiam se ressentir ou desconfiar de Marvel — seria impossível para Billy, caso a verdade fosse revelada, continuar tendo a espécie de autoridade que alguém tem quando é considerado sábio. O conselho da sabedoria de romper com Courtney tem o objetivo claro de preservar sua autoridade. Para um leitor com a genuína apreciação da importância da sabedoria, isso pode parecer apropriado e certo. Mas, para muitos leitores modernos, tal atitude mostra de modo cínico a personificação da sabedoria como um espírito tão calculista e egocêntrico como qualquer outro, e não o tipo de qualidade admirável que se destaca acima de tudo, com uma pureza e visão que todos nós deveríamos prezar.

CETICISMO E CINISMO NA SABEDORIA

Se quisermos examinar até que ponto vai nosso ceticismo contemporâneo em relação à sabedoria, encontraremos facilmente exemplos em outros quadrinhos de super-heróis. Por exemplo, na série *Earth X*, de Jim Krueger e Alex Ross, Odim, o sábio pai de Thor e dos outros deuses nórdicos, é exposto como uma completa fraude — ele se revela um humano frágil e inseguro que se aproveitou de uma fraqueza de uma poderosa raça alienígena para convencê-los de que eram deuses e ele era seu Rei. Ele recebe poder deles e governa-os sob falsas pretensões, e sua alegada sabedoria é apenas uma máscara para um deslavado autointeresse. Embora eu ache que a representação que Johns faz da sabedoria seja marcada com um ponto de ceticismo, não creio que chegue à caracterização totalmente destrutiva de Odim em *Earth X*. É verdade que o conselho da sabedoria a Billy tem o objetivo de preservar sua autoridade, mas isso não significa que o conselho seja problemático a ponto de ser egoísta e, no contexto geral da história de Johns, parece mesmo que não é; aliás, ele não poderia realizar seu trabalho com eficácia se seus colegas de time descobrissem a verdade.

O indivíduo sábio, tanto nas tradições ocidentais quanto nas orientais, deve ser desapegado dos objetos dos sentidos — do que vemos, ouvimos, cheiramos, provamos e sentimos. Como os sentidos nos passam informações a respeito do aqui e agora externos, o indivíduo com verdadeira sabedoria não é tão afetado por medos e desejos temporários enraizados nas aparências presentes. Ele vê as coisas a partir de uma perspectiva maior e percebe que seus sentimentos não são tão importantes quanto aparentam ser. A sabedoria não recomenda a Billy preservar sua autoridade só porque tem medo — não há o menor indício de que Johns tente revelar ou sequer insinuar que a sabedoria é uma fraude, como Odim em *Earth X*. Tentando preservar sua autoridade, a sabedoria parece estar de fato alertando Billy a ignorar a paixão do aqui e agora em favor de uma visão maior de quem ele é e quais são suas obrigações. Embora o conselho da sabedoria a Billy tenha o intento de preservar a autoridade dela própria, por meio da autoridade de Marvel na SJA, não é de modo algum um conselho egoísta. Billy precisa ter a estatura de um homem sábio na SJA, se quiser fazer seu trabalho; portanto, o conselho da sabedoria a Billy tem um sopro de genuína sabedoria.

Entretanto, embora Johns não mostre a sabedoria como uma entidade fraudulenta, sua representação dela também é tão admirável quanto aquela feita na época da criação original do Capitão Marvel. Nós vemos a dor de Courtney quando ela implora a Billy que volte à sua forma de adolescente, para que ele não escute mais a voz da sabedoria; e, quando Marvel voa para longe dela, não temos certeza de que ele fez a coisa certa. O fato de a sabedoria não oferecer conselhos falsos por autointeresse a salva de ser considerada fraudulenta; mas você pode estar errado sem ser uma fraude e, quando Marvel se vai, o leitor não tem certeza se a exigência da sabedoria para que Billy ignore seus sentimentos em favor do bem maior era a atitude certa. Em 1940, a pergunta: "Por que o bem maior deve tripudiar sobre os sentimentos de Billy?" jamais ocorreria a um leitor de quadrinhos. Nesses primeiros anos do século XXI, não podemos ignorar a pergunta.

O QUE A SABEDORIA EXIGE

As histórias escritas por Geoff Johns em *Flash, JSA* e outros títulos têm um perfeito toque retrô. Assim como vários criadores atuais de histórias em quadrinhos, ele consegue contar histórias que contêm a diversão inocente que era essencial nos heróis da era dourada e da era prateada, ao mesmo tempo que evita a impressão antiquada que essas histórias costumam causar no leitor contemporâneo. E o modo como a história dele levanta perguntas acerca da legitimidade das exigências da sabedoria em favor do bem maior, sem questionar sua legitimidade ou sinceridade quando alega falar em nome do bem maior, é um bom exemplo de seu dom para reconhecer e tratar da dúvida contemporânea em relação aos valores personificados no conceito do super-herói sem dar à dúvida o domínio completo. Como o enredo de Johns para o Capitão Marvel leva em conta um ceticismo contemporâneo a respeito da sabedoria sem entrar no cinismo deflagrado dela, Johns nos oferece um bom exemplo do que há nas visões tradicionais de sabedoria — e em nós — que nos torna céticos.

Em primeiro lugar, como vimos, a sabedoria enfatiza as exigências do bem maior acima das exigências do momento presente. E, como nossos sentidos nos mostram o aqui e agora, a sabedoria coloca a razão, em seu conceito mais amplo, acima da mera informação sensorial como guia de nossas ações. Vemos esse destaque da razão acima dos sentidos tanto na filosofia ocidental quanto na oriental. Podemos encontrá-la na imagem de Platão da pessoa sábia, como aquela que ignora os objetos temporários da percepção sensorial para contemplar as formas eternas, bem como nas injunções no *Bhagavad-Gita* para que o indivíduo se desapegue dos objetos do sentido.

Mas os nossos sentidos não nos mostram apenas o aqui e agora; eles nos apresentam o aqui e agora em LETRAS MAIÚSCULAS — eles têm um poder natural sobre nossas ações, e por isso precisamos nos treinar para colocá-los sob o que a sabedoria considera a perspectiva apropriada para esses sentidos. Por causa disso, embora a sabedoria pareça até certo ponto denegrir os sentidos, há uma maneira pela qual ela exalta os tipos certos de experiência. A menos que já tenhamos constatado por meio de muitas experiências que os sentidos nos enganam e levarmos a sério esse discernimento, estaremos suscetíveis a ser ludibriados mais e mais vezes. E as pessoas mais sábias devem ter percebido também que se não exercermos algum treinamento básico para resistir à imediação da aparência e controlar o poder natural de nossos sentidos, a razão terá poucas chances de determinar nossas ações. É por isso que a revelação de que o Capitão Marvel tem apenas 16 anos de idade provavelmente destruiria a confiança de seus colegas em sua sabedoria — um jovem de 16 anos ainda não tem a experiência necessária para desviar sua atenção das insistentes demandas dos sentidos, quando se vê confrontado por elas.

Uma vez que a sabedoria coloca a razão acima dos sentidos, é fácil ignorar o modo como a experiência é central para a noção da sabedoria. Mas, de acordo com muitas escolas de pensamento, o caminho da sabedoria requer exercícios meditativos cujo objetivo explícito é enfraquecer o poder dos sentidos sobre nós. Costumamos associar esse tipo de treinamento às tradições filosóficas orientais — e, por causa disso, muitos heróis dos quadrinhos, dizem, foram treinados por mestres orientais —, mas isso acontece porque a nossa noção de filosofia ocidental é totalmente ligada às nossas ideias da universidade ocidental, daí a nossa noção de filosofia ocidental ser associada, de modo errôneo, a trivialidades como exames e ensaios a respeito de temas abstratos, teóricos ou apenas chatos. Mas, ao contrário de nossas ideias em voga, a filosofia ocidental tem uma rica tradição de sabedoria e uma tradição de prática meditativa — além dos místicos religiosos do Ocidente, os estoicos talvez sejam o exemplo mais óbvio — e que, como no caso da meditação oriental, a meta é, em parte, treinar para resistir e elevar-se acima do poder natural dos sentidos. A ideia mais generalizada de que a sabedoria só pode ser adquirida por meio de treinamento é um ponto central na *República*, de Platão, obra que trata, em grande parte, da estipulação de um longo curso de treinamento necessário para alguém alcançar a verdadeira sabedoria. O indivíduo sábio de Platão tem a vividez e o poder do mundo temporário apresentado a ele por meio dos sentidos e que, no entanto, consegue dirigir o olhar para as verdades eternas da razão. É fácil esquecermos que ele só é capaz disso graças a um longo e sistemático período de rigoroso treinamento.

Ao exaltar o cenário maior acima do menor, a sabedoria quer que aprendamos a resistir não só ao apelo natural dos sentidos, mas também ao das emoções. Em uma sequência bem conhecida de uma história do Demolidor, o mentor de Matt Murdock, Stick — o estranho misterioso que o treina em técnicas de luta exóticas e sabedoria prática —, separa-se dele finalmente porque vê a inabilidade de Matt para controlar suas emoções. O controle emocional sempre foi importante para as clássicas tradições de sabedoria.

Nossos sentidos se focalizam no que é pequeno não porque eles nos mostram o aqui e agora, mas porque sempre apresentam o aqui e agora sob *nossa perspectiva*. Por exemplo, a informação que recebemos do mundo por meio da visão é organizada nos eixos esquerda/direita e para cima/para baixo. Uma coisa está à esquerda ou à direita, acima ou abaixo de outra somente a partir de *determinada perspectiva*. Além disso, todos os sentidos organizam o mundo em termos de quão perto ou quão longe de nós estão os objetos. Nossa perspectiva também está essencialmente envolvida em nossas reações emocionais naturais ao mundo. A sua súbita zanga, por exemplo, por um insulto, envolve mais do que algo que alguém lhe disse e o fato de você receber como insulto o que foi dito; envolve, em essência, seus *sentimentos* com relação ao fato. Dando ênfase ao cenário maior, a sabedoria denigre nossas reações emocionais normais ao mundo, desconsiderando-as como guias para a ação. Até um super-herói que age por raiva e não por razão está sempre correndo o risco de encrencar-se.

As técnicas meditativas designadas para inculcar sabedoria diminuindo o nosso apego aos objetos de experiência sensorial têm, ao mesmo tempo, o objetivo de diminuir os efeitos que as emoções têm sobre nós. Na recente história do Capitão Marvel, o apego emocional de Courtney a Billy é o que a faz temer o rompimento com ele. Billy tem os mesmos apegos, portanto as mesmas emoções, mas a orientação da sabedoria o conduz na direção do cenário maior e exige que ele ignore essas emoções. No começo dos quadrinhos de super-herói, quando o personagem do Capitão Marvel foi criado, o conselho da sabedoria podia ser considerado sem ceticismo porque ninguém desconfiava das exigências do bem maior acima do menor. Vemos isso também em outras formas de entretenimento popular, por exemplo, na cena final de *Casablanca*, quando Humphrey Bogart diz a Ingrid Bergman que "o problema de duas pessoas não vale um monte de feijões neste mundo louco". O público deve sentir que é uma tragédia que os personagens de Bogart e Ingrid tenham de ceder lugar ao bem maior, mas não pode haver dúvidas de que as exigências do bem maior *precisam* tripudiar sobre seus interesses pessoais. E se, como cultura, nós nos tornamos céticos quanto aos ditames da sabedoria, é porque não temos certeza se o bem maior realmente deve ter precedência sobre nossos interesses pessoais.

NOSSOS PROBLEMAS COM A SABEDORIA

Algumas pessoas desconsideram as exigências da sabedoria acerca do bem maior porque não acreditam que exista um bem maior que mereça atenção. Outros apenas esqueceram como ver as coisas. Como observamos, ao afirmar que devemos ver o cenário maior antes de decidir o que fazer, a sabedoria deve subjugar nossas reações sensoriais e emocionais. Nosso ceticismo acerca da sabedoria surgiu do fato de que nossas atitudes em relação às informações e emoções sensoriais são diferentes das de nossos ancestrais.

Em nosso modo contemporâneo de pensar, o prazer ou a dor da presente experiência sensorial é o que importa, de fato. Nós nunca pensamos que ela nos distrai do que é realmente importante. Nossa tendência é acreditar que a felicidade consiste em ter experiências sensoriais agradáveis e evitar as dolorosas. Nossos ancestrais acreditavam que a felicidade só pode ser alcançada quando aprendemos a desconsiderar a dor e o prazer sensoriais. Claro que a ideia de que existe um forte elo entre prazer e felicidade não é exclusiva de nossa época.

Os epicuristas, por exemplo, concordavam conosco que o prazer é crucial para uma vida feliz. No entanto, é importante saber que, para eles, discernir o que é *de fato* importante requer séria investigação e treinamento. Esses antigos filósofos não eram como nós ao pensar que qualquer avaliação imediata do prazer de uma experiência dolorosa é sacrossanta — eles não presumiam que o cenário menor mostrado pelos sentidos é sempre, ou quase sempre, um guia para o que é realmente bom. Os epicuristas acreditavam que para se discernir de forma correta o que é mesmo mais prazeroso é preciso um treinamento para se olhar além da atratividade imediata da experiência sensorial mais fácil e acessível. Peter Parker está sempre vencendo as pressões e a atração da experiência sensorial imediata, e do divertimento fácil, para sair pela cidade como Homem-Aranha e ajudar os outros. Como resultado, ele experimenta prazeres mais profundos que nunca teria conhecido se não fosse seu exercício de autodisciplina e ação em nome do cenário ou do bem maior.

Nossa atitude com as emoções também é distinta. Nossos ancestrais, tanto no Oriente quanto no Ocidente, consideravam as emoções coisas externas ao eu; e, se tiverem a permissão de determinar nossas ações, comprometerão nossa liberdade e autonomia. Nós vemos as emoções como internas ao eu e por isso consideramos a expressão emocional uma expressão do eu verdadeiro. É interessante que a palavra "paixão" derive da mesma raiz que a palavra "passivo", porque, para os nossos ancestrais, era justamente por estar sob a influência de uma paixão que a nossa capacidade de determinar nossas ações — ou seja, a capacidade de agir com liberdade — ficava seriamente comprometida. Nos termos de Benedito Espinosa (1632-1677), há uma crença tradicional de que nós vivemos *como escravos* de nossas emoções. Mas, em tempos recentes, nós vemos as emoções como forças internas que de alguma forma possuímos, forças que exigem uma expressão externa. Seguindo Sigmund Freud (1856-1939), nós hoje interpretamos a mente como uma espécie de motor a vapor, de modo que é impossível bloquear a expressão da emoção para sempre — se a emoção não for expressa, a pressão interna se acumula e, de um jeito ou de outro, terá de ser liberada. Portanto, a ideia de um indivíduo treinar para não se sujeitar às próprias emoções — uma noção comum a muitos conceitos mais antigos de sabedoria — pode nos parecer hoje ridícula e patética.

Temos um modo de pensar que parece sempre inevitável. É por isso que tantos avanços científicos a princípio são ridicularizados por pessoas proeminentes e inteligentes, e com frequência até por especialistas na área. Ficamos tão acostumados a certos modos de pensar, que as sugestões de algo muito diferente podem parecer absurdas, mesmo que sejam verdadeiras. Para os nossos ancestrais que não pensavam nas emoções como algo interno, básico e natural, nossa noção moderna de *repressão emocional* e suas possíveis consequências também pareceriam absurdas.

Tendemos a dividir as concepções do mundo em termos culturais, Oriente *versus* Ocidente, de modo que Platão, Aristóteles e o professor universitário americano contemporâneo fazem parte de um conceito, e as *Upanishads** e os modernos *ashrams* de outro. Uma coisa, porém, que nossa observação da sabedoria dos quadrinhos revelou é que uma divisão mais importante é entre o pensamento ocidental contemporâneo e o modo de pensar antigo de todas as culturas. A sabedoria tem características semelhantes e ganha igual respeito entre as variadas culturas do passado; e é só no Ocidente contemporâneo que nós vemos a persistente dúvida quanto à sabedoria e sua defesa do cenário maior.

Agora que vimos a mudança de conceito por trás de nosso ceticismo em relação à sabedoria, podemos entender o porquê disso. Se você está

---

* N.E.: *Sugerimos a leitura de* As Upanishads do Yoga, *Carlos Alberto Tinoco, Madras Editora.*

lendo este livro, deve ter aquecedor no inverno e ar-condicionado no verão — é capaz de controlar a temperatura em sua casa programando um termostato para o nível que preferir. Em 20 minutos, você pode chegar a uma loja que vende uma enorme quantidade de gêneros alimentícios que eram inacessíveis aos mais poderosos reis de épocas passadas. Para os nossos ancestrais, uma vida devotada ao bem menor do desejo e medo seria quase certamente infeliz, pois os recursos para satisfazer a experiência e a emoção sensoriais eram quase inexistentes — a mera experiência sensorial deles informava se estava quente ou frio demais, ou se queriam comer ou beber algo específico, mas se deixassem essas demandas do cenário pequeno determinar sua felicidade, teriam, ao contrário, uma infelicidade garantida. Mas no Ocidente contemporâneo e em parte do resto do mundo, a situação já não é mais assim. Nós construímos um novo mundo humano no qual as exigências do momento podem ser satisfeitas com mais facilidade, e sem dúvida esse é, em grande parte, o motivo de nosso ceticismo quanto a qualquer afirmação de que a atratividade natural da experiência e da emoção sensoriais deve ser resistida em favor do cenário maior. E é parte do motivo por que nos tornamos céticos quanto à sabedoria.

Os fatos materiais de eras anteriores fizeram com que fosse quase impossível pensar que a felicidade consistiria em cumprir as demandas do cenário menor, e quase inevitável que as pessoas achassem que uma vida feliz exigia o contrário; isto é, treinar-se para ignorar o cenário menor em favor do maior. Entretanto, embora o nosso ceticismo com relação à sabedoria só se torna possível quando o progresso material permite aliviar os medos temporários e satisfazer os desejos temporários do momento, o fato de uma atitude ser possível não significa que seja certa. Sócrates e outros pensadores da Antiguidade acreditavam que satisfazer todas as demandas do quadro menor, no fim das contas, só gera mais insatisfação. E é um fato curioso que, em uma época de prosperidade material sem precedentes, as pessoas parecem se queixar cada vez mais. Na verdade, nas sociedades menos materialmente avançadas do passado, queixar-se era considerado um mau hábito. Uma das injunções centrais do *Bhagavad-Gita* é que, por pior que estejam as coisas, as pessoas nunca deveriam se queixar. Apesar de nossa habilidade singular de satisfazer as demandas do cenário menor, não há indícios claros de que o nosso ceticismo em relação à sabedoria e suas exigências para o cenário, ou bem maior, deixe-nos mais felizes. E deve ser por isso que o conceito de sabedoria, embora quase ausente em nossa vida cotidiana, ainda tem sentido para nós, se o compreendermos devidamente.

PARTE III

SUPER-HERÓIS
E O DEVER MORAL

CAPÍTULO 12

POR QUE OS SUPER-HERÓIS SÃO BONS? OS QUADRINHOS E O ANEL DE GIGES

Jeff Brenzel

No decorrer de suas longas conversas, os filósofos ocidentais nunca tiveram muito a dizer dos super-heróis. Sócrates e Platão, por sua vez, refletiam sobre os deuses e semideuses no princípio; e nos últimos cento e poucos anos, filósofos profissionais têm conversado a respeito de coisas extraordinárias como o super-homem de Nietzsche, o demônio de Laplace, cérebros em barris e infinitos mundos possíveis. Alguns filósofos também vêm conduzindo acaloradas discussões acerca do futuro "transumano": como indivíduos manipulados ou aperfeiçoados por meio da engenharia genética ou biomecânica se relacionariam conosco, os "meros humanos".

É triste admitir, mas os modernos acadêmicos praticamente ignoram os ricos mundos imaginados nos quadrinhos de super-heróis, em que os personagens têm evoluído na mente de artistas e leitores ao longo de múltiplas gerações e centenas de ciclos de histórias. A negligência filosófica provavelmente só reflete a desvalorização básica dos quadrinhos. Escolha seu motivo favorito por que os críticos culturais desprezam os quadrinhos de super-heróis: tramas prosaicas; criação de subculturas subversivas; as condições peculiares da distribuição das revistas; desdém por um público erroneamente considerado apenas juvenil. Ou talvez o motivo seja que os filósofos temam que sua conduta seja considerada inapropriada pelos colegas, se souberem que eles se enrolam debaixo das cobertas lendo a Mulher-Maravilha ou o Homem-Aranha sob a luz de uma lanterna.

De minha parte, admito que me tornei um Marvel-maníaco mais ou menos na época em que Stan Lee lançou a Era Prateada. Eu corria todos os meses até a loja, no início dos anos de 1960, e pegava logo todas as edições que traziam o Quarteto Fantástico, Homem-Aranha, Homem de Ferro e os X-Men.[64] Quando os editores deste livro me convidaram para refletir sobre a filosofia dos super-heróis, senti a comichão que aflora quando ex-fãs são munidos com uma boa desculpa para retomar suas antigas leituras. Surpreso ao descobrir que havia uma loja de revistas em quadrinhos a quatro quarteirões de meu escritório em Yale, saí de lá duas horas depois, enriquecido após uma longa conversa com o bem informado proprietário e uma caixa de romances gráficos, histórias clássicas, reedições da Era Dourada e títulos atuais.

Reencontrando velhos amigos, eu vi que, no passar dos anos, meus heróis ainda estavam fazendo o bem e combatendo o mal, geralmente pagando um alto preço por isso. Como sou o tipo de filósofo que gosta de grandes e picantes perguntas, comecei a me perguntar se seria plausível os super-heróis continuarem com seus empregos por tanto tempo. Em outras palavras, por que alguém com o tipo de poder que eles têm seria tão bom?

REFINANDO A PERGUNTA

Respostas satisfatórias a grandes perguntas são sempre difíceis de achar, e os filósofos costumam passar um bom tempo tirando a gordura e o osso até chegar à carne. Nesse caso, perguntar por que os super-heróis são bons nos leva à outra pergunta, que pode ser interpretada de maneiras diversas. Há pelo menos um sentido no qual a pergunta quase responde a si

---

64. *Infelizmente para os meus planos de aposentadoria, minha mãe jogou fora toda a minha coleção de revistas em quadrinhos quando saí de casa para ir à faculdade. A perda financeira é contrabalançada pelo fato de eu saber que a coleção estava em condições bem menos que perfeitas.*

mesma, dependendo da definição do conceito de "super-herói". Se um personagem fantasiado não praticasse o bem nem combatesse o mal de um modo reconhecível para o leitor típico, ele não deveria aparecer como protagonista de uma história de super-herói, ou talvez devesse ser um supervilão.

Será? Alguns enredos de histórias e projetos inovadores questionam certos elementos do caráter do super-herói dos quadrinhos, sem fazer dele um vilão. Vimos, em meados da década de 1980, um excelente esforço nesse sentido por parte da DC Comics em sua célebre série *Watchmen*. Certos personagens na série tinham o claro objetivo de levantar dúvidas quanto aos valores dos super-heróis apresentados nas histórias tradicionais. O personagem Rorschach, por exemplo, é mergulhado em motivos problemáticos e métodos que coadunam com o tipo de justiça vigilante praticada pelo tradicional Batman, da DC. Os criadores de *Watchmen* usaram outro personagem, dr. Manhattan, para explorar o modo como poderes de proporções quase divinas (pense no Super-Homem tomando esteroides atômicos) poderiam criar uma consciência alienígena, moralmente distante da experiência humana cotidiana.

Outros escritores nos últimos 20 anos também se utilizaram do formato dos romances gráficos para colocar os personagens tradicionais em confrontos mais profundos com essas perguntas. Veja, por exemplo, a apresentação de Batman nas histórias de *Dark Knight* e o Super-Homem em obras como *Kingdom Come*. Claro que, mesmo quando os escritores adotam que os críticos literários chamam de postura opositiva ou subversiva em relação aos super-heróis, esses mesmos escritores ainda enfatizam e contam com a noção de que os heróis dos quadrinhos *devem* ser bons. Ao questionar a psicologia do super-herói ou seus valores, eles nos lembram como a noção do bem tem sido crucial para o super-herói. Eles também nos provocam a ver que um super-herói não pode ser bom por definição. Para ser um personagem plausível, o indivíduo superpoderoso deve *optar* por ser bom e continuar sendo bom de um jeito fácil de reconhecer.

UMA FALÁCIA GENÉTICA E ALGO SIMPLES DEMAIS

Essas considerações ajudam-nos a encontrar outro meio de compreender nossa pergunta original de por que os super-heróis são bons. Embora seja um fato interessante da história cultural, não é de importância filosófica que, no início de sua história, os bons super-heróis fossem, de certa forma, legislados para a indústria de quadrinhos. Como já observaram muitas vezes os analistas das revistas em quadrinhos, os quadrinhos de horror do início da década de 1950 provocaram uma onda de histeria antiquadrinhos tão forte que a pressão das audiências no Congresso em 1954 obrigou os grandes editores dessas revistas a criarem um código que todos deveriam seguir. Uma cláusula-chave do Código de Quadrinhos original declarava que: "Em todos os casos, o bem deve triunfar contra o mal e o criminoso [será] punido por suas más ações".[65] Apesar de o Código perder sua relevância com o passar do tempo, foi efetivo durante décadas, impondo restrições básicas ao conteúdo e ao tom da história. Qualquer um que conheça o histórico do Código pode ser tentado a dizer que os super-heróis tradicionais "se tornavam bons" apenas porque os protagonistas nos quadrinhos tinham de ser criados em conformidade com o Código.

Mas essa não pode ser uma resposta ponderada à nossa pergunta filosófica. Mesmo que a perspectiva e as motivações dos super-heróis nos anos subsequentes sejam, em certo sentido, um produto do Código dos Quadrinhos, tendo sua gênese nas exigências dele, as cláusulas do Código não explicam por que as histórias de super-heróis que o seguiam foram capazes de despertar tamanho interesse em um público tão grande. Aliás, é bom lembrarmos que substituir as histórias de horror pelas de super-heróis não era uma garantia de sucesso comercial. O Código dos Quadrinhos poderia ter matado as histórias em quadrinhos. Portanto, esse deve ter sido um caso de criatividade literária, combinada com uma grande receptividade dos leitores, que manteve os bons e morais super-heróis vivos e bem. Ou seja, nós, o público, pagamos pelos super-heróis bons e os aceitamos. Deve ter parecido, portanto, lógico e interessante a muitos de nós que um indivíduo agraciado com superpoderes escolhesse fazer o bem e combater o mal. Para formular nossa pergunta de maneira um pouco diferente, quando perguntamos por que os super-heróis são bons, também estamos perguntando por que essa premissa tem sido uma base bem-sucedida em 50 anos de narrativa de histórias.

Há outros modos de contornar a pergunta. Em um deles, podemos considerar os pensamentos de Stan Lee, o loquaz, imaginativo e às vezes reverenciado espírito por trás da ascensão e do crescimento da Marvel Comics. Em seu comentário para um volume de 1975 de histórias reeditadas, Lee perguntava: "Você já parou para pensar que quase todas as histórias no mundo — não só os quadrinhos de super-heróis — apresentam os bons contras os maus, de uma forma ou de outra? Essa é a fórmula básica não só para as histórias em quadrinhos, mas para quase todo tipo de conto de aventura — e, se você pensar bem, toda história não é um conto de aventura?"[66] Se ignorarmos a redução que Lee faz de toda a literatura a histórias de aventura, ele parece estar nos dizendo que os conflitos são cruciais à experiência humana e que as histórias de super-heróis apenas personificam esses conflitos e os escrevem em letras bem grandes para que todos

---

65. O texto completo do Código original e seu histórico podem ser consultados na obra de Les Daniels, Comix: A History of Comic Books in America *(New York: Outerbridgde e Dienstfrey, 1971)*. Atualmente, uma cópia do Código original também pode ser encontrada em vários locais na internet, incluindo www.comics.dm.net/codetext.htm.
66. Stan Lee, Son of Origins of Marvel Comics *(New York: Simon and Schuster, 1975)*, p. 165.

possam acompanhar — policiais e ladrões, *cowboys* e índios, sujeitos bons e sujeitos maus, heróis e vilões, nós e eles.

Mais adiante no mesmo texto, porém, Lee acrescenta outro pensamento: "Claro que, ao escrever a história típica Marvel, é quase impossível não se envolver em alguma questão filosófica ou moralista paralela, alheia. Afinal, a batalha entre um herói e um vilão (que, no fundo, é a base de todas as histórias) é um conflito básico entre um sujeito bom e um sujeito mau, ou entre o bem e o mal".[67] Por um lado, Lee mantém em vista o componente de "aventura", focalizando nossa atenção na "batalha entre um herói e um vilão". Se ele tivesse parado aí, poderia estar dizendo apenas: "A garotada gosta de uma boa luta e nós queremos agradar". Muitos críticos das histórias em quadrinhos achavam de fato que os quadrinhos só faziam isso, e também acreditavam que essa era a ideia de Stan Lee. No entanto, Lee reconhece também, ainda que com uma certa relutância, que as coisas não são tão simples assim. Um escritor e um artista podem inventar personagens com poderes fantásticos e elaborar boas cenas de ação para eles, permitindo aos leitores projetar nesses personagens suas fantasias pessoais de força e poder. Uma coisa muito diferente, porém, é lidar com todas essas questões morais "alheias" que começam a pipocar quando você faz confrontar o bem contra o mal.

Felizmente, Lee era melhor do que suas palavras, ou pelo menos as que eu citei aqui. O que revitalizou os quadrinhos depois de 1961 foi a feliz inspiração de Lee de fazer os super-heróis mais humanos. Em vez de serem meros veículos de seus poderes incomuns — protagonistas insossos, envolvidos em batalhas repetitivas contra oponentes também insossos —, personagens mais ricos, como o Quarteto Fantástico e o Homem-Aranha, começaram a abordar consequências existenciais imprevisíveis. Os enredos abrangiam múltiplos temas e os personagens mudaram com o tempo, em resposta às suas experiências. As "questões paralelas filosóficas e moralistas" começaram a ocupar mais o foco da narrativa, sem interromper ou deslocar de uma vez a ação. Em suma, os personagens super-heróis começaram a crescer. Muitos heróis perguntavam-se o que estavam fazendo e por quê. Não é por acaso, nesse sentido, que um dos mais recentes filmes de super-heróis lançado, *Homem-Aranha 2*, lida quase que exclusivamente com os motivos e a motivação do Homem-Aranha para ser um herói.

Assim, nós consideramos mais uma resposta que não é, de fato, satisfatória. Mesmo que todas essas afirmações fossem verdadeiras, os super-heróis não podem ser bons só porque (1) toda história é um conto de aventura, (2) todo conto de aventura envolve uma luta, (3) toda luta envolve um sujeito bom e um sujeito mau, (4) todo sujeito bom combatendo o mal é um tipo de

---

67. Lee, *Son of Origins*, p. 188.

herói; e, se ele tem superpoderes, é um super-herói. Quando os super-heróis começam a crescer e a pensar por si, em vez de ficar pulando de um lado para outro e chocando-se com outros indivíduos fantasiados, as coisas ficam um pouco mais complicadas para eles, assim como para nós.

O PROBLEMA COM AS ORIGENS

Como passo final para refinar nossa pergunta, precisamos considerar mais um tipo de resposta que não satisfaz. Talvez você já esteja pensando nela. Cada super-herói não tem uma "história de origem" que explica por que ele vive ou age de determinada maneira? Bem, sim. Não há dúvida de que as histórias da origem são importantes para os super-heróis dos quadrinhos e, em décadas de desenvolvimento de histórias, diferentes escritores e artistas têm criado ou aperfeiçoado ou ajustado as histórias de origem de maneiras significativas. Além disso, as histórias de origem dos personagens tendem a servir como uma espécie de pedra de toque para os aspectos básicos da personalidade ou missão do super-herói. Bruce Wayne tornou-se Batman porque testemunhou a morte de seus pais nas mãos de um violento criminoso. Indefeso naquele momento para impedir a destruição dos dois, ele acabou dedicando a vida a impedir a violência contra os outros e levar os criminosos à justiça. O Super-Homem é o filho de um bom e nobre cientista em um planeta em via de extinção, que envia em uma nave o futuro herói à Terra, na qual ele é encontrado e adotado por um gentil casal, Jonathan e Martha Kent. Os Kent incutem na criança as virtudes e os valores da América rural, encarnados em uma cidade que tem o nome muito literal de Smallville. Os X-Men são adolescentes mutantes e, por isso mesmo, repugnantes aos humanos normais, que os temem e os odeiam. Um sábio professor, também mutante, reúne-os e treina-os para trabalhar como um time pelo bem da humanidade, para que possam superar seu destino como proscritos solitários.

E assim prossegue. Muitos supervilões também têm histórias de origem que alegam "explicar" por que eles são maus. Talvez a mais fraca delas seja a que Jerry Siegel criou em 1960 para o arquiinimigo do Super-Homem, Lex Luthor. Na história, o garoto Luthor é um gênio científico e amigo do Superboy. Enquanto trabalha em um antídoto para proteger o Superboy de sua vulnerabilidade à kriptonita, Luthor acidentalmente causa um incêndio em um laboratório. Ele chama o Superboy, que está por perto, para ajudá-lo; e seu poderoso colega de escola sopra o fogo para fora por uma janela aberta. Porém, ao fazer isso, ele derruba substâncias químicas em Luthor, que o faz perder todo o cabelo. Lex, sem explicação, acusa seu salvador de destruir o experimento com a kriptonita por ciúme de sua genialidade científica. Dois ou três quadrinhos depois, Luthor está jurando eterna vingança contra o Superboy, sob o ridículo pretexto de que seu amigo fiel lhe desejava o mal, não só destruindo sua grandeza científica, mas também seu cabelo ao mesmo tempo.[68]

Cito essa ridícula história de origem não por seu valor como entretenimento, mas como uma relíquia do que costumava servir de desenvolvimento da trama nas histórias em quadrinhos. Assim como as narrativas que criamos para as nossas próprias origens, essas espécies de histórias funcionam mais como *sinais* ou *interpretações* de caráter do que como *explicações*. O fato importante a respeito de Lex Luthor durante a maior parte de sua carreira nos quadrinhos é que sua animosidade contra o Super-Homem é quase totalmente pessoal.[69] Portanto, a maioria de seus planos intricados combina as ambições insanas do típico vilão de dominar o mundo com um desejo obsessivo de destruir o Super-Homem, em particular. Luthor precisava, então, de uma "história de origem" contendo alguma noção de ter sido atacado pelo Super-Homem.

Do mesmo modo, quando tentamos explicar um caráter bom ou mau em nós mesmos ou nas pessoas à nossa volta, apresentamos às vezes um fator específico, quer de origem genética, quer de influência de nossa criação, de peso suficiente para representar a função causal que moldou nosso "destino". Embora possamos usar tais histórias como inspiração ou desculpa, e embora elas sirvam como um bom material para *talk shows*, o problema com elas é sempre o mesmo. Nenhum evento único ou uma série única de experiências, por mais profunda que seja sua impressão deixada em nós, determina as escolhas que fazemos ou as atitudes que tomamos em relação a tais experiências. As pessoas não são tão simples assim. O principal valor da história da origem de Lex Luthor é que ela é tão ruim que não podemos deixar de ver sua completa falta de plausibilidade.

SUPER-HERÓIS E O ANEL DE GIGES

Queríamos saber por que os super-heróis escolhem fazer o bem. Descartamos alguns modos diversos de compreender a pergunta e respondê-la. Vimos que não basta dizer que os super-heróis são bons por definição. Além disso, eles não são meros representantes das fantasias adolescentes de tremendo poder e aceitável violência por parte do sujeito bom, e as "histórias de origem" também não são adequadas para explicar por que

---

68. *Você pode ler essa história on-line (disponível em inglês), pelo menos no momento em que escrevo este ensaio, em http://superman.ws/tales2/howluthormetsuperboy/. Apareceu originalmente em Adventure Comics #271 (abril de 1960).*
69. *O personagem de Lex Luthor e seu relacionamento com o Super-Homem foram reformulados na década de 1980 e novamente para a série de TV, Smallville. Os detalhes são importantes para o enredo da história do Super-Homem e seus fãs, mas não para a questão que quero enfatizar aqui.*

indivíduos superpoderosos escolhem fazer o bem ou o mal como as nossas histórias análogas poderiam explicar as mesmas coisas a nosso respeito. Talvez possamos aceitar ao menos uma das reais perguntas acerca do bem que os super-heróis tentariam responder.

Em uma famosa passagem quase no fim da *República* de Platão, Sócrates argumenta que o homem que viver uma vida de virtude e justiça, mesmo sem a recompensa de honras e riquezas, será mais feliz do que aquele que se desviar para a injustiça, ainda que o injusto prospere e se esquive de pagar pelas consequências de seus atos vis. Um dos amigos de Sócrates, Glauco, acredita que a maioria das pessoas acharia implausível essa afirmação. A natureza humana é tal, diz Glauco, que aos olhos da maioria das pessoas a melhor coisa é ser capaz de "cometer injustiça sem sofrer uma penalidade", enquanto a pior coisa é "sofrer injustiça sem ser capaz de vingança". Segundo essa visão, a noção comum de "justiça" torna-se apenas uma transigência, um acordo entre aqueles que são fracos demais para cometer injustiça, mas têm medo de sofrê-la nas mãos dos fortes.

Usando palavras mais cruas, os muitos fracos cooperam entre si para criar leis e fomentar suficiente desaprovação social para impedir os poucos fortes de assumir controle total. Por conseguinte, qualquer indivíduo forte o suficiente para chegar ao topo e dominar os outros com impunidade, mas que prefere não fazer isso, seria visto como antinatural. Como diz Glauco: "A razão disso é o desejo de superar os outros e ganhar cada vez mais. É isso que a natureza de qualquer pessoa procura como um bem, mas a natureza é forçada pela lei à perversão de tratar a justiça com respeito".

Vamos chamar a isso de a visão dura da natureza humana. Para mostrar que, em sua essência, as pessoas só pensam em si exceto se obrigadas a agir sob imposições sociais, Glauco conta a história do ancestral de um homem que devia ser conhecido dele e de Sócrates, Giges, o Lídio. No conto, esse ancestral de Giges é um pastor a serviço de um rei. Ele encontra um anel mágico em uma caverna que o torna invisível. Tão logo descobre o poder do anel, "ele providenciou para se tornar um dos mensageiros do rei. Em seguida, cometeu adultério com a esposa do rei, atacou o rei com a ajuda dela, matou-o e assumiu o trono". Moral da história: "Se existissem dois anéis assim, um usado pelo homem justo e outro pelo injusto, ninguém(...). seria tão incorruptível a ponto de permanecer no caminho da justiça ou manter-se afastado da propriedade de outras pessoas(...). Essa, alguns diriam, é uma grande prova de que ninguém é justo porque quer, mas apenas sob compulsão" (*República*, 360b-e).[70]

---

70. *Os filósofos sempre se referiram a essa história, por estranho que pareça, como "o anel de Giges", talvez sugerindo que esse misterioso e poderoso artefato, junto com suas tentadoras opções, foi passado ao longo das gerações e, na época em que a história é contada, poderia estar nas mãos do próprio Giges. Ou talvez os filósofos não estivessem atentos ao texto de Platão. Lamento dizer que isso acontece com muitos filósofos.*

A ideia por trás da história é que a moralidade e a lei evoluem só como meios de controlar a ambição individual irrestrita, em vez de como uma expressão direta do que todos almejamos e valorizamos. Quanto mais complexas forem nossas sociedades, maior será a nossa necessidade de coesão social e de regulamentação do comportamento individual, e maior a compensação para todos por parte de um sistema de moral e de leis. Esses sistemas possibilitam a evolução posterior de sociedades ainda mais complexas. Essa noção de que as pessoas inventam sistemas de moralidade para restringir e canalizar uma natureza humana egocêntrica e egoísta é uma ideia plausível com uma longa ascendência filosófica e com muita elaboração por parte de filósofos de épocas posteriores, de Hobbes a Nietzsche.

Como um aparte aos atentos filósofos, J. R. R. Tolkien foi um classicista bem letrado que, certamente, conhecia Platão de frente para trás. O interessante aqui, porém, não é saber se Tolkien seguiu uma pista de Platão ao criar *O Senhor dos Anéis*; mas que o personagem Frodo Bolseiro e nossos amigos super-heróis são todos comprometidos em "resistir ao poder do anel". Seja em sua intrínseca plausibilidade como personagens ou em seu poder de nos atrair e inspirar, eles constituem uma poderosa negação da ideia de que a natureza humana está sempre e em toda parte em busca de si mesma. Contudo, eles não nos dizem de uma maneira óbvia por que a busca por si mesmo não seria *sensata*, pelo menos em algumas circunstâncias. O personagem Glauco, de Platão, chama nossa atenção para esse ponto contrastando um homem injusto que apenas parece justo, enriquece, ganha respeito social e nunca paga por seus crimes com um homem justo que sofre uma prisão injusta e uma morte miserável. Glauco pergunta a Sócrates como alguém pode acreditar que o homem justo, nesse caso, poderia ser de fato um ser humano mais feliz, que é a afirmação de Sócrates.

O restante da obra-prima de Platão aborda essa pergunta, em um ou outro nível. Jamais foi escrito um debate mais sutil, fértil, complexo e até frustrante da questão. Como não podemos abordar todos os detalhes significativos aqui, eu tentarei apenas caracterizar de maneira sucinta a resposta de Platão, aplicá-la aos super-heróis e deixar que você reflita.

Platão apresenta a primeira parte de sua resposta à objeção de Glauco, com Sócrates delineando o que parece ser uma teoria psicológica primitiva. Sócrates propõe que nossas almas podem ser divididas em três partes, por assim dizer: os apetites animais, as emoções e a razão. Assim como a justiça em uma cidade-estado é uma questão de cada pessoa fazer uma contribuição para o bem comum sob o regime das leis, também a justiça na alma surge quando as emoções são devidamente treinadas e apoiam a razão em seu domínio de nossos desejos e nossos apetites. A justiça, portanto, pode ser vista como boa ordem ou boa saúde da alma. Uma vez que ninguém acharia sensato usar todo o dinheiro do mundo em compensação por um corpo corrompido e arruinado, não seria lógico também arruinar a saúde de sua alma em nome do ganho material ou do *status* social.

Alguns comentaristas modernos criticam esse raciocínio em resposta ao questionamento de Glauco da justiça, em parte porque acreditam que Platão está propondo que comparemos o bem ou a justiça com alguma espécie de harmonia psicológica. Se fosse realmente essa a proposta de Platão, ela seria passível de três sérias objeções. Primeiro, as pessoas más parecem satisfeitas e livres de espírito, experimentando alguma forma de harmonia interior, enquanto as pessoas boas vivem amarguradas e com a mente intranquila. Segundo, não fica claro por que alguém não pode ter seus apetites e emoções sob controle racional, enquanto calcula com frieza e vai atrás de maus objetivos. Terceiro, ainda não parece óbvio por que alguém com o devido equilíbrio em sua alma, por virtude de tal fato, seria motivado a ajudar os outros.

Baseando-me em outros intérpretes, eu não acho que Platão propunha uma psicologia no sentido que conhecemos, primitiva ou não, mas estava, isso sim, usando sua descrição inicial da alma para preparar o terreno para o argumento central na *República*, que envolve a ascensão de uma pessoa desde as trevas e confusão para a iluminação. Tanto a "psicologia" de Platão quanto sua visão do ideal e eterno Bem defendem a proposição de que temos dentro de nós um extraordinário potencial que nunca alcançamos, e um estado final ao qual todos podemos e devemos aspirar. Ele também pensava que a angústia oriunda de nossos muitos conflitos internos e nossos esforços inadequados de compreender o que significa ser bom levariam, pelo menos alguns de nós, ao empenho de aperfeiçoar nossa compreensão e alcançar uma vida melhor, mais feliz e realizada. Ao ponderar a questão de se a pessoa injusta desfrutando seus ganhos imerecidos é "mais feliz" que a pessoa justa que apodrece na prisão, Platão quer que vejamos que, embora nenhum dos dois personagens, plenamente desenvolvidos, escolhesse a vida do outro, a pessoa que se tornou plenamente justa e boa pode ser sensata ao pensar que é melhor estar na prisão a viver da maneira que a pessoa injusta escolheu. Além disso, Platão afirma que *só* a pessoa que tenta se tornar boa e consegue fazer isso conhece os recursos tanto da vida justa quanto da injusta e pesa ambos para poder julgar. Com a verdadeira bondade, vem a verdadeira sabedoria acerca do valor relativo das alternativas.

É aqui que se estabelece o elo entre Platão e a plausibilidade da motivação do super-herói. Ele quer dizer que há algo em nossa realidade que mostra a direção do bem, embora possamos, a princípio, ficar confusos e cercados de coisas más. Platão identifica esse "algo" como um eterno princípio, ou forma ou ideia do Bem, um princípio que realmente existe e do qual podemos participar. Quando Aristóteles adotou essa linha de pensamento, ele negou a noção de Platão de que "O Bem" é uma coisa unificada, com uma existência separada, da qual toda coisa boa em particular participa. Por outro lado, Aristóteles retinha um forte senso de teleologia, ou a noção de que nós, por natureza, visamos a ou apontamos para um estado completo ou realizado, ainda que o divisemos de maneira muito imprecisa.[71] Segundo Aristóteles, para um ser vivo realizar seu pleno potencial ou condição de florescimento total, ele deve cumprir seu potencial particular por excelência. Para ser os melhores espécimes de sua espécie, os cavalos precisam ser fortes e rápidos, as árvores precisam crescer, ser frondosas e espalhar sua copa. Ao caracterizar os seres humanos, Aristóteles observou que duas coisas nos separam dos animais: nossas habilidades racionais e nossa forma exclusiva de vida social e política. Assim, ele dedicava considerável reflexão às qualidades, aos hábitos ou virtudes que levariam as pessoas a se superar usando o intelecto em cooperação com outras pessoas para atingir o bem comum.

Na Filosofia Moral, esse tipo de pensamento hoje é chamado de "ética da virtude". Ele enfatiza as aspirações e possibilidades humanas mais que as regras e proibições éticas, embora, sem dúvida, não ignore a função das regras. No caso dos super-heróis, é importante ver que, por mais extensos que sejam seus poderes, eles não podem escapar das mesmas perguntas que nós enfrentamos a respeito do potencial para a excelência. Ou seja, eles precisam perguntar a si mesmos que tipo de pessoa eles são e qual é o melhor modo de vida disponível para esse tipo de pessoa. Eles também precisam descobrir se possuem o que é necessário para realizar suas possibilidades específicas. Em um sentido mais concreto, precisam saber se e como eles se encaixam no resto do mundo social, que inclui as pessoas comuns bem como outros super-heróis, e que papel ou função especial seus poderes e habilidades permitem que eles desempenhem nesse mundo. Devem descobrir o que podem oferecer aos outros e o que podem dos outros receber.

Se nos lembrarmos dos comentários de Stan Lee, podemos ver que ele chegou bem perto de articular o que há de especial nos super-heróis em relação ao bem. Ele disse que suas histórias inevitavelmente apresentavam o confronto entre os bons e os maus sujeitos e que era "quase impossível" escrever essas histórias sem considerar "questões paralelas filosóficas e moralistas". Creio que Lee estava certo nos dois pontos, mas por motivos que ele não exprime. Entre outras coisas, o fato de possuírem poderes incomuns só faz com que seja menos possível para os super-heróis evitar as perguntas que todos devemos enfrentar acerca de nossas funções e potenciais e metas na vida. Diferentemente do que acontece com o resto de nós, a sociedade não estipula para os super-heróis nenhum modo padronizado, aceitável, de se encaixar no mundo social. Como seu potencial excede o nível normal de maneiras óbvias, eles *devem* lutar com o que esse potencial significa para seus projetos de vida e perspectiva moral. Como vemos nas famosas palavras do tio Ben, do Homem-Aranha: "Com um

---

71. *A palavra grega para o objetivo ou estado final, ou propósito completo, é "telos".*

grande poder vem uma grande responsabilidade". Ou, como observaram os humoristas filosóficos do Firesign Theater: "Um poder assim tão grande só poderia ser usado para o bem... ou para o mal.".[72] Talvez nem todos os que adquirissem um anel mágico acabassem como o notório ancestral de Giges, pois a natureza humana deve incluir o aspecto de busca pela completude ou realização que Platão e Aristóteles abordam. Mas é verdade, sem dúvida, que o surpreso pastor tinha de fazer *alguma coisa* com seu anel. Não é plausível que ele simplesmente o deixasse sobre uma prateleira.

As histórias dos grandes super-heróis, portanto, são repletas de buscas pessoais que ajudam a determinar como uma pessoa pode viver melhor com grandes poderes. Considere novamente a difícil e pesarosa decisão do Super-Homem de voltar à ativa, largando o isolamento, no excelente épico de Alex Ross e Mark Waid, *Kingdom Come*. Pense no esforço fútil que Peter Parker faz para dar as costas aos superpoderes em *Homem-Aranha 2*. Lembre-se dos vários dilemas que os Vigias enfrentam entre ação e inação nas primeiras sagas do Quarteto Fantástico. Examine o modo como Kurt Busiek explora esses temas com Samaritano e Vitória Alada em sua elogiada série Astro City. Entre as outras coisas que eles fazem, todos os grandes super-heróis nos apresentam importantes perguntas que devemos fazer acerca de nossos poderes e nosso potencial para fazer o bem, e talvez indiquem-nos por que nossa vida não pode deixar de ser uma exploração das possíveis respostas.

---

72. Firesign Theater, The Tale of the Giant Rat of Sumatra *(Columbia Records, 1974)*. *Se você é fã de super-heróis e nunca ouviu falar do Firesign Theater, essa sátira de Sherlock Holmes é um bom lugar para começar a se divertir com suas famosas gravações. Há toda uma subcultura dedicada às complexas e intricadas sátiras do Firesign Theater, e eu não me surpreenderia ao descobrir que boa parte de seu público é o mesmo dos leitores de quadrinhos.*

CAPÍTULO 13

POR QUE OS SUPER-HERÓIS DEVEM SER BONS? HOMEM-ARANHA, OS X-MEN E O DUPLO PERIGO DE KIERKEGAARD

C. Stephen Evans

A ideia de um super-herói com poderes especiais não é uma invenção das modernas histórias em quadrinhos. A República *de Platão (linhas 359c-360d) faz uma breve descrição de um "ancestral de Giges de Lídia" que encontrou um anel mágico que o tornava invisível quando ele o girava no dedo.*[73] *Usando o anel, o homem entrou no palácio do rei, seduziu sua esposa e, com a ajuda dela, assassinou o rei e assumiu seu lugar como soberano.*

---

73. *Minhas citações de Platão são tiradas de* The Collected Dialogues of Plato, *editado por Edith Hamilton e Huntington Cairns (Princeton: Princeton University Press, 1963). O anel de Giges também é discutido no capítulo 12 deste volume.*

PLATÃO E A PERGUNTA POR QUE DEVEMOS SER BONS?

Na *República*, essa história de poder mágico é contada para ilustrar a dúvida de que as pessoas amam a justiça, ou o bem, porque é certo, ou porque sabem que, se forem injustas ou imorais, sofrerão consequências negativas. A história do ancestral de Giges é narrada por Glauco, que representa o que podemos chamar de ponto de vista do imoral, embora ele diga que essa não é sua visão pessoal. Glauco argumenta que, se uma pessoa justa tivesse o mesmo anel mágico, se comportaria do mesmo modo que uma pessoa injusta. Ninguém, diz ele, de posse do tal anel, "afastaria as próprias mãos das posses dos outros, não tocando-as", pois, em tais circunstâncias, esse indivíduo poderia "com impunidade pegar o que quisesse do mercado, entrar nas casas e dormir ao lado de quem quisesse, e matar ou libertar quem bem entendesse, e em todas as outras coisas andar em meio à humanidade como se fosse um deus".

Se Glauco estiver certo, então os habitantes da maioria dos mundos dos quadrinhos têm sorte porque, nesses lugares, os donos de superpoderes costumam ser comprometidos com o que é certo e bom, usando seus dons extraordinários para o benefício dos outros. É provável que Glauco esteja ao menos em parte certo a respeito dos seres humanos na vida real. No mundo real, muitas pessoas certamente usariam qualquer superpoder que tivessem para fins egoístas e talvez até malignos.

A descrição realista e sóbria que Glauco faz da natureza humana se estende para mais além. O problema não é só que poucas pessoas — se é que alguma — seriam justas e boas se possuíssem poderes que lhes dessem a habilidade para fazer o que é errado sem medo de punição. Ele também afirma que, se existisse uma pessoa com poderes especiais e fosse comprometida com o bem a ponto de só tentar ser justa, as outras pessoas a desprezariam, embora tivessem bons motivos para guardar para si sua opinião: "Pois se alguém com tal licença a seu dispor se recusasse a fazer qualquer coisa errada e a colocar as mãos sobre as posses dos outros, seria visto como um indivíduo lastimável e um grande tolo por todos os que percebessem isso, embora o elogiassem entre si, enganando uns aos outros por medo de sofrer injustiça".

Na *República*, Glauco prossegue, com a ajuda de seu irmão Adimanto, a apresentar um desafio a Sócrates. Sócrates quer oferecer um argumento convincente de que as pessoas devem tentar ser boas e não apenas parecer boas. Glauco diz que, se Sócrates realmente quer um argumento convincente para suas alegações, ele precisa mostrar que a vida de uma pessoa justa, porém considerada injusta pelos outros, é superior à vida de uma pessoa injusta, mas com reputação de justiça. Para descobrirmos se amamos a justiça pela justiça em si, devemos realizar um experimento de pensamento no qual comparamos uma pessoa perfeitamente justa, mas com reputação de injustiça e as consequências dessa reputação, com uma segunda pessoa tão astuta em sua injustiça que consegue conquistar e manter uma reputação de justiça. Nesse experimento, o indivíduo justo deve se libertar da "aparência de injustiça". Glauco diz que qualquer indivíduo "terá de tolerar a corrente, os grilhões, o ferro em brasa nos olhos, até que, após extremo sofrimento, será crucificado e aprenderá a lição de que o desejável é ser e não apenas parecer justo".

Platão apresenta essas ideias para nos desafiar a ver por que é importante sermos bons. Talvez a mesma pergunta deva ser feita a um super-herói de quadrinhos. Por que alguém com superpoderes se importaria em ser bom? Uma reflexão desse tema pode lançar alguma luz sobre a pergunta que Platão faz a nosso respeito.

KIERKEGAARD E O CONCEITO DO "DUPLO PERIGO"

Platão mostra-nos sua versão da pessoa boa que é considerada injusta e sofre por isso como um hipotético experimento de pensamento. Entretanto, há motivo para pensarmos que Platão não imaginava que a situação fosse impossível. Seu professor, Sócrates, que ele venerava como o melhor e o mais sábio dos homens, havia sido executado pelos atenienses sob a falsa acusação de que era um corruptor de menores.

Muitos séculos depois de Platão, outro grande admirador de Sócrates, o filosofo dinamarquês e "pai do existencialismo", Søren Kierkegaard (1813-1855), propôs o desafio de Platão sob uma nova forma. Em seu brilhante livro *As Obras de Amor*, Kierkegaard descreve a vida que nós humanos somos aclamados a levar como uma vida de amor universal.[74] Ele afirma que Deus pede a nós que amemos o próximo como a nós mesmos, e que não temos a permissão de dizer que alguém está fora da categoria de "próximo".

Obviamente, não é fácil viver uma vida de amor. Para amar desse jeito, precisamos vencer o egoísmo natural e a simples inércia que nos conduz à satisfação de nossos desejos quando esses desejos entram em conflito com o bem dos outros. Podemos chamar os problemas que essas dificuldades nos criam de "o primeiro perigo" que nos ameaça como seres morais. É um obstáculo interior ao bem, à justiça e ao amor.

Kierkegaard diz, no entanto, que, se superarmos esse primeiro perigo e começarmos a avançar em direção ao amor que a mais alta moralidade exige, enfrentaremos uma segunda dificuldade — dessa vez externa —, sendo confrontados por um "duplo perigo" em nosso desafio de sermos bons e amáveis. Associando a luta de um indivíduo para amar de verdade à luta para tornar-se um verdadeiro cristão, Kierkegaard diz que "a luta

---

74. Søren Kierkegaard, As Obras de Amor. *Todas as citações dessa obra serão seguidas em parênteses com a abreviatura OA.*

realmente cristã ocorre em dois lugares: primeiro no interior do indivíduo, onde ele precisa lutar consigo mesmo; e depois, quando ele progride nessa luta, fora dele e com o mundo".[75] Kierkegaard acredita que o experimento de pensamento descrito na *República* não é uma situação hipotética, contrária aos fatos, mas também captura a realidade da vida para uma pessoa genuinamente comprometida com o bem.

Todos nós entendemos que uma pessoa moral deve ter uma certa medida de abnegação, vencendo a forte atratividade do desejo egoísta e libertando-se para agir em prol dos interesses dos outros. Kierkegaard apresenta duas maneiras contrastantes de entender a abnegação. A que ele chama de visão "meramente humana" da abnegação é a que você deve "abrir mão de seus desejos, vontades e planos oriundos do amor próprio — assim você será estimado e valorizado como justo e sábio". A genuína abnegação do cristão (o indivíduo que ama mesmo o próximo) é diferente. Kierkegaard diz: "Abandone seus desejos e vontades oriundos do amor próprio, abandone seus planos de interesses e propósitos pessoais, para que possa de fato trabalhar de maneira altruísta pelo bem — e então, justamente por esse motivo, tenha tolerância caso seja abominado como criminoso, insultado e ridicularizado" (OA, p. 194).

Por que deveria ser assim? Para Kierkegaard, assim como para Glauco, é uma simples consequência do fato de que o nível comum da virtude moral não é muito alto. Podemos admirar os santos à distância, mas um verdadeiro encontro com o altruísmo heroico provavelmente nos perturbaria. Esse é um dos temas explorados com muito boa visão por Kurt Busiek e Alex Ross na obra-prima que é seu romance gráfico, *Marvels*. No Novo Testamento, Jesus diz que seus contemporâneos constroem monumentos aos profetas que sofreram perseguições e morte. No atual momento da história, o aniversário de Martin Luther King Jr. é feriado nacional nos Estados Unidos e toda grande cidade tem uma rua com o nome do líder-mártir dos direitos civis. Enquanto vivia, porém, Martin Luther King foi uma controvertida figura que incorreu em boa dose de crítica e, claro, teve o mesmo destino de Sócrates, Jesus e Gandhi. A vida de um indivíduo assim é uma admoestação para nós; por isso, não é à toa que nossa resposta não seja de aclamação universal.

Alguns super-heróis dos quadrinhos que trabalham com total altruísmo para o bem não parecem enfrentar esses perigos. O Super-Homem é um excelente exemplo. Na maior parte do tempo, o Homem de Aço não parece sequer considerar o uso de seus superpoderes para qualquer coisa remotamente parecida com propósitos egoístas. O episódio típico do Super-Homem não gira em torno de um doloroso conflito interior no qual ele precisa superar a tentação de acumular riquezas ou assumir poder político

---

75. Søren Kierkegaard, *As Obras de Amor*.

para continuar trabalhando para o bem. Sem dúvida, às vezes o Super-Homem sofre por causa da necessidade de deixar de lado o que lhe poderia ser satisfatório — como namorar e casar-se com Lois Lane — para continuar seu importante trabalho para o bem maior. Mas seu caráter é tão comprometido com "a verdade e a justiça" (isso sem mencionar o jeito americano) que o resultado de qualquer luta interior nunca é duvidoso. Tampouco o Super-Homem parece enfrentar o segundo perigo mencionado por Kierkegaard. Na verdade, ele parece desfrutar uma aclamação universal e a boa vontade daqueles que ele ajuda, bem como do público em geral, em seu cenário fictício.

AS LUTAS DO HOMEM-ARANHA

Nem todos os super-heróis possuem a relativa serenidade do Super-Homem. O Homem-Aranha, por exemplo, parece enfrentar as duas espécies de tentações mencionadas por Kierkegaard. Talvez seja por isso que os quadrinhos e os filmes do Homem-Aranha tenham um sucesso extraordinário. O Homem-Aranha nos oferece um super-herói com quem nos podemos identificar — Peter Parker é um jovem que luta contra as tentações humanas comuns, bem como os entraves da adolescência.

A primeira dificuldade que Kierkegaard menciona é bem evidente na vida do Homem-Aranha. Ele é apaixonado por Mary Jane Watson, ou "M.J." Sua felicidade pessoal, porém, entra em conflito com sua vocação de super-herói, de diversas maneiras. Em *Homem-Aranha 2*, ele concorda em ver M.J. apresentar-se no teatro e promete não decepcioná-la. Entretanto, no caminho, ele se depara com alguns malfeitores e salva uma pessoa inocente, chegando atrasado à apresentação de M.J. e dando a ela a impressão de que não é de confiança e não se importa com ela. Em um nível mais profundo, Peter acaba percebendo como um relacionamento com ele pode ser perigoso para as pessoas de quem ele gosta. Tanto sua tia May quanto M.J. são ameaçadas por vilões que querem pegar o Homem-Aranha. Por isso, ele decide deixar de lado seus sentimentos por M.J., para o bem dela.

A decisão, porém, não é fácil. Vemos a agonia de Peter sempre que ele encontra Mary Jane. Em *Homem-Aranha 2*, ele resolve abandonar sua vocação como Homem-Aranha, jogando fora a roupa especial, e tentar viver uma vida normal. Sua felicidade pessoal nesse ponto parece-lhe mais importante que seu trabalho de super-herói, e ele acha que só pode ter uma coisa ou outra. Nós sentimos sua angústia pessoal e quase aplaudimos sua decisão de não querer mais ser o Homem-Aranha. O custo de sua devoção ao bem dos outros é alto demais.

Note que, nem mesmo nesse caso, vemos o Homem-Aranha tentado a usar seus poderes para o mal, apesar de um breve flerte com a possibilidade de exercê-los para o simples ganho financeiro, quando descobre que os tem. A escolha é, na verdade, entre usar esses poderes para o bem ou viver uma vida normal, pessoal. Não há o menor perigo de que Peter se torne um arquivilão. A única dúvida é se ele pode alcançar a espécie de altruísmo que o verdadeiro amor ao próximo requer. Quando percebe que terá de sacrificar a sua felicidade pessoal, Peter é tentado a se tornar um cidadão comum, não mau. Nesse sentido, ele não confirma a previsão de Glauco de que um indivíduo quase-deus com superpoderes tentaria fazer o mal com impunidade. Entretanto, o Homem-Aranha sente a luta interior que Kierkegaard chama de "primeiro perigo". Nesse caso também, ele é como todos nós. A maioria de nós não é tentada a se tornar um Hitler ou um Duende Verde. Só queremos ser livres para cuidar do jardim, alcançar nossa felicidade interior, independentemente das necessidades dos outros.

Até certo ponto, o Homem-Aranha também vive o segundo perigo de Kierkegaard. De fato, a maioria das pessoas que ele ajuda parece sinceramente grata por seu bom trabalho. Contudo, J. Jonah Jameson, o editor do jornal em que Peter Parker trabalha como fotógrafo, retrata o Homem-Aranha como uma ameaça à sociedade. Suas boas ações são reinterpretadas e "distorcidas" para parecerem o oposto do que são. A verdade é que Jameson talvez se sinta tão pouco à vontade na presença de um bem superpoderoso quanto Kierkegaard disse que a maioria das pessoas se sentiria. Se Jameson realmente acredita que o Homem-Aranha é um perigo, não podemos saber. O editor é apenas um paradigma do homem "prático". Seu único interesse é ganhar dinheiro vendendo jornais e, se sua versão do Homem-Aranha nefasto o ajuda a alcançar essa meta, ele vai fazer isso com entusiasmo.

De modo curioso, apesar dessa enfática imprensa negativa, as pessoas comuns não parecem odiar nem temer o Homem-Aranha. A longo prazo, porém, uma constante apresentação dele por parte da mídia como vilão deve ter algum efeito. Podemos prever que, além de suas lutas pessoais com sua vocação, o Homem-Aranha verá cada vez mais a dolorosa situação que Kierkegaard descreve, na qual "o mundo" não aplaude sua virtude heroica. Ou as pessoas cinicamente não acreditam na bondade dele ou, se acreditam, cumprem a previsão de Glauco e o ridicularizam, chamando-o de bobalhão, pelo menos pelas costas.

OS X-MEN E O DUPLO PERIGO

O caso do Homem-Aranha mostra que a relativa liberdade de conflito do Super-Homem não é a condição desfrutada por todos os super-heróis. Entretanto, os X-Men dão um exemplo ainda melhor do "duplo perigo" de Kierkegaard. Tanto nos quadrinhos quanto nos filmes, suas histórias são baseadas no futuro próximo, uma época em que crianças com incríveis mutações estão nascendo em todo o mundo.

Os X-Men são um grupo de mutantes com poderes especiais de vários tipos. Alguns têm habilidades telepáticas ou telecinéticas — por exemplo, o professor Charles Xavier tem ambas e a dra. Jean Grey tem a segunda. Os outros têm qualidades mais bizarras, como Tempestade, que pode controlar as condições climáticas, ou Ciclope, cujo olhar tem um poder destrutivo como o *laser*. As diferenças entre os mutantes e as pessoas "normais" levaram muitos cidadãos a temer e até odiar os mutantes, que por isso mesmo são forçados a se esconder "no armário". Políticos poderosos, como o senador Robert Kelly, exploram esses medos e preconceitos e propõem regras que exigem que os mutantes sejam registrados, leis perturbadoras que lembram as medidas iniciais postas em práticas contra os judeus pela Alemanha nazista.

Como os mutantes poderiam reagir a essa situação? De um modo interessante, há uma desarmonia entre eles, simbolizada pelo confronto de dois velhos amigos, o professor Xavier e Erik Lensherr, que é conhecido como "Magneto" por causa de seu poder especial de controlar campos eletromagnéticos. Magneto convoca uma guerra contra os humanos, e reúne um grupo de mutantes para auxiliá-lo, enquanto Xavier acredita que é possível buscar, em paz, um mundo tolerante onde os indivíduos diferentes são aceitos. Com essa finalidade, Xavier começou uma escola interna para crianças mutantes e, da mansão que serve como *campus* da escola, ele dirige um grupo de mutantes conhecidos como X-Men (embora o grupo inclua também mulheres), que tentam frustrar os planos de Magneto, enquanto se empenham em ajudar e proteger os humanos comuns e esperam uma maior aceitação e compreensão de quem eles são.

Em muitos sentidos, os X-Men associados a Xavier personificam o amor ao próximo que Kierkegaard vê como dever humano fundamental. Eles trabalham para o bem dos outros, lutando por um mundo no qual todos sejam aceitos e não apenas aqueles que são iguais, que fazem parte de uma rede de família e amigos ou que repagarão pelo bem de uma maneira ou de outra. Os X-Men trabalham para o bem de todos, incluindo até aqueles que tentam persegui-los e prejudicá-los. O amor e o interesse deles pelos outros parece incondicional em qualidade e universal em extensão.

É claro, porém, que eles enfrentam vários tipos de conflito, e não apenas o de se protegerem contra Magneto e as autoridades policiais que tentam prejudicá-los. O mero fato de que a comunidade mutante contém tanto os seguidores de Xavier, que tentam alcançar a meta de uma paz inclusiva, quanto os seguidores de Magneto, que visam a seus fins mais exclusivistas por meio da violência, mostra que a escolha do bem não é fácil nem automática para mutantes.

A história dos mutantes representa dois dos perigos que Kierkegaard descreve, e essas dificuldades são dramatizadas de maneira memorável no personagem de Logan, ou Wolverine. Wolverine, que sofreu muito como vítima de um perturbador experimento médico que apagou a maior parte de sua memória, parece a princípio que não se interessa em ajudar Xavier e seu grupo. Para ele, só o que conta são seus interesses pessoais. Desde o início do primeiro filme dos X-Men, ele parece motivado mais por uma fúria interior do que por qualquer desejo de fazer o bem ou de ser bom. No entanto, quando ele se torna parte da comunidade de Xavier, parece cada vez mais gostar dos colegas e de sua causa. Embora parte desse gosto seja por um interesse romântico pela dra. Grey, parece de fato haver um despertar de uma concernência moral em Wolverine assim que ele começa a fazer algumas ligações pessoais. Esse crescimento moral não é fácil para um indivíduo possuído por demônios interiores que parecem dirigir seus passos, e assim ilustra muito bem a primeira dificuldade discutida por Kierkegaard.

Os X-Men como um todo parecem ilustrar a segunda dificuldade descrita por Kierkegaard. Embora eles sejam comprometidos com o bem, e coloquem esse compromisso em prática de um modo sério e custoso, são recompensados pelo interesse que têm pelo bem-estar dos outros com medo, perseguição e ódio. Claro que o exemplo que dão do segundo perigo de Kierkegaard não é tão perfeito como gostaríamos — os mutantes são odiados não apenas por causa de seu bem, mas por serem diferentes. Mas é indiscutível que suas boas ações não os fazem ser apreciados, respeitados ou estimados. E, na verdade, se você somar a bondade deles à grandeza de seus poderes, terá a base para um tipo distinto de ressentimento por parte de muitas pessoas comuns. De fato, é possível ver as próprias diferenças mutantes básicas como uma espécie de símbolo dramático e metafísico dos modos como uma comunidade dos verdadeiros amantes do bem seria vista pela sociedade maior. E, seja como for, é interessante notar que o amor ou o sincero interesse dos X-Men pelos outros não parece diminuir a perseguição geral que eles sofrem. Talvez, quando as pessoas que são desprezadas se mostram boas, é natural que seus adversários e até muitos observadores se ressintam e os desprezem ainda mais. Afinal, com seu comportamento, eles demonstraram como é irracional e perverso desprezá-los em primeiro lugar, e ninguém gosta de admitir que tem atitudes irracionais ou injustificadas. Infelizmente, embora seja natural, nós vociferamos contra aqueles que nos trazem um autoconhecimento desagradável.

POR QUE OS X-MEN SÃO BONS?

Por que os X-Men são bons? Por que eles deveriam se importar com os outros, quando os outros não se importam com eles? Uma resposta a essa pergunta pode indicar também uma resposta à pergunta de Platão de por que nós, humanos comuns, deveríamos ser bons. Determinar, porém, qual seria a motivação dos X-Men para serem bons não é fácil. Consideremos algumas das possibilidades que se sugerem naturalmente.

Uma possibilidade é que eles são motivados a serem bons por uma convicção de que esse tipo de vida é o meio mais eficaz de garantir a tolerância e aceitação dos outros. Segundo essa interpretação, o compromisso deles com o bem é o resultado de um cálculo estratégico quanto a qual política será mais útil para garantir-lhes o fim desejado. Isso, entretanto, parece implausível. Como vimos, as pessoas comuns parecem temer todos os mutantes e desgostar deles, incluindo os X-Men. O fato de que os X-Men enfrentam o segundo aspecto do "duplo perigo" — uma hostilidade do mundo exterior para com eles e seus esforços pelo bem — parece contrariar a ideia de que a motivação deles para serem bons poderia ser apenas o interesse próprio.

De um modo geral, os seres humanos não reagem de maneira positiva ao comportamento dos santos, principalmente se estiverem próximo demais — como mostra o destino da maioria dos grandes profetas —, e a reação das outras pessoas aos X-Men não deve ser uma exceção a essa regra. Em todo caso, embora os X-Men desejem e esperem ser um dia aceitos pelos outros, seu compromisso com o bem não parece se basear em uma expectativa de que isso ocorra. Na verdade, o argumento de Magneto, de que eles deveriam abandonar qualquer compromisso de amar e cuidar dos humanos normais, fundamenta-se na verdadeira falta de aceitação que os X-Men sofrem. Se o compromisso deles em ser bons tivesse raízes só no autointeresse, então o argumento de Magneto teria uma força genuína.

Uma segunda possibilidade é que os X-Men não tenham outra escolha além de seguir o bem. Talvez eles tenham uma constituição psicológica que os leva a se importar naturalmente, e de modo profundo, com os outros. Talvez a variação genética que deu a eles superpoderes também lhes tenha dado um desejo inquebrantável de fazer o bem. A motivação para a ação ética nesse caso poderia ser a mera satisfação interior que eles sentem por fazer o bem.

Essa sugestão tem vários defeitos. Em primeiro lugar, ela não explica por que alguns mutantes, como Magneto por exemplo, fizeram a escolha oposta. Em segundo lugar, ela deixaria os X-Men tão diferentes das pessoas comuns que eles mal seriam humanos. Seriam mais como o Super-Homem, um alienígena de Kripton, do que humanos reais com uma diferença genética que lhes dá superpoderes. E isso soa falso. Os X-Men parecem ter todos os desejos e as emoções humanas normais. O conflito romântico entre Ciclope e Wolverine por Jean Grey mostra que eles remoem desejos humanos comuns e exibem um comportamento humano normal, incluindo o mais mesquinho e egocêntrico. Eles não dão a menor impressão de serem criaturas angelicais, incapazes de cometer um erro. Portanto, essa segunda possibilidade parece menos plausível que a primeira.

Numerosas outras possibilidades podem ser logo descartadas. Os X-Men não aparentam se preocupar com sanções legais ou punição; eles fazem o certo não porque, se não fizerem, podem se desentender com a polícia. E qualquer sugestão de que eles fazem o bem para os outros por piedade — que, segundo o filósofo alemão Nietzsche (1844-1900), é um sinal de decadência (a invenção da "moralidade do medo" que teme e odeia os que são fortes) — também é implausível. Os X-Men são fortes e autoconfiantes, e suas atitudes não parecem brotar do tipo de ressentimento básico que Nietzsche acreditava ser a motivação interior para a moralidade altruística. De um modo geral, eles parecem ser pessoas muito positivas, não levadas por inveja ou ressentimento contra os outros que são "fortes e saudáveis". Quando muito, parecem ser, eles mesmos, os fortes e saudáveis.

Até agora, nossa busca pela motivação dos X-Men tem sido infrutífera. Talvez devêssemos reverter a pergunta para descobrir o que motiva humanos normais a serem bons. Se encontrarmos uma resposta plausível, veremos, então, se ela se encaixa no caso específico dos X-Men. Podemos começar perguntando o que se sabe a respeito de educar uma criança para que ela seja boa. Ninguém tem uma fórmula garantida. Até os melhores pais às vezes sofrem um desgosto quando seus filhos andam por caminhos errados de um mau comportamento. No entanto, de um modo geral, provavelmente é verdade que as crianças educadas em lares com amor e aceitação são mais propensas a se tornar indivíduos que se importam com o bem.

Por quê? Creio que a resposta mais provável é que, quando uma criança é amada de verdade por seus pais, ela quer naturalmente se identificar com eles e ser como eles. Sentem gratidão e admiração pelos pais ou qualquer outro que mostre bondade a elas, e essa gratidão e admiração produzem nessas crianças um amor pessoal pelo bem. Vale ressaltar que isso é diferente da possibilidade imaginada que eu considerei e descartei anteriormente, na qual, para um indivíduo, amar o bem pode não ser uma escolha. É por isso que até os pais muito bons nem sempre conseguem passar aos filhos sua ética. Todavia, a criança que internalizou os valores de um bom pai ou uma boa mãe, tem, no mínimo, como resultado, uma motivação interior adicional para fazer o que é certo e bom, um impulso interno, emocional ou psicológico que pode proporcionar um motivo para resistir à tentação universal de se voltar para os próprios interesses.

O exemplo de educar uma criança pode ser generalizado, pois não pretendo sugerir que uma pessoa que não teve a devida atenção dos pais esteja condenada a ser um monstro moral. Pode ser mais difícil para uma criança nessas condições desenvolver um bom caráter, mas há muitas que, quando adultas, superaram os exemplos dos pais. Obviamente, porém, na maioria dos casos, essas pessoas encontraram em algum momento da vida um modelo positivo, alguém que exibisse bondade e também fosse bom para elas, estimulando assim gratidão e admiração. De um modo geral, talvez o melhor conselho a ser dado sobre como produzir o crescimento moral em si mesmo seja que você procure a companhia de quem já é melhor que você.

Eu creio que essa resposta é a pista certa para os X-Men também. Podemos, sem dúvida, imaginar que Xavier reflete uma forma de educação que produziu nele um amor pelo bem. Na verdade, não sabemos muito acerca de sua educação. Seu pai morreu quando ele era muito jovem, mas parece que ele teve uma mãe dedicada e atenciosa, e deve ter sido esse carinho que produziu nele um amor pelo bem. Um aspecto importante da escola de Xavier para mutantes é que ela é um lugar em que os alunos podem ser aceitos e amados, e naturalmente desejar ser como aqueles que se dedicam a ajudá-los. Wolverine, que no começo parece não ligar muito para os outros, sofreu grandes males. Ele também começa a mudar, por fazer parte de uma comunidade verdadeiramente moral. Do outro lado da moeda, Magneto viu sua família ser destruída pelos nazistas e reflete de modo muito claro as cicatrizes emocionais de um horrível abuso. Não é à toa que ele acha o amor de Xavier ingênuo e até ridículo. Assim, talvez a melhor explicação que podemos dar para o motivo de os X-Men serem motivados para o bem seja que eles aprenderam a amar o bem como resultado de uma relação com aqueles que são bons.

Essa explicação também procede para Peter Parker. Embora a maioria dos leitores associem a motivação de sua carreira de super-herói à tragédia do assassinato de seu tio Ben, é óbvio que esse evento inspirou Peter a praticar boas ações e proteger sua comunidade, em vez de só seguir uma vingança cruel, por causa da formação positiva que ele teve com seu tio e sua tia May. Ambos eram pessoas bondosas e devotadas, e o modo como trataram o jovem Peter obviamente o ajudou a formar sua sensibilidade e seus valores, apesar de um desvio temporário da nobre estrada escolhida, logo após ter adquirido seus poderes, um sério lapso que resultou, de forma indireta, na morte de seu tio.

ENCONTRANDO UMA BASE FORTE PARA O BEM

Sob o ponto de vista psicológico, acredito que a resposta que encontrei, até agora, faz sentido. Ela se encaixa no que sabemos a respeito do desenvolvimento infantil e crescimento moral. Entretanto, sob a perspectiva filosófica, não estou convencido de que isso basta como explicação do porquê de sermos bons ou do que pode ser um motivo para alguém ser bom, nem para nós, humanos normais, nem para super-heróis como o Homem-Aranha e X-Men. Uma variedade de problemas surge, quando supomos o contrário. Um dos problemas é que as crianças não querem apenas ser como os pais; querem também se distanciar deles formar visões próprias, tendo portanto um motivo para rejeitar as ideias deles acerca do bem. Eles podem crescer, ler Nietzsche e decidir que as visões dos pais são só uma invenção das pessoas fracas, com medo de reivindicar o próprio destino. Além disso, ninguém tem pais perfeitos; e muitos nem pais bons têm. Há outros modelos possíveis para o bem, mas nem todos têm a sorte de manter contato suficiente com tais indivíduos. Mesmo aqueles que têm acesso a bons modelos também encontram exemplos negativos com quem podem aprender. É natural, portanto, procurar um motivo mais firme, mais profundo para um indivíduo ser bom, e um motivo que se aplique a qualquer pessoa, não só àqueles que tiveram a educação certa.

A resposta que Sócrates, segundo Platão, dá a Glauco na *República*, volta-se, a partir de fatores psicológicos, para profundas perguntas filosóficas a respeito do caráter do eu humano e do tipo de Universo em que nos encontramos. Platão argumenta que nossa natureza é tal que, no fim, apesar de nossos desejos presentes, seremos mais felizes tanto nesta vida quanto após a morte, se vivermos em harmonia com a justiça, voltando nossa atenção para o bem. Na verdade, Platão nos diz que, qualquer que seja o caso, a moralidade reflete o caráter verdadeiro, profundo do Universo. Aqueles que se comprometem com o bem se comprometem com o que é profunda e eternamente verdadeiro. Não é por acaso que a visão de Platão do mundo é vista como tendo um caráter religioso. Escritores cristãos, por exemplo, de Santo Agostinho a C.S. Lewis, acham que a visão metafísica que Platão tem do mundo é congruente com sua fé.

Kierkegaard também acredita que uma visão religiosa é necessária para alguém ter um motivo para ser bom. Sua explicação, assim como a de Platão, tenta nos mostrar como essa visão se encaixa com nossa psicologia. De acordo com Kierkegaard, os deveres morais em geral são fundamentados nos relacionamentos entre as pessoas. Ser pai ou mãe, filho ou filha, ou um cidadão do Estado, ou marido ou mulher, é estar implicado em uma rede de relacionamentos com outras pessoas. Mas também vai além disso, observando que às vezes essas relações não fundamentam apenas um amor pelo bem, mas motivam aquela parte mais rígida da moralidade que chamamos de dever.

Há muitas ações que são boas, mas que não consideramos dever nem atos obrigatórios, a rigor. Dirigir um carro a uma velocidade moderada é em si uma coisa boa; mas, se existir um limite de velocidade, haverá a obrigação legal de dirigir a uma velocidade menor. Pode ser bom para um homem e uma mulher se amarem; mas, quando os dois trocam votos de matrimônio, criam a obrigação específica de amar um ao outro e de ser fiéis. Kierkegaard acredita não só que é bom amarmos o próximo como a nós mesmos, mas que temos o dever moral de fazer isso.

Como surge esse dever? Segundo Kierkegaard, essa obrigação é gerada da mesma forma que outras: por meio de um relacionamento. Só que, nesse caso, a relação é primeiro com Deus, que nos manda amar o próximo como a nós mesmos. Por que devemos escutar o chamado de Deus? Que autoridade esse chamado tem? Para Kierkegaard, devemos dar atenção ao chamado de Deus não porque Ele é poderoso e nós tememos ser castigados, mas porque Deus é Aquele que nos ama e nos criou para a vida eterna com Ele. Assim como dois amantes se tornam comprometidos um com o outro pela história de seus atos juntos, suas promessas feitas, e as graças concedidas e recebidas com gratidão, também o nosso coração é "infinitamente ligado" a Deus por meio do relacionamento com nosso Criador. Kierkegaard diz: "Mas essa eterna história de amor começou muito antes; começou quando você começou, quando você surgiu do nada e, assim como você certamente não se torna nada, a história também não termina em uma cova" (OA, p. 150).

Deus criou-nos do nada e agraciou-nos com todos os bens que temos. Além disso, Deus nos destinou para o maior de todos os bens, a vida eterna com Ele mesmo, uma vida que não podemos desfrutar se não amarmos o bem, porque Deus é o puro bem. Se um relacionamento com uma boa pessoa, que é boa para nós, nos impele para o bem, então, sem dúvida, uma relação com aquele que é o puro bem — ou pura bondade — e a fonte de todos os bens fará a mesma coisa. Esse relacionamento dá a todas as pessoas, e não só àquelas com a sorte de estar perto de outros seres humanos bons, uma causa e um motivo para serem boas, e para aqueles que compreendem o que ganharam, essa relação deve motivar o tipo de gratidão e imitação de modelo subjacentes à genuína bondade moral.

Como cristão, Kierkegaard também aponta para Jesus como a expressão suprema do amor de Deus. Cristo é o modo de Deus mostrar aos seres humanos que eles são aceitos como são. Mesmo que Glauco esteja certo e a pessoa verdadeiramente boa seja crucificada, há esperança, pois a pessoa que sofre pelo bem sofre como Cristo sofreu. Para aqueles que amam Cristo, até a perseguição pode ser algo pelo que se regozijar, e isso promove uma forte motivação para enfrentar o duplo perigo.

Se Kierkegaard estiver certo, então nós, humanos, temos um excelente motivo para nos importarmos com o bem. Nossa felicidade suprema, mais profunda, é encontrada quando seguimos o caminho do amor ao próximo. Mas o que isso esclarece a respeito da bondade dos X-Men? Talvez não tanto como gostaríamos. Mas indica um intrigante hiato no mundo deles. Os seres humanos comuns podem ser descritos como *Homo religious*, ou com tendências naturais para uma sensibilidade religiosa. Nunca se encontrou uma cultura humana na qual nossos mais profundos medos e esperanças não estivessem ligados a convicções e a atitudes religiosas. No mundo dos X-Men, porém, bem como no mundo da maioria dos super-heróis, o notável da religião é a sua ausência. Na verdade, há algumas exceções. Mas, de um modo geral, grandes interesses religiosos não parecem cruciais nos mundos dos super-heróis.

Será que os X-Men querem saber a respeito de sua mais profunda natureza? Será que se perguntam que tipo de Universo eles habitam? Consideram se são nada mais que um mero aglomerado de átomos, sem propósito final e sem esperança depois da morte? Suas intuições mais profundas, elicitadas pelo ímpeto de comunidade, podem ter lhes mostrado a direção certa, se eles alguma vez refletiram sobre essa questão sob o ponto de vista filosófico. Mas, se eles começarem a fazer essas perguntas filosóficas e espirituais no fundo do coração e, com todo o poder da mente, talvez encontrem respostas que lhes deem de fato um motivo para querer amar o próximo, mesmo que o próximo não os ame. Pois eles podem descobrir que é amando o próximo que eles se ligam melhor ao amor d'Aquele que ama todos e lhes deu uma existência para uma vida com ele. Ao fazer isso, os X-Men descobririam também seu mais profundo destino, o que eles mais têm em comum com aqueles dos quais parecem tão diferentes.[76]

---

76. *Agradeço a Charles Evans Jr. por ler este ensaio e fazer várias e boas sugestões acerca dos super-heróis.*

CAPÍTULO 14

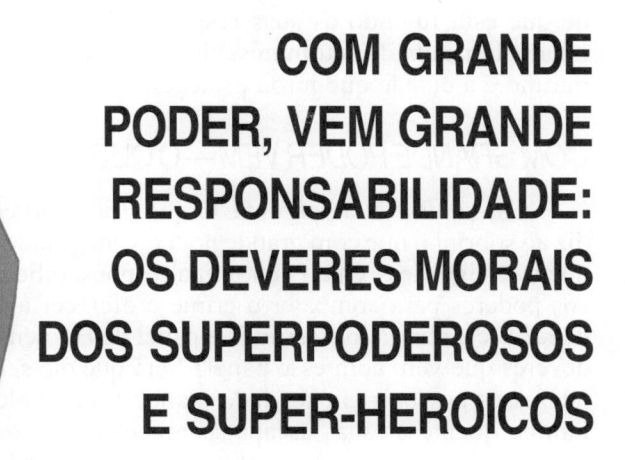

COM GRANDE PODER, VEM GRANDE RESPONSABILIDADE: OS DEVERES MORAIS DOS SUPERPODEROSOS E SUPER-HEROICOS

Christopher Robichaud

No meio do filme Homem-Aranha 2, *Peter Parker faz o impensável: desiste de ser o Homem-Aranha. Ele depõe as armas... quero dizer, a fantasia, na esperança de salvar o que sobra de sua vida pessoal, abalada por suas aventuras como combatente do crime. Peter acha que se parar de rastejar pelas paredes, seus interesses acadêmicos e sociais melhorarão, mas não sem um custo.*

Na ausência do Homem-Aranha, a criminalidade em New York aumenta em 75%. Na verdade, Peter não pode sequer descer a rua sem encontrar alguém que precisa da ajuda do Homem-Aranha. Satisfeito porque sua vida está mudando para melhor, mas perturbado pelo pensamento de que está fugindo às suas responsabilidades, o frustrado Peter Parker olha pela janela de seu minúsculo apartamento conjugado e pergunta a si mesmo e à cidade que jurou proteger: "O que eu devo fazer?"

COM GRANDE PODER VEM — O QUÊ?

Essa é uma boa pergunta. O que Peter Parker deveria fazer? Tio Ben diz ao sobrinho que com grande poder, vem grande responsabilidade. Mas o que isso significa? Que Peter tem a responsabilidade de usar seus fantásticos poderes para combater o crime e oferecer ajuda àqueles em necessidade? Ele é obrigado a assumir o papel de Homem-Aranha? E quais são os deveres que vêm com esse papel? Será que ele sempre terá de deixar seus interesses pessoais em segundo plano? É certo ele enganar os amigos e a família quanto às suas escapadas aracnídeas? Como ele deveria interagir com um público que não confia nele e uma cidade que tenta prendê-lo? E quais são suas responsabilidades com relação à vivaz cavalgada de vilões que ele combate com frequência?

Uma das coisas que fazem do *Homem-Aranha* uma obra de ficção tão atraente é que a história não tem medo de nos mostrar um super-herói lidando com essas perguntas. Desnecessário dizer, porém, que Peter Parker não é o único garoto na vizinhança com superpoderes. Os quadrinhos fizeram surgir um Universo repleto de pessoas com habilidades fantásticas. O que eles devem fazer? É dever deles usar capa ou máscara, ou um macacão colorido e assumir o papel de herói? E então, dever ou não, para aqueles que adotam essa função, que obrigações ela implica?

Observe que essas perguntas não questionam como as pessoas superpoderosas e super-heroicas realmente vivem a vida. Para encontrar a resposta, não precisamos procurar além das crônicas de suas aventuras. O que elas questionam é como essas pessoas *deveriam* viver a vida. São o que os filósofos chamam de perguntas normativas. Ética Normativa é o ramo da Filosofia Moral que nos fornece os recursos necessários para as respostas. Começaremos nossa investigação, portanto, examinando o que uma das teorias mais proeminentes da Ética Normativa — o utilitarismo — tem a dizer a respeito dos deveres de indivíduos superpoderosos. Mas, antes, precisamos lidar com dois feios duendes.

Qualquer investigação filosófica dos deveres morais inclui inevitavelmente considerações do que é bom ou mau e certo e errado.[77] Duas visões filosóficas extremas fariam de tal investigação um desperdício de tempo. O niilismo ético afirma que as propriedades morais simplesmente não existem. Nada é bom ou mau de verdade, e não moralmente certo ou errado. Os relativistas éticos fazem uma afirmação diferente, a de que as propriedades morais são sempre relativas a um ponto de vista e a um conjunto de padrões. Sob essa perspectiva, não existem respostas universais e objetivas às perguntas que queremos fazer.

Felizmente, podemos descartar essas visões. Os filósofos que tentaram defendê-las se depararam com algumas notórias dificuldades. E, se as examinarmos, nenhuma delas reflete nossas crenças comuns acerca dessas questões. A maioria de nós não acha que as ações nunca são más ou boas; tampouco pensamos que uma ação só é boa ou má de maneira relativa, sob uma perspectiva limitada. Pelo contrário, a maioria das pessoas acredita, por exemplo, que o auxílio prestado por Madre Teresa aos pobres era um bem objetivo e que as políticas de genocídio eram um mal real e absoluto. Por esses motivos, não deixaremos que o niilismo ético e o relativismo ético nos detenham, e nossa discussão deverá pressupor que essas visões são falsas. A moralidade é real, e não apenas relativa.

PODE ARRUMAR A FANTASIA, COLEGA. O DEVER CHAMA

Agora, vamos mergulhar naquela que é talvez uma das visões filosóficas mais famosas na história, o utilitarismo. O utilitarismo é uma teoria ética que vem em várias formas e tamanhos. Jeremy Bentham (1748-1832) e John Stuart Mill (1806-1873), seus dois mais famosos proponentes, ofereceram diferentes versões de seus elementos específicos[78] e os utilitaristas contemporâneos as refinaram. Vamos passar por cima dessas nuanças e nos concentrar principalmente na versão de Mill, ou pelo menos em sua interpretação da teoria.

O utilitarismo define o que torna um ato certo baseado em sua visão do que torna um ato bom. O cenário maior tem o seguinte aspecto. A retidão ou o erro de um ato é determinado por suas consequências; de modo

---

77. *Aqui e em todo o ensaio, as propriedades normativas que eu tenho em mente — propriedades ligadas a valor — são morais, diferentes das estéticas. Por exemplo, ajudar os pobres é bom e a comida de minha mãe é boa, mas só o primeiro item é bom no sentido moral (por mais santa que minha mãe seja, sua comida feita em casa não cai na categoria de coisas moralmente boas).*

78. *Ver* An Introduction to the Principles of Morals and Legislation *(1789) de Bentham e* Utilitarismo *(1861) de Mill. Um triste fato é que as primeiras edições desses clássicos da Filosofia devem valer hoje menos que uma edição nova dos quadrinhos de* Detective Comics *#27.*

específico, determina-se pela quantidade de bem produzido pelo ato. O bem, por sua vez, é, em essência, atrelado à felicidade, e a felicidade constitui-se na presença do prazer e na ausência da dor. Por isso, a retidão ou o erro de qualquer ação é o resultado do prazer e da dor que ela produz.

É a felicidade *geral* resultante de uma ação que determina sua retidão ou erro, não apenas a felicidade da pessoa que a realiza. Isso significa que os prazeres e as dores produzidos em todos os seres capazes de ter essa experiência são levados em conta quando uma ação é avaliada sob o ponto de vista moral. Além dos prazeres físicos, há prazeres intelectuais, emocionais, artísticos e assim por diante — e o mesmo acontece com as dores. Desnecessário dizer, seres capazes de experimentar prazer e dor nem sempre têm o mesmo espectro de experiências disponível. Um gato, por exemplo, é capaz de desfrutar o prazer que resulta de comer um bom atum, mas é incapaz de sentir o mesmo prazer oriundo da leitura de *Watchmen*.

De acordo com o utilitarismo, portanto, uma pessoa age certo quando, de todas as ações que lhe estiverem disponíveis no momento, ela escolhe aquela que produz o bem maior, que é determinada pela quantidade de felicidade resultante da ação. E isso deve ser julgado pelo grau em que tal ação maximiza o prazer geral e minimiza a dor geral.

Há vários motivos para acharmos essa visão atraente. Talvez o mais óbvio seja que ela capta o que parece ser um *insight* básico da moralidade, ao saber, que a ação certa em qualquer situação — aquela que deve ser tomada — é a que resulta no maior bem geral. Isso parece correto. Diante da escolha entre duas ações que produzirão diferentes quantidades de felicidade, não parece certo em tempo algum escolher a que gerará a quantidade menor. Outro ponto a favor do utilitarismo é que ele associa o bem à felicidade, e esta à maximização de prazer e à minimização de dor. É bem plausível pensar que uma coisa é boa por ser prazerosa e não dolorosa. E outro motivo atraente para endossar tal visão é que ela oferece uma regra clara para guiar nosso comportamento: devemos sempre agir no sentido de obter o bem geral.

Vejamos como o utilitarismo funciona. Suponha que Clark Kent está diante da escolha entre representar o *Daily Planet* em uma entrevista coletiva ou salvar um avião apresentando falha de motor. Se ele não for à entrevista, perderá o emprego. Se o avião cair, centenas de pessoas morrerão. O que ele deveria fazer? Os utilitários respondem que ele é obrigado a executar a ação que produz o maior bem geral. Presumimos, portanto, que ele deve salvar o avião, embora isso lhe custe o emprego.

Isso mostra que, se o utilitarismo estiver correto, devemos estar preparados para fazer sacrifícios pessoais se quisermos cumprir nossos deveres morais. Claro que um repórter comum não seria obrigado a deixar de lado a entrevista coletiva para salvar um avião, pois essa não seria uma opção para ele. Os utilitaristas não dizem que nós temos o dever de fazer coisas que *não podemos*. Quando temos a escolha entre gastar cem dólares de renda extra em um par de *jeans* de marca ou doar esse dinheiro à caridade, esses filósofos dizem que somos obrigados a doar o dinheiro. A teoria do utilitarismo manda-nos avaliar cursos mais amplos de ação. Você deve ser professor? Ser pai? Cientista e construtor de foguetes? Mais relevante aos nossos interesses aqui, qualquer indivíduo com as habilidades apropriadas terá o dever de se tornar um super-herói? Como é de se esperar, os utilitaristas afirmam que as respostas a essas perguntas são determinadas pelas consequências provocadas por cada uma dessas funções sociais. Supondo que seja uma opção genuína você assumir um papel social específico (afinal, é preciso uma mente afiada para construir foguetes, e superpoderes — ou pelo menos poderes normais superdesenvolvidos — para ser um super-herói), você é obrigado a adotá-lo somente se isso gerar o maior bem comum. Desnecessário dizer, então, que os indivíduos com superpoderes têm o dever de se tornar super-heróis, uma vez que o trabalho deles é promover o bem de todos. Agora, temos uma resposta à pergunta de Peter Parker em *Homem-Aranha 2*. De acordo com o utilitarismo, ele é obrigado a continuar como nosso amigável super-herói da vizinhança. Essa tarefa pode lhe causar grande dor, mas ela é superada pelo bem geral que suas atividades super-heroicas trazem ao mundo.

ORA ESSA! EU É QUE TENHO DE FAZER O DIA VALER?

Mas a história não para por aí. O utilitarismo não é a única teoria filosófica no mercado, e ela enfrenta algumas sérias objeções. Será verdade que Peter *precisa* ser o Homem-Aranha? É dever dele ser um super-herói, mesmo que sua vida pessoal continue de mal a pior? E, de um modo geral, as pessoas com superpoderes são obrigadas a agir de determinada maneira que promova o bem maior, mesmo que isso exija grande custo pessoal? Antes de aceitarmos as conclusões do utilitarismo, precisamos examinar alguns de seus problemas.

Qualquer teoria moral válida exige, às vezes, que façamos sacrifícios pessoais. O utilitarismo, porém, exige muito. Suponha que Juggernaut esteja à solta novamente e que Jean Grey use seus poderes telecinéticos para detê-lo. Sendo Juggernaut quem é, essa tarefa não é fácil. Jean fica seriamente enfraquecida. Juggernaut, por sua vez, aproveita uma oportunidade para tirá-la do seu encalço, derrubando um ônibus cheio de gente contra a lateral de uma ponte. As habilidades de Jean podem garantir a segurança dos passageiros, mas, em seu estado atual, ela sabe que o esforço para salvá-los lhe causará sérios danos cerebrais e até a morte. Jean, sem dúvida, escolherá salvar os passageiros. Concordamos que tal atitude desencadeia o bem maior. Certamente, todos admiramos as ações altruístas de Jean. O problema, porém, é que os utilitaristas afirmam que Jean estaria errada em não sacrificar sua vida. E isso, como dizem os filósofos, não é intuitivo. É contra nossas crenças morais pré-teóricas.

Nós acreditamos realmente que Jean mereceria uma séria acusação moral, se tivesse feito a angustiada escolha de continuar viva, em vez de se matar extinguindo seus poderes mentais? Claro que não. O utilitarismo oblitera a possibilidade de uma ação *supernobre*, que significa ir além do chamado do dever. Atos supernobres são aquelas boas ações que, no entanto, não constituem obrigações.

Um utilitarista pode responder a essa dúvida sugerindo que o ato de Jean salvar os passageiros, na verdade, não traria o bem maior. Afinal, se Jean morresse salvando-os, ela nunca mais poderia salvar outras vidas. E com certeza deverá haver inúmeras pessoas que precisarão ser salvas, no futuro. Então, se o que queremos é a promoção do bem maior, devemos concluir que Jean não deveria se sacrificar pelos passageiros. Essa resposta, porém, apresenta um problema tão sério para o utilitarista quanto o outro que ele estava tentando abordar, pois agora ele precisa afirmar que Jean é obrigada a não salvar os passageiros. Mas, assim como parece inapropriado Jean salvar a própria vida na situação, também seria inapropriado culpá-la por sacrificar sua vida. Imagine só, criticar tamanho altruísmo! O ponto focal aqui é que as nossas intuições nos dizem que a escolha de se sacrificar para salvar a vida dos passageiros e a alternativa de poupar a própria vida deixando os passageiros morrer são duas ações permissíveis a Jean, e o utilitarismo não possui os recursos necessários para lidar com tais intuições nos atos supernobres.

Um problema relacionado é que o utilitarismo nos força a escolher ações que vão contra a essência de nosso caráter.[79] Considere a seguinte situação. A Mulher-Maravilha se vê mais uma vez enfrentando Ares, e o deus da guerra dessa vez foi longe demais. Ele lhe apresenta uma garotinha e diz que, se ela não matar a criança, ele desencadeará uma guerra biológica global que levará milhões de vidas. Suponhamos que Ares esteja dizendo a verdade e que a Mulher-Maravilha não possa detê-lo, por mais que tente. É óbvio que matar garotinhas vai contra tudo o que a Mulher-Maravilha defende. Mas o utilitarismo exigiria que ela tirasse a vida da criança, pois tal ato desencadearia o bem maior. De acordo com essa visão, a Mulher-Maravilha estaria agindo errado se poupasse a vida da menina. Mas as nossas intuições sugerem exatamente o contrário: ela estaria fazendo algo terrível se matasse uma criança inocente. Mais uma vez, nosso instinto rejeita o julgamento do utilitarismo.

Outro problema com a filosofia utilitarista é sua abordagem da justiça. Em *The Joker: Devil's Advocate*, o Coringa vê-se condenado à morte.[80]

---

79. Essa crítica se deve a Bernard Williams. Ver J.J.C. Smart e Bernard Williams, ed., Utilitarianism: For and Against *(Cambridge: Cambridge University Press, 1973)*, pp. 93-100.
80. The Joker: Devil's Advocate, *de Chuck Dixon e Graham Nohan (New York: DC Comics, 1996).*

Mas, veja a ironia, ele foi considerado culpado por um crime que, dessa vez, não cometeu. Todos nós concordamos que deixar o Coringa morrer traria um bem maior que salvá-lo dessa estranha situação. Inumeráveis futuras ondas de assassinato por parte dele seriam evitadas. Mas Batman sabe que o Coringa não cometeu esse crime e tem como provar isso. Deveria deixá-lo morrer por um crime que não cometeu? Os utilitaristas dizem que sim. Mas tal atitude seria injusta e ninguém deve fazer o que é injusto. Batman sabe disso e recusa-se a deixar seu perverso adversário ser executado por motivos falsos.

Mais um ponto a ser levantado contra o utilitarismo diz respeito à completa ênfase nas consequências das ações. Mais uma vez, isso levaria a resultados não intuitivos. Suponha que o Duende Verde decida atrair a atenção do Homem-Aranha aterrorizando pedestres. Deslizando pelas ruas, ele vê um alvo apropriado descendo a Fith Avenue (Quinta Avenida). Laçando o homem com um fio, o Duende Verde o puxa atrás de seu deslizador, subindo e descendo a rua, rindo maldosamente o tempo todo. O que não sabíamos, é que o homem é um lavador de pratos ressentido, que estava a caminho do restaurante em que ele trabalha e preparado para descarregar uma arma contra um grupo de clientes. Não só a ação do Duende interrompe a trama nefária, mas a experiência traumatiza o homem enlouquecido a tal ponto que, após o Homem-Aranha entrar em cena e libertá-lo, ele abandona o plano assassino, destrói a arma e inscreve-se para um curso de controle de raiva. No fim das contas, o Duende Verde fez algo que gerou um bem maior do que se tivesse deixado o homem em paz. Sua ação impediu que vinte ou mais vidas fossem tiradas. Então, ele agiu certo? Os utilitaristas são obrigados a dizer que sim. Mas não está correto. Arrastar o homem pela Fith Avenue (Quinta Avenida) com a intenção de traumatizá-lo e atrair o Homem-Aranha é errado, ainda que produza um bem maior não intencional.

SOU AMANTE, NÃO LUTADOR!

Essas considerações mostram que o utilitarismo enfrenta alguns tremendos obstáculos em sua tentativa de nos dar uma teoria ética viável. Claro que muitos brilhantes filósofos inclinados para o utilitarismo continuam desenvolvendo argumentos em resposta às objeções aqui levantadas. Mas os problemas que destacamos justificam nossa procura por uma estrutura moral diferente para analisar nossa pergunta acerca do que os super-heróis devem fazer. Exploremos, então, a principal alternativa que nos é disponível na teoria moral, uma posição ética não consequencialista.

As teorias não consequencialistas, leais ao nome, negam que o valor moral das ações é determinado apenas por suas consequências. O kantismo é a mais famosa dessas teorias, e chega ao extremo de afirmar que as consequências das ações não têm a menor importância em determinar seu valor moral. O grande filósofo Immanuel Kant (1724-1804) acreditava que nosso dever fundamental é agir de uma maneira que satisfaça o que ele chamava de "o imperativo categórico", uma formulação que dita que nós sempre devemos tratar as pessoas como fins em si e não como meros meios.[81] Isso implica algo como sempre respeitar as pessoas por seu valor intrínseco e nunca usá-las para os nossos propósitos pessoais, como se tivessem mero valor instrumental. Mas Kant também enfatizava que realizar uma ação de acordo com o imperativo categórico não basta para ela ser boa. Em essência, a ação deve ser feita também pelos motivos certos; ou seja, você deve fazê-la justamente porque é seu dever. Segundo essa interpretação, portanto, nossas intenções são relevantes ao valor moral do que nós fazemos. Assim, se uma ação trata as pessoas como fins em si e não apenas meios para alguém alcançar outros fins, e se alguém realiza tal ação porque pretende seguir seu dever tratando as pessoas de modo apropriado, então sua ação é boa, independentemente das consequências.

Os não consequencialistas, na maioria, não são kantianos estritos, mas todos partem do sistema de Kant, e nós faremos o mesmo. Nosso interesse imediato é determinar o que uma perspectiva não consequencialista tem a dizer acerca das obrigações dos indivíduos com superpoderes. Exige que eles sejam super-heróis, assim como o utilitarismo?

Para começarmos a responder, vejamos uma importante distinção que alguns não consequencialistas fazem entre deveres positivos e negativos. Os deveres positivos são as obrigações de se fazer coisas que ajudam as pessoas, como, por exemplo, cuidar dos doentes ou alimentar os pobres. Os deveres negativos, em contraste, são as obrigações de não se fazer coisas que prejudicam as pessoas, como mentir ou atacar uma pessoa inocente. São limites às nossas ações. O cumprimento de nossos deveres positivos e negativos é um meio de praticar a ideia kantiana de tratar as pessoas como fins em si e não como meros meios. Em particular, quando cumprimos nossos deveres positivos, tratamos as pessoas como fins em si (mostrando-lhes respeito) e, ao cumprir os deveres negativos, nós evitamos tratá-las como meios (evitamos usá-las). E, assim como Kant dava maior ênfase à importância de não tratar as pessoas como meros meios que à importância de tratá-los como fins em si, também os não consequencialistas que aceitam a distinção entre deveres negativos e positivos dão maior ênfase aos negativos.

Para ver o resultado disso, suponha que o Dr. Destino tenha deixado duas pessoas gravemente feridas na onda de seu mais recente ataque contra o Quarteto Fantástico. Reed Richards, também conhecido como sr. Fantástico, pode salvar a vida delas com um dos maravilhosos dispositivos que ele construiu, mas essas pobres pessoas encontram-se em condições tão

---

81. Ver a obra de Kant, Fundamentação da Metafísica dos Costumes *(1785)*.

ruins, que ele precisa de certos órgãos internos vitais para fazer isso. Ele teria a permissão de matar um pedestre nas redondezas e usar os órgãos dele para curar as vítimas do Dr. Destino? Se um utilitário respondesse a essa pergunta, diria que sim; pois, nesse caso, salvar duas vidas promove um bem maior do que não tirar uma. Mas as nossas intuições dizem que Reed Richards certamente não tem a permissão de fazer isso. E o não consequencialista concorda. Como os deveres negativos são mais fortes que os positivos, nós somos proibidos de cumprir nossos deveres positivos violando os negativos. Portanto, o sr. Fantástico não pode violar seu dever negativo de não matar um inocente para cumprir um dever positivo de curar os feridos.

Um resultado importante disso é que os não consequencialistas geralmente não atropelam as ações se não for possível realizar ambas; mas fazer uma delas satisfaria alguns deveres positivos sem violar nenhum negativo. Em uma situação assim, uma ou outra ação é permissível. Com isso em mente, vamos voltar ao caso que iniciou nossa discussão. Sob a plausível pressuposição de que nenhum dever negativo é violado pela escolha de Peter Parker em ser Homem-Aranha ou não continuar sendo Homem-Aranha, e, supondo que qualquer uma das opções lhe permitirá satisfazer alguns deveres (ajudar as pessoas, por exemplo, fazendo as coisas que os super-heróis fazem ou, como alternativa, investindo suas energias em pesquisas científica e médica), os não consequencialistas concluiriam que ambas as escolhas são permissíveis.

Peter, claro, opta por ser o Homem-Aranha. Desde que ele tenha boas intenções para tal escolha, os não consequencialistas afirmariam ainda que sua escolha não só é permissível, mas é boa. Se ele tivesse escolhido não ser o Homem-Aranha, porém, não estaria fazendo nada de errado. Na verdade, desde que essa escolha contrária fosse feita com as intenções certas, a decisão de não ser Homem-Aranha também seria boa.

De acordo com essa perspectiva, optar por não ser um super-herói é um ato supernobre, que transcende o chamado do dever. Os não consequencialistas, portanto, não pensam que indivíduos dotados de superpoderes são obrigados a servir ao mundo como super-heróis. Isso significa que, se Peter quiser pendurar a fantasia e dedicar-se à ciência e ao amor de sua vida, Mary Jane, ele teria permissão para isso. E, se Clark Kent quiser largar seus poderes para ficar com Lois Lane — uma escolha que ele tem de fazer em *Superman II* —, também é permissível.

E assim é que deve ser. Afinal de contas, achamos que parte do heroísmo dos super-heróis é que eles não precisam fazer o que fazem. Eles têm permissão para viver uma vida comum. O fato de escolherem outro caminho é que faz suas ações serem dignas de louvor. A grande responsabilidade que vem com grande poder não é o dever de usar esse poder como super-herói; é, no máximo, uma obrigação de não prejudicar os outros usando-o de modo errado.

Uma pergunta interessante, porém, continua sem resposta. Para aqueles que escolhem assumir a função de um super-herói, como deveriam se conduzir? Já sabemos que o trabalho dos super-heróis é combater o crime, ajudar os indefesos e proteger as pessoas contra as perversas maquinações dos supervilões. Os super-heróis empenham-se de maneira agressiva nessas nobres tarefas, mesmo sob risco pessoal. Mas eles também costumam se comportar de maneiras que podem não ser moralmente apropriadas. E essa é uma questão que precisamos explorar um pouco mais.

LUTEI CONTRA A LEI E A LEI VENCEU

Um ponto que merece investigação é como os super-heróis, em sua perseguição aos criminosos, devem interagir com os órgãos responsáveis pelas leis. Nem precisaríamos dizer que há, na melhor das hipóteses, um relacionamento de conveniência entre a maioria dos cavaleiros cruzados mascarados e os oficiais da polícia que protegem as mesmas vizinhanças pelas quais eles zelam. Batman, por exemplo, embora visto com desconfiança por muitos oficiais da polícia de Gotham City, tem como aliado o tenente (mais tarde comissário) Gordon. Como resultado, ele é capaz de trabalhar com as autoridades para prender criminosos. Mas seus métodos ainda geram perguntas.

Os oficiais de polícia de Gotham devem seguir certas leis. Eles são proibidos de vasculhar as casas das pessoas sem um mandado de busca, usar táticas de intimidação física para obter informação e prender pessoas sem provas contra elas e sem ler os seus direitos. Mas Batman não é um oficial da polícia. Ele não precisa de um mandado para invadir o covil de um criminoso, usa táticas de intimidação física o tempo todo para conseguir informações e costuma prender criminosos sem possuir evidências legais suficientes contra eles, e com certeza não lê seus direitos. Batman deveria fazer essas coisas?

Pode-se argumentar que os procedimentos de Batman resultam em grandes bens. Quanto a isso, não há dúvidas. Mas, como aprendemos com nossa análise do utilitarismo, um curso de ações que produz o bem maior pode ainda assim ser errado. Na verdade, referindo-se à nossa discussão do não consequencialismo, parece razoável supor que os oficiais de polícia são obrigados a agir com certas restrições porque a lei, nesse caso, reflete nossos deveres negativos. Todos nós temos um dever negativo de não invadir a casa dos outros sem um bom motivo, não intimidar ninguém fisicamente e não prender uma pessoa sem uma causa apropriada. Outra maneira de agir seria não só ilegal, mas também imoral. Portanto, na ausência de circunstâncias que possam anular esse direito (e a maioria dos não consequencialistas afirma que os deveres negativos podem ser anulados em algumas condições), Batman deveria corrigir sua tática de combate ao crime. E o mesmo acontece com todos os super-heróis.

Mas essa ideia pode nos chocar. Poderíamos ser facilmente tentados a argumentar que, assim como as pessoas superpoderosas podem assumir certas obrigações quando optam por ser super-heróis, elas também ganham alguns privilégios. Afinal de contas, as pessoas que adotam outras funções elevadas na sociedade às vezes ganham privilégios. Em Washington D.C., por exemplo, membros do Congresso são isentos de receber multas de trânsito se infringirem a lei enquanto estão em serviço oficial do governo. Embaixadores estrangeiros também possuem algumas formas importantes de imunidade diplomática para prender e processar. Então, talvez os super-heróis, por causa de seus talentos e disposição para assumir riscos graves na perseguição a criminosos, devessem ser isentos de algumas leis que restringem os oficiais comuns.

Essa forma de pensamento é falha por dois motivos. Primeiro, os oficiais de polícia também correm sérios riscos em seus esforços em combater o crime e ajudar as pessoas. Os super-heróis, não deveriam ganhar isenções especiais por esse motivo, a menos que os policiais também as tivessem. Mas, claro, nós não concordamos com isso. Precisamos, então, justificar a isenção de limites aos super-heróis mas não aos policiais, apelando para o fato de que os super-heróis têm maiores poderes que os oficiais de polícia. Mas o poder em si não justifica um tratamento legal oficial, pois as leis devem ser impostas tanto aos fracos quanto aos poderosos. Em segundo lugar, e mais importante, os privilégios considerados são isenções de deveres não só legais, mas também morais. E essa é uma diferença crucial.

Vamos admitir que o legal e o moral nem sempre coincidam. Atravessar fora da faixa de pedestres é ilegal, mas não imoral; e mentir para um amigo é imoral, mas não ilegal. De um modo geral, porém, o que é imoral coincide com o que é ilegal. Assassinar uma pessoa é ao mesmo tempo imoral e ilegal. Com isso em mente, as isenções da lei podem ser permissíveis se essas leis não expressarem nossos deveres negativos, os quais, lembre-se, são os deveres morais mais importantes que temos. A imunidade às multas de trânsito concedida aos membros do Congresso mediante certas circunstâncias é um exemplo, uma vez que eximir alguém de uma lei de trânsito não o exime de seus deveres negativos. Mas uma isenção não é permissível se a lei em questão de fato transmitir deveres negativos relevantes. Isso porque a essência dos deveres negativos é que eles se aplicam a *todas* as pessoas, independentemente de sua função na sociedade. E, como nós já concordamos, as leis às quais os policiais devem obedecer ao perseguir criminosos são leis que refletem seus deveres negativos: não é apenas ilegal surrar uma pessoa durante o interrogatório, é também imoral. Assim, embora seja permissível eximir o Super-Homem das leis de voo em locais proibidos, ou Batman das leis de trânsito (o batmóvel é rápido demais), não é permissível eximi-los de leis que reflitam deveres negativos básicos.

Um tema de interesse relacionado a esse assunto tem a ver com as responsabilidades que os super-heróis têm para com as forças policiais que tentam prendê-los. O pobre Homem-Aranha, incompreendido como costuma ser, é constantemente procurado pela polícia de New York. Às vezes é apenas para um interrogatório, mas outras vezes há um mandado de prisão contra ele. Nessas ocasiões, Peter prefere evadir a polícia. Ele pensa que ou as acusações serão retiradas quando os verdadeiros criminosos forem presos — uma tarefa da qual ele mesmo se encarrega — ou são de cunho político e, com o tempo, também serão retiradas. Suponhamos que ele esteja certo. Mesmo assim, é permissível evadir a polícia?

Agindo assim, Peter parece exibir uma atitude um tanto leviana em relação ao Estado e à instituição legal como um todo. Como todos nós, Peter é um cidadão de seu país, estando portanto sujeito à sua autoridade. E, como Sócrates define com tanta eloquência no diálogo *Crítias*, de Platão, todos nós temos um dever *moral* como cidadãos de obedecer a essa autoridade.[82] Claro que há circunstâncias óbvias nas quais esse dever é anulado, como, por exemplo, quando as leis do Estado são imorais ou suas autoridades corruptas. Mas Peter não evade a polícia porque acha que a polícia é corrupta ou que as leis das quais ele é acusado de quebrar são imorais. Ele sabe que foi acusado injustamente, mas esse fato em si não lhe dá o direito de sobrepujar as autoridades. Parece ser sua obrigação, nesses casos, aceitar a prisão e depois buscar os meios legais de exoneração. E, para isso, ele pode recorrer a um grande advogado como Matt Murdock.

Ignoramos, porém, uma resposta importante disponível aos super-heróis em defesa de sua tática evasiva. Se eles forem capturados, terão de comprometer suas identidades secretas. E aqueles que escolheram ser super-heróis têm bons motivos para manter o público ignorante de sua identidade real. Como eles mesmos ressaltam, se seus inimigos soubessem quem eles são, esses vilões não hesitariam em aterrorizar, talvez até em matar, suas famílias e amigos, ou por simples vingança ou para impedir suas ações como super-heróis. Assim, cedendo às autoridades em situações em que são acusados injustamente, eles não só comprometem a vida de seus entes queridos e amigos, mas também sua habilidade para continuar servindo como super-heróis. Nesse caso, as consequências sérias de o mundo descobrir, por exemplo, que Peter Parker é o Homem-Aranha justificam sua evasão da polícia.

Essa posição é consistente com o não consequencialismo, ou pelo menos com suas variedades não kantistas (já que o próprio Kant não toleraria nenhuma espécie de mentira). Os não consequencialistas, afinal, não dizem que as consequências *nunca* são importantes em determinar a

---

82. *Traduzido para o inglês por Hugh Tredennick em* The Collected Works of Plato, *editado por Edith Hamilton e Huntington Cairns (Princeton: Princeton University Press, 1980).*

permissibilidade das ações. Eles apenas afirmam que elas não são a única coisa importante.

MAS É SÓ UMA MENTIRINHA!

O tópico das identidades secretas leva-nos ao último ponto que estamos examinando. Reconhecemos que os super-heróis têm bons motivos para manter o público ignorante acerca de suas verdadeiras identidades. Mas será que a mesma coisa se aplica às suas famílias e amigos? Os super-heróis não costumam negar o papel que assumiram, senão pelo motivo de que suas famílias e amigos não lhes fazem esse tipo de pergunta. Seus entes queridos, porém, perguntam com frequência onde eles estiveram e o que estavam fazendo. E é nesse momento que os super-heróis escolhem mentir e usar outras estratégias enganosas (omitir a verdade, deixar que sejam feitas falsas inferências e coisas assim). Mas é permissível para eles enganar as próprias pessoas de quem eles mais gostam?

Kant afirmava que nosso dever negativo de não mentir é absoluto e não pode ser violado. Se ele sentia que o mesmo se aplica a outros casos de engodo, não sabemos com certeza. De qualquer forma, a maioria dos não consequencialistas segue uma abordagem mais flexível. Podemos facilmente imaginar casos em que o nosso dever de não enganar é frustrado por outras considerações. Veja, por exemplo, o caso da bondosa tia May. Peter teme que, se contar a ela que ele é o Homem-Aranha, isso lhe causaria um dano irreparável. Ela não seria capaz de suportar a notícia; de fato, se descobrisse as aventuras de seu sobrinho, poderia literalmente morrer de preocupação. Nessa situação, sem dúvida, é permissível enganá-la. Poderíamos ver isso como um conflito resolvível entre dois deveres negativos. Peter tem o dever de não enganar sua tia, mas também tem o dever de não causar a ela graves danos físicos. O último dever é intuitivamente mais importante que o primeiro; portanto, ele tem a permissão de enganar a doce velhinha.

Mas outros casos de engodo não são tão claros. Clark Kent ama Lois Lane. Ele tem permissão de mantê-la ignorante de seu papel como Super-Homem? (Ignoremos o fato de que, em *Superman II*, ele conta a ela que ele é o Super-Homem, para depois apagar-lhe da memória a lembrança de sua identidade perto do fim do filme, sem ao menos procurar a aprovação da moça antes de fazer isso. Credo!) Clark deve ter refletido que, se contar a Lois a verdade, seus inimigos provavelmente descobrirão sua identidade secreta e a vida dela correrá perigo. Peter Parker pensa do mesmo jeito ao justificar para si mesmo por que não deve contar a Mary Jane que é o Homem-Aranha. Por isso, Clark tem um dever de não enganar a mulher que ama, mas também tem o dever de não colocar a vida dela em risco. Esse último dever é mais importante que o primeiro, portanto Clark tem a permissão de não dizer a Lois a verdade sobre quem ele é.

Mas, será que isso colocaria mesmo a vida de Lois em perigo? Claro que, se o público descobrisse sua identidade secreta, esse risco existiria. Mas em que sentido o fato de contar a verdade só a ela resultaria na mesma ameaça? Parece haver uma suposição implícita e perturbadora de que Lois não é capaz de guardar segredo — ou, em outras palavras, contar a ela equivale a contar ao mundo. Peter parece ter a mesma ideia a respeito de MJ. Mas, sem dúvida, as mulheres amadas por esses homens deveriam merecer maior confiança.

Entretanto, há outro dano que Clark e Peter podem expor ao justificar seus segredos. Clark deve conhecer Lois o suficiente para saber que, apesar daquela fachada austera e coragem profissional, ela se preocuparia demais com ele se soubesse sua verdadeira identidade. Enquanto ela pensar nele apenas como o insípido Clark Kent, não precisa se preocupar o tempo todo com a presença da kriptonita quando os dois estiverem juntos, ou imaginar qual novo esquema nefário Lex Luthor guarda na manga. Peter também quer poupar MJ da preocupação de que, quando ele pular para fora da janela, nunca voltará. A ideia é que o dever de Clark e o dever de Peter de evitar infligir danos psicológicos prolongados às pessoas que eles amam supera o dever de lhes contar a verdade acerca de suas reais identidades. Mas, por mais bem-intencionado que seja esse pensamento, não convence. É complacência demais da parte deles supor que as mulheres de suas vidas não poderiam conviver com suas identidades de super-herói. Omitindo delas a verdade, eles não as tratam com o devido respeito que elas merecem como pessoa. Os super-heróis, portanto, têm o dever, nesses casos — como todos nós —, de dizer às pessoas que eles amam quem são de fato.

Vimos que as pessoas com superpoderes enfrentam muitas e importantes questões éticas, e fizemos o melhor possível para sugerir algumas respostas. Ter superpoderes não obriga uma pessoa a se tornar super-herói, mas, se tal indivíduo resolver adotar esse papel, há muitas responsabilidades que vêm com a função. Além de combater o crime e ajudar aqueles em necessidade, nosso superguardião precisa também adotar os mesmos padrões que a polícia segue e aceitar a autoridade dela quando for apropriado. E tal indivíduo deve estar disposto a revelar a verdade àqueles que lhe são mais próximos. Desnecessário dizer, essas são apenas algumas das questões que os super-heróis enfrentam. E nossa discussão, como a maioria dos exames filosóficos, chegou a conclusões no máximo experimentais. Mas é só o que podemos esperar. Afinal, não somos super-heróis.

CAPÍTULO 15

POR QUE SER UM SUPER-HERÓI? POR QUE SER MORAL?

C. Stephen Layman

Você gostaria de ser um super-herói? Não responda tão rápido! Claro que há algo muito atraente naqueles poderes especiais. A maioria de nós adoraria surpreender os amigos, prender bandidos, fazer do mundo um lugar mais seguro e ficar famoso nessa barganha. Mas as primeiras ideias costumam ser superficiais. Eu quero explorar a pergunta "por que ser um super-herói?" usando um insight *do filme* Homem-Aranha *original. Vou demonstrar que, na verdade, a simples pergunta, "por que ser um super-herói?" é uma das grandes e clássicas perguntas filosóficas disfarçadas.*

O PROBLEMA PARA O HOMEM-ARANHA

O filme *Homem-Aranha* retrata um mundo moral, repleto de bem e mal. Há muitos vilões de pequeno porte, bem como um vilão de primeira classe, o Duende Verde. E, desde o começo do filme, os personagens do tio Ben e da tia May destacam-se como exemplos claros de virtude moral — pessoas honestas em quem você pode confiar, com um forte senso de certo e errado.

Quando uma aranha geneticamente modificada pica o jovem acadêmico Peter Parker, ele adquire surpreendentes novos poderes da noite para o dia. Usando esses poderes, Peter derrota com facilidade o briguento da escola — o atlético Flash Thompson —, para o assombro de seus colegas. E quase imediatamente, ele é tentado a usar seus poderes para fins próprios. A fim de comprar um carro esporte e impressionar sua Mary Jane, a garota de seus sonhos, Peter entra em um concurso de luta livre cujo prêmio é 3 mil dólares. Vence o concurso, mas o promotor das lutas paga só 100 dólares, alegando que ele ganhou rápido demais. Peter responde: "Mas eu preciso desse dinheiro", ao que o promotor replica: "Não vejo isso como problema meu". Peter vai embora frustrado e, dali a alguns momentos, um bandido armado rouba o promotor e, na fuga, passa pelo recém-poderoso rapaz. Peter percebe o que está acontecendo, mas não faz nada para impedir e o ladrão foge. O promotor fica furioso: "Você poderia ter acabado com aquele sujeito! Agora ele vai fugir com o *meu* dinheiro". Mas Peter calmamente saboreia a vingança, dizendo: "Não vejo isso como problema meu".

Todo o incidente levanta de maneira vívida a clássica pergunta filosófica: "Por que ser moral?" Para que fazer a coisa certa, principalmente em um mundo onde as outras pessoas não fazem? Por que Peter deveria ajudar o promotor de luta livre, que acabou de tapeá-lo, não lhe dando os merecidos 2.900 dólares? Por que não usar seus poderes especiais apenas quando fosse para sua vantagem? Por que ser um super-herói, fazendo sacrifícios e se arriscando pelos outros? Qual é a razão disso? Onde está a compensação?

Claro, o tio de Peter já passou a grande lição de moral: "Com grande poder, vem grande responsabilidade". Mas será mesmo? Afinal de contas, com grande poder vem uma grande oportunidade de satisfazer seus desejos, e isso sugere um *slogan* alternativo: "Com grande poder, vem grande satisfação pessoal". Talvez a ideia de ser um super-herói perca parte de sua atratividade se um grande poder trouxer consigo um peso maior de obrigação moral. Por que ser um super-herói, usando seus poderes para ajudar aqueles em necessidade, quando você poderia ter uma *supervida*, usando seus poderes para sua vantagem e para o benefício dos amigos e familiares?

Seja como for, se concordarmos que "com grande poder vem grande responsabilidade", então a pergunta "por que ser um super-herói?" parece uma versão mal disfarçada de uma das clássicas perguntas filosóficas de todos os tempos: "Por que ser moral?" O super-herói tradicional tem um compromisso de promover o bem e combater o mal. Ele é dedicado a ver a justiça prevalecer contra a injustiça, e esse é o principal interesse da moralidade, como um todo.

    Homem-Aranha não só propõe a pergunta "Por que ser moral?", mas também sugere algumas respostas — pelo menos duas. Eu quero explorar essas possibilidades e também considerar algumas outras respostas dadas por filósofos no curso da história.

RESPOSTAS FALSAS

    Há boas razões para alguém ser moral? Nossas razões mais fortes para agir desta e não daquela maneira sempre favorecem nosso dever moral? A maioria das pessoas responderia "sim" a essa pergunta. Se achamos estranho o comportamento de uma pessoa, mas depois descobrimos que ela estava cumprindo seu dever, convencemo-nos de que seu comportamento foi racional. Os teóricos éticos também costumam presumir que os motivos mais fortes sempre favorecem o cumprimento do dever. Afinal de contas, a instituição da moralidade não terá o poder da racionalidade se os motivos mais fortes *não* favorecerem sempre o cumprimento do dever. Nós, humanos, temos uma tendência para acreditar que os motivos mais fortes ou superiores sempre nos apoiam a cometer o ato que é moralmente necessário.

    Por causa dessa tendência, alguns filósofos definem "motivos morais" como "os motivos mais fortes ou superiores". Mas essa, sem dúvida, não é uma definição que aparece nos dicionários, e a ligação entre "motivo moral" e "motivo mais forte" não parece necessária, pois nós podemos imaginar situações em que os motivos morais nem sempre são os mais fortes. Veja uma situação totalmente artificial, só para estabelecermos o princípio: e se, de alguma forma, *soubéssemos* que existe uma divindade todo-poderosa, mas malévola, que se regozija em fazer pessoas virtuosas sofrerem para sempre após a morte, enquanto recompensa os ímpios com uma felicidade eterna? Nessa situação literalmente *desmoralizadora*, parece óbvio que os motivos morais não seriam os mais fortes. Sob tais condições, o simples autointeresse recomendaria evitar a punição eterna dessa maligna divindade, anulando qualquer motivo conflitante que você tivesse para ser moral.

    Claro, queremos saber qual é a situação no mundo real, o mundo em que vivemos. Em especial, queremos saber se os motivos mais fortes para agir de uma maneira e não de outra sempre apoiam aquelas coisas que, tradicionalmente, são vistas como certas ou boas sob o ponto de vista moral. Por exemplo, os motivos mais fortes sempre favorecem evitar assassinato, roubo, adultério e punição dos inocentes? Sempre favorecem cumprir as promessas, dizer a verdade, agir com justiça e ajudar quem precisa (quando a moralidade nos diz que temos de fazer essas coisas)? Se a resposta fosse "não", às vezes seria irracional ou desarrazoado cumprir nosso dever moral — no sentido de que o cumprimento do dever envolveria agir de acordo com os motivos mais fracos em uma situação envolvendo possibilidades alternativas. E se os motivos mais fortes apoiassem de vez em quando ações imorais, então o sistema de moralidade tradicional, visto com um todo, seria questionado. Para que desejaríamos ser morais?

MOTIVOS PARA ALGUÉM SER MORAL

A narrativa do filme *Homem-Aranha* apresenta-nos motivos para sermos morais. O primeiro motivo tem a ver com as consequências de alguém não ser moral. Voltemos à cena envolvendo o ladrão que acabou de roubar dinheiro do promotor de luta livre. Peter poderia ter impedido sua fuga e o prendido, o que seria a atitude certa. Mas ele não faz isso. Peter está zangado com o promotor, o que é compreensível, uma vez que ele o ludibriou, e se deixa dominar pelo desejo de vingança. Assim, ele falha em seu dever moral. O ladrão foge e rouba um carro, baleando o motorista e matando-o. O motorista do carro é o amado tio de Peter, Ben. A sequência narrativa a seguir sugere um motivo para alguém ser moral — chame-o de "Motivo Um".

Motivo Um: Se você não cumprir seu dever moral, será afetado por consequências negativas, de modo direto ou indireto.

A expressão "consequências negativas" é vaga, admito; por isso, deixe-me esclarecê-la. Se as consequências negativas forem menores (como um tapa no punho, literal ou figurativo), elas não proporcionarão motivos suficientemente bons para serem morais. Então, as consequências negativas devem contrabalancear, ou seja, devem ser mais que suficientes para compensar o que quer que ganhe por nao cumprir com sua obrigação. Além disso, as consequências negativas não devem ser negativas apenas sob o ponto de vista *moral*, como a perda da integridade moral. Em vez disso, elas precisam envolver tipos de sofrimento ou perda que gostaríamos de evitar mesmo que, fora isso, não nos importemos com a moralidade. Em suma, o Motivo Um nos diz que nunca alcançaremos nosso autointeresse, se fizermos algo moralmente errado.

Infelizmente, o Motivo Um é questionável por duas razões, no mínimo. A primeira é que parece haver casos em que, se você não cumprir seu dever moral, nenhuma consequência negativa ocorrerá. Veja o seguinte exemplo:

> O caso da Sra. Poore, que mora a poucos quilômetros de Peter e sua tia May. A Sra. Poore viveu muitos anos na mais terrível pobreza. Ela não passa fome nem vive nas ruas, mas tem satisfeitas

apenas as necessidades básicas. Tentou repetidas vezes prosperar trabalhando muito, mas não deu certo. Surge a oportunidade de roubar uma grande soma em dinheiro. Se a sra. Poore pegar o dinheiro e souber investi-lo, poderá obter muitas coisas desejáveis que sua pobreza sempre lhe negou: estudar na faculdade, permitindo-lhe arrumar um emprego que a fizesse se sentir realizada e pagasse bem, por exemplo. O dinheiro roubado pode resolver outros problemas também, tais como dívidas pendentes, moradia inadequada, falta de aquecimento no inverno, transporte deficitário, falta de fundos para férias e diversão, e assim por diante. Além disso, se ela roubar o dinheiro, suas chances de ser pega são baixíssimas e ela sabe disso. Ela também tem consciência de que a pessoa que é a dona legítima do dinheiro está muito bem de vida e não seria prejudicada pelo furto. Acrescentemos, nesse ponto, que a sra. Poore acredita que, se não mexer nesse dinheiro, provavelmente viverá na miséria pelo resto de sua vida. Em suma, ela pensa estar diante da escolha entre roubar o dinheiro ou permanecer em uma situação terrível pelo resto da vida. A sra. Poore tem um dever moral de *não* roubar o dinheiro, mas se, roubá-lo, não sofrerá nenhuma consequência negativa.[83]

Um segundo problema com o Motivo Um também é ilustrado por essa história: parece haver casos em que, se você *fizer* o seu dever moral, as consequências para você serão mais negativas que positivas. Afinal, se a sra. Poore seguir a base moral e não roubar o dinheiro, ela continuará vivendo na pobreza desesperadora; e, nas consequências de ser moral, em que compensaria isso? Em nada, aparentemente.

O caso da sra. Poore sugere um princípio geral: s*e a prudência (autointeresse) e o dever moral entrarem em conflito, e se os resultados do comportamento imoral forem relativamente menores enquanto os resultados do comportamento imprudente forem momentosos, então os motivos morais não superam os motivos prudentes.* E, diante desse princípio, o Motivo Um não parece ser uma resposta adequada à pergunta: "Por que ser moral?" Embora a moralidade seja, em um sentido geral, de

---

83. Esse caso baseia-se, em seus detalhes essenciais, em um artigo meu, "God and the Moral Order", Faith and Philosophy *19:3 (julho de 2002), pp. 304-6. Em todo este capítulo, faço uso das ideias-chave desenvolvidas a princípio nesse artigo. Incidentalmente, o caso aqui não pressupõe que roubar é* sempre *errado. A maioria dos moralistas concordará que roubar é permissível, sob o aspecto moral, em casos extremos — por exemplo, suponha que (a) eu tenho um filho que vai morrer, a menos que receba assistência médica cara e (b) roubar é o* único *meio de eu obter os fundos necessários para o tratamento. Nosso caso aqui, porém, não contém elementos tão extremos.*

nosso autointeresse, o caso que analisamos sugere que ser moral nem sempre serve aos interesses de uma pessoa.

Assim, o Motivo Um não é muito convincente. Mas o filme *Homem-Aranha* sugere pelo menos mais um motivo para alguém ser moral. No meio de uma feroz luta com o Duende Verde, o Homem-Aranha é temporariamente paralisado com um *spray* químico. Indefeso, ele é interrogado pelo Duende Verde, que em seu escárnio deseja saber os motivos por trás de seu super-heroísmo: "Apesar de tudo o que você fez por eles, vão acabar odiando-o. Para que se incomodar com eles?" O Homem-Aranha, embora desesperado e em agonia, responde:

Motivo Dois: Porque é certo.

Aplicada à pergunta maior, "por que ser moral?", essa resposta significaria: "Porque ser moral é certo". Ora, pode parecer simples demais, mas alguns grandes filósofos, como Immanuel Kant (1724-1804) e F.H. Bradley (1846-1924), levam tal conceito muito a sério. A ideia básica é a seguinte: não podemos convencer as pessoas a cumprir seus deveres morais apelando para o autointeresse delas, pois, se fizerem a coisa certa só por motivos de autointeresse, não estão agindo de modo moral. Devemos fazer a coisa certa porque é o certo, e não por alguma recompensa pessoal.

Isso parece explicar a aparente motivação da maioria dos super-heróis. O Homem-Aranha não protege as pessoas por uma satisfação pessoal. Nem o Demolidor, ou a Mulher-Maravilha, Flash ou o Lanterna Verde. Os super-heróis clássicos cumprem essa tarefa porque acham que é a atitude certa, e não porque pensam que terão benefícios pessoais.

Entretanto, é óbvio que o Motivo Dois não oferece uma resposta satisfatória à pergunta: "Por que ser moral?" Sem dúvida, devemos fazer a coisa certa porque é certo, e não só para obter uma recompensa estritamente pessoal. Mas e se, diante de tal caso, nós tivermos motivos mais fortes para fazer a coisa errada? Então, fazer o certo seria irracional. E seria desmoralizador viver em um Universo em que só podemos ser plenamente morais se formos irracionais. Assim, embora devamos fazer o certo porque é certo, precisamos ter certeza de que, ao agir dessa maneira, não estamos sendo irracionais.

Agora, vamos organizar nossas referências. Faremos isso contrastando os Motivos Um e Dois com alguns motivos diferentes apresentados por figuras de destaque na história da Filosofia, de modo particular Platão e Aristóteles. À nossa pergunta "por que ser moral?", Platão daria a seguinte resposta:

Motivo Três: Cumprir o seu dever é o único modo de você obter harmonia em sua alma (em termos mais vulgares, paz de espírito).

De acordo com Platão, a alma de uma pessoa é constituída de razão, apetites e o que ele chamava de "o elemento animado". A razão inclui a consciência, aquela faculdade ou habilidade interior por meio da qual, na maioria das situações, nós sabemos o que é certo e errado. Os apetites são desejos físicos por coisas como comida, bebida e sexo. Por meio do elemento animado, somos competitivos ou nos dispomos a lutar e nos empenhar. Para Platão, a razão (portanto, a consciência) deve governar a alma; do contrário, a alma ficará desordenada e sem harmonia. Portanto, a harmonia da alma (ou paz de espírito) só é possível se formos morais.[84]

A resposta de Platão pode servir para algumas pessoas corretas e morais. Essas pessoas têm uma consciência bem formada, sentem-se culpadas quando violam o que a consciência lhes ordenou fazer, talvez se flagelando até por pequenas transgressões. Após a morte do tio, Peter Parker parece ter uma nova sensibilidade ao que a consciência lhe diz. Como muitos outros super-heróis, sempre que ele se sente atraído pela ideia de abandonar suas responsabilidades, o tumulto interior de uma consciência pesada o coloca de volta no caminho. Ele não se sente bem com sua alma, a menos que esteja lá nas ruas, fazendo um bem ao mundo.

Mas, para testar a resposta de Platão, nós precisamos considerar dois tipos de casos. Primeiro, temos de levar em conta as pessoas que não têm uma forte formação moral, que são do tipo "cabeça fria" e não encaram a vida sob uma perspectiva moral dominante. Veja, por exemplo, o colega de classe de Peter, Flash Thompson, ou tantos outros alunos, imersos em divertimentos superficiais. Não parece que eles só encontram paz de espírito por cumprir seus deveres o tempo todo. Em segundo lugar, temos de considerar os tipos de casos que testam até as pessoas mais corretas e morais. Todas elas não cedem, uma vez ou outra na vida, à tentação? Talvez sejam egoístas com seu dinheiro, ou não defendam o que é certo se tal atitude for perigosa ou impopular. Ora, muitos de nós já fizemos coisas das quais não temos muito orgulho, mas nem por isso nos autorrecriminamos para sempre. Desculpamos a nós mesmos e prosseguimos com a vida, conseguindo assim uma substancial paz de espírito. Portanto, não está claro que a resposta de Platão de fato seja a correta.[85]

Alguns teóricos morais, como Aristóteles, enfatizam traços de caráter, virtudes e vícios, em vez de deveres, em suas versões da moralidade. As virtudes incluem ser sábio, justo, moderado e corajoso. Os vícios incluem traços como ser tolo, injusto, imoderado e covarde. Sob o ponto de vista de Aristóteles, a vida boa e correta para um ser humano é uma vida

---

84. República.
85. Agradeço a Peter Singer e sua obra Practical Ethics *(London: Cambridge University Press, 1979), p. 201-220), na qual baseio meus comentários a respeito de Platão e sua razão para sermos morais.*

de acordo com a virtude.[86] Essa abordagem da ética sugere o seguinte motivo para sermos morais:

Motivo Quatro: A virtude é sua própria recompensa; ou seja, ter um bom caráter moral (ter virtudes) é necessariamente um benefício maior que qualquer outro que você possa obter à custa de seu bom caráter moral.

Ora, eu não duvido de que a virtude normal seja um benefício para aqueles que a possuem. Mas a sugestão de que a virtude *perfeita* é *necessariamente* um grande benefício àquele que a possui e que compensa qualquer perda gerada por ela parece-me implausível. Considere este breve experimento de pensamento:

O estranho caso de Norm Osborne e a Garota Aracnídea. Imagine que Norm Osborne é um indivíduo de moralidade dúbia, porém considerado um modelo de virtude. Ele é admirado pela maioria das pessoas, é muito próspero, amado pela família e pelos amigos, e gosta muito da vida. A Garota Aracnídea, em contraste, é uma imitadora que tenta copiar o Homem-Aranha em todos os aspectos. Imagine que ela é, de fato, virtuosa — honesta, justa e pura de coração. Infelizmente, por causa de alguns inimigos astutos, a Garota Aracnídea é considerada perversa, diabolicamente astuta e muito perigosa. Ela está cumprindo prisão perpétua sob falsas acusações. Até a família e os amigos, convencidos de que ela é culpada, voltaram-se contra ela. Sua vida na prisão é solitária, triste e inútil.

Qual dessas duas pessoas está em melhores condições agora? Qual é a mais realizada? Para todos os efeitos, é Norm Osborne, não a virtuosa Garota Aracnídea. E observe que, mesmo que a virtude tenha um valor inerente, não é a *única* coisa de valor. De modo particular, a liberdade também é valiosa. Suponha que o carcereiro corrupto concorde em libertar a Garota Aracnídea, se (e apenas se) ela cometer um ato moralmente errado. Talvez ela possa ajudar o carcereiro a encobrir uma injustiça que ele cometeu — não uma injustiça que tenha causado um grande mal, mas se fosse descoberta lhe custaria o emprego (talvez o carcereiro tenha mostrado um favoritismo inapropriado por prisioneiros de quem ele gosta). Sem dúvida, seria de grande interesse da Garota Aracnídea agir de maneira

---

86. *The Ethics of Aristotles: The Nichomachean Ethics*, traduzido para o inglês por J.A.K. Thomson (London, Penguin, 1953). Para uma brilhante coletânea de ensaios sobre a ética da virtude, ver Roger Crispo e Michael Slote, eds, *Virtue Ethics* (Oxford: Oxford University Press, 1997). No ensaio introdutório, os editores observam que Aristóteles "pode ser considerado como se tivesse dito que nada vale a pena na vida, exceto o exercício das virtudes" (p. 2).

imoral nesse caso. A escolha, como no caso da sra. Poore, é entre uma postura moral que perpetuará sua angústia por toda a vida e uma única ação que é imoral, mas que não produzirá grandes danos, além de ter o incomum efeito colateral de fazer um grande bem para a pessoa que o cometer. Portanto, não parece que as recompensas da virtude perfeita necessariamente compensam as recompensas do ato errado nem que ser perfeitamente virtuoso é o interesse vital de todo o mundo. E assim, "a virtude é sua própria recompensa" não é em si uma resposta convincente à pergunta "por que ser moral?"

COMPENSAÇÃO DURADOURA

Até agora, a nossa discussão evitou parte das perguntas mais profundas que os filósofos às vezes exploram acerca do cenário geral da vida nesse mundo. Em particular, ainda não abordamos uma questão que muitos filósofos do passado consideram crucial à pergunta que tentamos responder. Refiro-me à possibilidade de vida após a morte, um tema abordado com frequência nas histórias em quadrinhos dos super-heróis. Sob várias perspectivas religiosas e filosóficas, essa ideia tem uma função vital para a resposta à pergunta "por que ser moral?". Uma versão genérica da resposta seria:

> **Motivo Cinco:** Ser moral sempre compensa, no fim, uma vez que "o fim" inclui a vida após a morte.

Os teístas tradicionais — pessoas que acreditam em um Deus perfeito — costumam aceitar o Motivo Cinco. Um Deus de perfeita bondade não estabeleceria uma ordem moral que penaliza a virtude e a ação moral. E uma divindade todo-poderosa é capaz de reviver os mortos, recriando-nos e dando-nos uma vida após a morte. Por isso, mesmo que ser virtuoso nem sempre compense na vida terrena para Peter Parker, ou para você ou qualquer outro, se existir um Deus assim, então esse mesmo Deus garante que ninguém será penalizado por ser virtuoso no fim desta vida, entendendo que "fim" inclui uma vida após a morte. Além disso, sob a perspectiva teísta, agir de modo imoral é pecado; pecar é alienar-se de Deus; e não é interessante para ninguém alienar-se do Criador de tudo. Em suma, se existe um Deus de perfeita bondade e todo-poderoso, não vale a pena para os interesses perenes de ninguém ser imoral.

As doutrinas orientais de reencarnação e carma também endossam o Motivo Cinco. Se a reencarnação ocorre de fato, então, quando uma pessoa morre, sua alma entra em outro corpo e ela vive outra vida — uma vida após a morte, não no céu, mas na Terra. De acordo com a doutrina do carma, o grau de virtude moral determina as circunstâncias do indivíduo na outra vida: *quanto mais virtuoso alguém for nesta vida, melhores serão suas circunstâncias na vida seguinte.* Ser moral sempre compensa no fim, sob essa perspectiva, e ser imoral nunca vale a pena.

Observe que o Motivo Cinco é, na verdade, muito semelhante ao Motivo Um, que é sugerido pela narrativa de *Homem-Aranha*. Ambos nos dizem que ser moral compensa no fim, embora, claro, o primeiro motivo não mencione uma vida após a morte. Note também que os casos da sra. Poore e da Garota Aracnídea não nos dão motivos para rejeitarmos a afirmação do Motivo Cinco. Na pior das hipóteses, esses casos mostram apenas que as ações imorais às vezes podem compensar nesta vida terrena — relativamente antes do "fim".

É claro que não somos obrigados a aceitar o Motivo Cinco. Temos mais duas opções. (1) Poderíamos aceitar que os motivos mais fortes para a ação nem sempre apoiam o cumprimento do dever moral. Essa opção é muito perturbadora para a pessoa séria e moral, e leva-nos a "limitar nossas apostas" sempre que a moralidade exigir grandes sacrifícios. (2) Poderíamos simplesmente revisar o código moral para que ele se tornasse menos exigente e nunca ditasse que façamos coisas que não promovem nosso interesse pessoal *nesta vida* (antes da morte). Essa opção também é perturbadora para a pessoa séria e moral, e leva-nos a desvios substanciais da moralidade tradicional. Além disso, é óbvio que Peter Parker, tio Ben e tia May nunca a aceitariam. E, penso eu, nem nós. Portanto, se levarmos a sério a vida moral, acreditaremos provavelmente que os motivos mais fortes sempre favorecem nosso dever moral, entendendo-se "dever moral" de uma maneira um tanto tradicional. Sejamos, então, cautelosos quanto à pressuposição de que os motivos mais fortes *sempre* favorecem o ser moral no sentido tradicional e vejamos aonde isso nos leva.

SUPER-HERÓIS, DEVER E O MAIOR DOS GRANDES CENÁRIOS

Como vimos, o Motivo Cinco para sermos morais, a afirmação de que o comportamento moral sempre compensa no fim, que inclui a vida após a morte, parece a única alegação por nós examinada que sustenta nossa crença na racionalidade plena da moralidade (que os motivos mais fortes sempre favorecem nosso dever moral). O Motivo Cinco, porém, parece exigir algumas fortes posições metafísicas, visões da natureza suprema da realidade — isto é, teísmo ou reencarnação e carma. O teísmo e a reencarnação podem ser combinados, e de fato são, em algumas formas de Hinduísmo. Mas o teísmo e a doutrina da reencarnação às vezes são considerados hipóteses rivais, e algumas religiões orientais, tais como algumas formas de Budismo, aceitam a reencarnação, mas não o teísmo. Quero apresentar um argumento segundo o qual qualquer forma de reencarnação que rejeite o teísmo rejeita-se a si mesma.

Se a reencarnação e o carma existissem *na ausência de uma divindade*, então o Universo seria governado não só por leis físicas (como a gravidade), mas também por leis morais *impessoais*. Essas leis morais teriam de ser muito complicadas, pois teriam de regular a ligação entre o registro moral de cada alma em uma vida e as circunstâncias totais dessa alma na vida seguinte, incluindo o tipo de corpo que ela tem e o grau de felicidade (ou tristeza) que experimenta. Nesse sentido, essas leis teriam de levar em conta todo ato, toda intenção e toda escolha de todo agente moral, e garantir que cada agente recebesse nada menos que sua sobremesa justa na vida seguinte. Ora, o grau de complexidade e coordenação envolvidas aqui não é só extraordinariamente alto, mas é também de uma complexidade que *serve a um fim moral*: a justiça. Tal complexidade não poderia ser aceita como um fato bruto. Uma ordem altamente complexa *servindo a um fim moral* é um fenômeno que exige uma explicação em termos de causa inteligente. E se a ordem estiver em uma escala que supera em muito o que pode ser atribuído à inteligência humana, um apelo a uma inteligência divina parece perfeitamente justificável. Portanto, a ordem moral postulada pela ideia não teísta da reencarnação proporciona uma evidência paradoxal de que existe um Deus.[87]

Todo super-herói tem uma interessante história de origem. Nós queremos saber de onde vêm os superpoderes e como a missão começou. O que estou sugerindo é que, se um Universo físico como o nosso tem uma ordem moral altamente complexa, então isso seria uma prova de que o Universo também tem uma história de origem muito interessante, envolvendo grande inteligência, poder e interesse moral. Em outras palavras, é plausível supor que essa história começaria com algo do tipo de um Deus.

PULANDO DE UMA IDEIA PARA OUTRA

O filme *Homem-Aranha* é ao mesmo tempo muito divertido e profundamente filosófico. Ele faz a pergunta: "Por que ser um super-herói?" Mas, se concordarmos que "Com grande poder, vem grande responsabilidade", então "Por que ser um super-herói?" é uma versão mal disfarçada de uma das clássicas perguntas filosóficas: "Por que ser moral?" *Homem-Aranha* não só faz essa pergunta, mas oferece algumas respostas fascinantes e até plausíveis. No fim, sugeri que essas respostas em si não são suficientes, e que, para conseguirmos uma resposta adequada, parece que somos impelidos em direção a afirmações metafísicas em larga escala. Isso é parte do perene fascínio da Filosofia — deparar-se com ligações entre ideias que a princípio poderiam parecer separadas por centenas de quilômetros. Como o próprio Homem-Aranha, pulando de um prédio para outro, quando nós saltamos de maneira lógica de uma ideia para outra, acabamos encontrando algo surpreendente que é, na verdade, muito importante.

---

87. *O principal ponto desse parágrafo é emprestado de Robin Collins. "Eastern Religions", em Michael J. Murray, ed.,* Reason for the Hope Within *(Grand Rapids: Eerdmans, 1999), p. 206.*

Você gostaria de ser um super-herói? Se pensarmos na visão do tio Ben acerca do poder e da responsabilidade, essa é uma pergunta realmente difícil. Para ser um super-*herói*, você teria de ser super-responsável, ou seja, teria de assumir responsabilidades proporcionais aos seus grandes poderes. E seria racional fazer isso? Não é interessante que, para responder a essa pergunta, você encontre algumas das maiores perguntas cósmicas de todas? "A realidade favorece o bem acima do mal?" "Existe vida após a morte?" e "Deus existe?" Suas respostas a essas perguntas podem ser mais importantes do você pensa, quanto ao seu modo de viver, seja você um super-herói ou não.

CAPÍTULO 16

SUPER-HOMEM E O REINO DOS CÉUS: A SURPRESA DA TEOLOGIA FILOSÓFICA

Felix Tallon e Jerry Walls

Vamos fazer algo um pouco diferente, fora do caminho conhecido. Propomos falar de Teologia Filosófica por meio da interação com uma famosa revista de histórias em quadrinhos de um super-herói. Para alguns, talvez, qualquer forma de reflexão teológica pareça desnecessária para se falar em super-heróis — uma intrusão malvinda, como quando a polícia aparece em uma festa barulhenta ou quando um major inglês e sem senso de humor corrige a sua gramática quando você conta uma piada. Mas o teólogo filosófico e o autor de quadrinhos não têm necessariamente propósitos contrários.

Por um lado, ambos se interessam por temas *éticos*. Questões de vida e de morte são de interesse do filósofo, do pastor e do cavaleiro mascarado. Em segundo lugar, a teologia cristã, em particular, e os quadrinhos às vezes partilham alguns dos mesmos personagens em suas respectivas interpretações. O Diabo, por exemplo, aparece na Bíblia, no Universo Marvel e na série *Spawn* de Todd McFarlane, entre outras fontes. Demônios pululam em ambos os contextos, e até anjos fazem uma aparição relâmpago, mas importante, nos dois mundos.

Um terceiro e interessante ponto específico de contato, e de especial relevância para os nossos propósitos: o clássico super-herói, Super-Homem, tem muitas semelhanças com a figura cristã central Jesus Cristo. Claro que os criadores originais da história do Super-Homem, Jerry Siegel e Joe Shuster, eram judeus, e muitos paralelos já foram apontados entre Moisés e Super-Homem. Mas, como os cristãos veem Moisés como uma imagem pressagiosa de Cristo, não deveria ser uma surpresa descobrirmos outros elementos cristãos. Tanto no caso do Super-Homem quanto no de Jesus, há circunstâncias estranhas cercando sua chegada à Terra. Kal-El foi enviado por seu pai do planeta em extinção Kripton, caindo na região centro-oeste dos Estados Unidos — Smallville, Kansas — por meio de um foguete espacial. Cristo, por sua vez, foi enviado por seu Pai do céu à região centro-leste, o Oriente Médio — Belém, para sermos específicos — por meio de uma concepção imaculada pelo poder do Espírito Santo. Portanto, ambos contêm fantásticas histórias de sua chegada e uma dinâmica paralela de cidadão estrangeiro. O Super-Homem é ao mesmo tempo um ser extraterrestre e um garoto do campo, bem americano, que se torna jornalista. De acordo com as afirmações teológicas tradicionais, Jesus é ao mesmo tempo o salvador de outro reino e um garoto judeu de uma cidadezinha, que se torna um proeminente pregador, humano e divino. Talvez um ponto ainda mais significativo é que ambos são capazes (cada um ao seu modo) de ajudar o cidadão comum.

Poderíamos continuar com isso o dia todo, mas basta dizer que a Teologia Filosófica tem muito em comum com o mundo dos super-heróis para dar um bom assunto de conversa — como esperamos demonstrar. De modo mais específico, queremos discutir "escatologia", o ramo da Teologia que lida com as coisas finais ou os fins últimos do homem. Em outras palavras, a escatologia considera as grandes questões que interessam a qualquer pessoa de bom senso — e interessam em um nível profundo. Para onde vão as coisas no fim, e o que nos aguarda no final do dia? Qual é o último destino da humanidade, e do Cosmos como um todo? Existe vida após a morte e uma justiça final, ou a esperança de justiça nada mais é que um sonho utópico e vazio?

Perguntas dessa natureza são feitas de uma maneira fascinante por uma das mais conhecidas histórias em quadrinhos já escritas, o romance gráfico da DC *Kingdom Come* [Reino dos Céus]. Essa história será o ponto focal de nossa conversa entre Teologia Filosófica e o mundo dos super-heróis.

O BACKGROUND DE KINGDOM COME

A expressão inglesa "kingdom come" é tirada do Pai-Nosso: a prece que Jesus ensinou a seus discípulos. O Pai-Nosso diz, entre outras coisas: "Venha a nós o Vosso reino, seja feita a Vossa vontade, assim na Terra como no Céu."* A palavra "Vosso" refere-se a Deus Pai, e a frase "venha... Vosso reino" costuma ser entendida de duas maneiras que se complementam. Na primeira, o "reino" é visto como a realidade presente do reinado de Deus no mundo, como O vemos na pessoa e no ministério de Jesus. Na segunda maneira, ele é visto como uma realidade futura, quando o reinado de Deus englobará toda a Terra após a segunda vinda de Cristo.

A história em quadrinhos da DC, *Kingdom Come,* baseia-se na segunda interpretação da frase. O romance gráfico aborda as trevas no futuro da Terra — e é temperada com alusões ao livro do *Apocalipse,* o último da Bíblia. O *Apocalipse* também descreve dias de trevas, mas termina com uma visão esperançosa da segunda vinda de Cristo e Seu reino eterno. Em *Kingdom Come,* porém, nós lemos a respeito da volta não de Cristo, mas do Super-Homem.

A magnífica história, contada pelas palavras de Mark Waid e pela arte de Alex Ross, começa em algumas décadas no futuro. Super-Homem, Mulher-Maravilha, Aquaman, Lanterna Verde e Gavião Negro afastaram-se da vida de combatentes do crime, adotando uma vida de isolamento. A velha Liga da Justiça debandou e uma nova raça de maldosos super-heróis a substituiu. E o que é pior, esses novos super-heróis parecem pouco se importar em proteger os inocentes e apoiar a liberdade. O narrador da história, um ministro idoso, descreve esses novos super-heróis como sendo inspirados pelas *lendas* da velha Liga da Justiça, "mas não pela *moralidade".* Segundo o narrador, os novos heróis "já não lutam pelo que é certo. Lutam simplesmente por lutar". A sólida e robusta moralidade de outrora foi substituída por um drama pós-moderno de jogos de poder entre super-heróis. Até a guerra de Batman contra a injustiça tornou-se tirânica, pois ele governa Gotham City impondo medo. Em outras palavras, o mundo tem necessidade urgente de heróis que sejam bons, além de poderosos.

A convicção pesarosa dos antigos e afastados heróis é que sua missão fracassou. Super-Homem, Aquaman e outros sentem que o mundo se tornou muito mais brutal e os velhos métodos de combate ao crime não servem mais. No início da novela, vemos o Super-Homem escondendo-se em sua Fortaleza da Solidão. Lá, ele recriou sua velha vida na fazenda, em um esforço de esquecer o mundo real. A Mulher-Maravilha vem falar com ele, tentando tirá-lo do marasmo, mas ele se recusa a se animar. Sua fé na cruzada pela justiça fora destroçada.

---

* *N. T.: Em inglês,* Thy kingdom come *["venha a nós o vosso reino", isto é, o reino dos Céus],* thy will be done, on Earth as it is on Heaven.

O dilema do Super-Homem não é novo. Muitas pessoas têm o mesmo sentimento de desilusão e desespero ante tão onipresente e alastrada injustiça. Elliot S. Maggin, o escritor da novela, apela para essa situação e desespero comuns. Em nossa época, diz Maggin, "todo homem é o super-herói." A implicação de suas palavras aqui é que o dilema do Super-Homem é nosso também. Qualquer um de nós, confrontado com injustiça e sofrimento, pode se tornar totalmente desanimado e apático. Portanto, devemos olhar de perto a situação e fazer perguntas acerca da obrigação humana de combater a justiça, bem como de nossas chances de sucesso.

ESPERANÇA, OBRIGAÇÃO E O CENÁRIO MAIOR

No começo da história, o Super-Homem está muito desanimado pela falta de sucesso, isolando-se na Fortaleza da Solidão e se perguntando por que deveria se dar ao trabalho de salvar um mundo que se importa tão pouco com a verdadeira justiça. O que poderia incitar o Super-Homem à ação? Quando a Mulher-Maravilha o confronta, ela tenta tirá-lo da inércia, dizendo que ele "precisa enfrentar isso". Mas o uso da palavra "precisa" impõe uma pergunta muito importante. O Super-Homem é *obrigado* a voltar à luta? Há algum sentido no qual ele *precisa* mesmo reagir aos argumentos da Mulher-Maravilha?

Sua resposta dependerá do que você acredita em relação ao Universo, incluindo a sua escatologia. Quando tratamos da questão do certo e errado, e tomamos decisões que concernem à obrigação, temos de considerar temas *mais profundos* que envolvem nossas crenças em relação ao cenário maior da vida. Nesse sentido, há pelo menos duas visões óbvias e contrárias do mundo que devemos considerar. Podemos refletir ainda mais, mas essas duas representam as principais linhas de visão do mundo que existem e devem bastar para os nossos propósitos aqui.

Uma é a visão que já mencionamos brevemente, a estrutura de ideias predominante no Ocidente durante a maior parte dos dois últimos milênios — a visão do teísmo cristão. O teísmo cristão afirma que existe um Deus que criou o Universo com um propósito, que depois entrou em sua criação na pessoa de Cristo e dirigirá o futuro de tudo para o devido cume moral e espiritual. A segunda visão do mundo é a principal filosofia contrária, que pode ser encontrada na Antiguidade, mas que tem se tornado muito mais predominante nos últimos dois séculos — a visão do naturalismo. Grosso modo, o naturalismo afirma que não há forças sobrenaturais operantes no Universo, apenas forças naturais. Portanto, não existe Deus, nem coisa alguma como Deus, que possa criar ou interferir no mundo material. A matéria em movimento, governada por leis naturais, é tudo o que existe.

Interessante é que o naturalismo tem uma escatologia própria, uma versão do resultado final das coisas que é muito diferente daquela encontrada no teísmo cristão. Para entendermos isso, podemos refletir alguns instantes sobre esta famosa declaração do naturalismo por parte do distinto filósofo britânico do século XX Bertrand Russell:

> Que o homem é o produto de causas que não tinham previsão alguma do fim que alcançariam; que sua origem, seu crescimento, suas esperanças e medos, seus amores e suas crenças, são apenas o resultado de colocações acidentais de átomos; que nenhum fogo, nenhum heroísmo, nenhuma intensidade de pensamento e sentimento podem preservar uma vida individual além da sepultura; que toda a labuta das eras, toda a devoção, todo o fulgor do meio-dia do gênio humano estão destinados à extinção na vasta morte do sistema solar, e que todo o templo das conquistas do homem deve inevitavelmente ser enterrado sob os escombros de um Universo em ruínas — todas essas coisas, se não são exatamente irrefutáveis, são tão certas que nenhuma filosofia que as rejeita pode perdurar. Só dentro da estrutura dessas verdades, só sobre a firme fundação do desespero impassível, a habitação da alma pode ser construída com segurança.[88]

A escatologia aqui é, sem dúvida, lúgubre — tudo o que valorizamos será um dia "enterrado sob os escombros de um Universo em ruínas", incluindo, claro, o heroísmo. Destino: ruína, para tudo o que amamos, inclusive o mundo maravilhoso da DC Comics! O que poderia ser desesperador? O que um filósofo como Russell afirmou com tanta eloquência décadas atrás é uma visão que muitos cosmólogos modernos afirmam — o sombrio destino final de todo o Cosmos é dissolução e destruição. O sistema do mundo no qual nós vivemos é destinado a continuar se expandindo para sempre, rompendo-se e desintegrando-se até seus sóis se extinguirem e todas as suas formas de vida perecerem.

OBSCURIDADE, FATALIDADE E MORALIDADE

A visão naturalista do mundo, com sua obscura escatologia, é repleta de implicações morais. Em primeiro lugar, observe que, segundo ela, todos nós somos o produto de causas que não tinham consciência do que estavam produzindo. Em outras palavras, não existe uma intenção racional final por trás de nossa existência, nenhum motivo supremo para que estejamos aqui, nenhum propósito para a nossa presença no Universo. No sentido mais profundo, nossa existência é acidental. Por conseguinte, não há nada que determine o modo como devemos viver ou o que deveríamos fazer com nossa vida. E o fato de que o fim será ruim de qualquer forma, independentemente

---

88. Bertrand Russell: *"A Free Man's Worship"*, em Why I Am Not a Christian *(London: Allen and Unwin, 1957), p. 107.*

de como vivermos, não nos dá o menor grau de inspiração moral. Temos apenas a fundação de Russell do "desespero impassível" sobre a qual construir, e é inútil fingir o contrário. Esse é um desespero cósmico que vai além da desesperança sentida pelo Super-Homem pela persistente injustiça nesta vida. Apesar disso, porém, Russell acreditava ver algo de belo em reconhecer a tragédia derradeira da vida e achava que as pessoas sensíveis poderiam encontrar na beleza dessa tragédia motivação suficiente para seguir certos valores morais na vida.

Claro, essa não é a única versão de motivação moral disponível aos naturalistas. Outra opção interessante que atrai os vários naturalistas contemporâneos vem do campo da Sociologia. Dois conhecidíssimos proponentes dessa visão são o célebre biólogo de Harvard E. O. Wilson e o filósofo Michael Ruse. Wilson e Ruse reconhecem que o naturalismo não apoia as explicações tradicionais de obrigação moral. No entanto, eles afirmam que a evolução nos programou para *sentir* que temos uma obrigação de fazer o que é certo. Na realidade, contudo, nós não temos nenhuma obrigação objetiva. De fato, escreveram Wilson e Ruse:

> A bem da verdade, a ética como a compreendemos é uma ilusão que nos foi imposta pelos genes para nos forçar a cooperar. Ela não tem fundamento externo. A ética é produzida pela evolução, mas não justificada por ela, pois, assim como a adaga de Macbeth, ela serve a um propósito poderoso sem existir em substância.[89]

De acordo com o esquema naturalista, essa ilusão é *prestativa*, pois motiva as pessoas ao autossacrifício em serviço à comunidade maior. Mas há um óbvio e grande problema potencial aqui. Se o que motiva uma ação moral ou sacrificial é, de fato, ilusório, será que há um bom motivo para seguirmos nossa consciência quando enxergamos através da ilusão? Uma adaga ilusória é efetiva em algum sentido, quando descobrirmos que é ilusória?

Segundo Wilson, o que o naturalismo descobriu é que não existe um Deus ou qualquer fonte ou base sobrenatural de moralidade. Ele nunca diz como essa descoberta foi feita e não oferece um argumento convincente para que acreditemos nisso — mas podemos, mesmo assim, entender o que ele pensa que acontece, como consequência. Se não existe um Deus, não há garantia de que o mal será punido e que o bem triunfará. Se o naturalista estiver certo, então não virá um reino no qual tudo será consertado por Deus, não há céu nem inferno e nada há depois da morte, exceto a extinção da consciência e, por fim, um silêncio universal.

---

89. Michael Ruse e Edward O. Wilson, *"The Evolution of Ethics"*, em James E. Huchingson, ed., Religion and the Natural Sciences: The Range of Engagement *(Fort Worth: Harcourt, Brace, 1993), p. 310.*

As ideias de céu e inferno podem parecer táticas de susto antiquadas, usadas na escola dominical, mas na realidade a noção de uma vida após a morte teve um papel crucial na moralidade básica do Ocidente até pouco tempo atrás. Isso se aplica não só à teologia ocidental, mas também à filosofia básica. Um dos mais notáveis exemplos é a obra de Immanuel Kant, cuja filosofia moral tem profunda influência no pensamento do Ocidente. Kant argumentava que a moralidade não faz sentido racional a menos que aceitemos a existência de Deus e da imortalidade, uma vida eterna após a morte. Pois, se existe um Deus todo-poderoso e de perfeita bondade, podemos ter certeza de que a virtude será recompensada no fim e que o mal será punido. Somente se tivermos essa "fé moral" no resultado último das coisas poderemos evitar o desespero oriundo do medo de que o esforço moral talvez não valha a pena e pode ser fútil, no fim.

O naturalismo simplesmente não tem bases *equivalentes* para a moralidade. É verdade que o naturalista pode saber que a evolução o treinou para reagir de maneira moral e ainda pode agir de acordo com esses sentimentos. Talvez ele faça isso por sentir que é certo ou para evitar a desaprovação social. Mas, se esses sentimentos e reações forem produzidos por forças cegas operando em nossa mente e associados a crenças que consideramos falsas, será isso suficiente?

Sem dúvida, o Super-Homem (e, espero, cada um de nós) foi criado em um lar onde aprendeu a fazer e a desejar a coisa certa. E na maioria das situações típicas, cotidianas, é inerente em nós sermos morais. Fazer a coisa certa é algo que nos ajuda a ser estimados, a alcançar metas importantes, e nos promove um grande senso de satisfação pessoal. Mas, diante de uma exigência moral difícil ou de um dever particularmente oneroso, penso que qualquer pessoa analisaria se é de fato *obrigada* a cumpri-lo. Se alguém está enfrentando um grande perigo (como em uma guerra ou em uma emergência), muito mais está em risco que apenas ser benquisto ou sentir grande satisfação. Quando arriscamos perder a vida, a base última da moralidade torna-se crucial — e parece que o naturalismo não tem uma base profunda para a moralidade.

VISÕES DO MUNDO, VALORES E SUPER-HERÓIS

Em um Universo naturalista, de onde viria uma moralidade objetiva? Qual seria a fonte para uma real estrutura moral no mundo? Partículas subatômicas, campos de força e supercordas multidimensionais de energia* não geram obrigações ou deveres por meio de uma lei natural plausí-

---

*N. T.: Referência à teoria das supercordas, na qual as partículas elementares teriam uma extensão linear infinitesimal, sendo representadas por cordas unidimensionais, em vez de serem objetos pontuais.

vel. Em um Universo naturalista, não haveria uma fundação metafísica para os princípios morais, não existiria uma base para qualquer distinção objetiva e real entre bem e mal e, portanto, nenhuma justificação possível para qualquer discriminação viável entre o que chamamos de justiça e o que vemos como injustiça. Essas são implicações sóbrias da visão naturalista do mundo, e elas sem dúvida constituem uma barreira para que acreditemos na veracidade dessa visão. Se houvesse alguma prova tangível para a verdade do naturalismo ou se alguém realmente "descobrisse" que o naturalismo é verdadeiro, teríamos de aceitar as consequências chocantes de suas afirmações e conviver com a revolução por ele exigida em nosso julgamento moral e nossas crenças. Mas, sem um motivo bom e convincente para pensarmos que o naturalismo é verdadeiro, podemos considerar a força de nossas instituições morais e julgamentos como evidência de que essa é uma visão inadequada da realidade.

Portanto, se o naturalismo fosse verdadeiro, não haveria uma obrigação real para alguém como o Super-Homem combater o mal e a injustiça, em parte porque não existiria tal coisa como mal ou injustiça moral e em parte porque não existiriam obrigações relacionadas a coisa alguma. Mas é possível que alguém na posição do Super-Homem dissesse: "Quem se importa se eu *devo* combater o mal ou não, eu quero e vou combatê-lo!" A maioria de nós glorificaria tal pessoa. Entretanto, essa decisão, embora digna de louvor, parece ignorar deliberadamente alguns fatos básicos do Universo. Ela dá ao sentimento moral de solidariedade um grande valor, com certeza, e deleita-se em um desejo de ser útil; mas ao mesmo tempo subestima a importância da verdade. Se não há uma fundamentação última para distinções morais, então não há verdade em dizer que uma coisa é boa ou má. Um desejo anunciado de "combater o mal" não teria, então, uma base na verdade dos valores. E isso é problemático, porque a maioria das pessoas quer afirmar a moralidade *e* a verdade com igual vigor. Voltando ao confronto inicial entre a Mulher-Maravilha e o Super-Homem por um momento, é notável que, ao insistir com o Super-Homem para que ele enfrente o mal, ela diz: "Aqui vão duas palavras. Veja se elas parecem familiares: verdade e justiça". Verdade e justiça! Haverá duas palavras mais íntimas do Homem de Aço? Haverá alguma coisa mais próxima de seu coração que verdade e justiça?

Mas, nesse ponto, devemos lidar com algumas perguntas fundamentais. Qual é a relação entre verdade e justiça? Haverá uma distinção real entre bem e mal, ou entre justiça e injustiça? É *verdade* que a justiça sempre vence ou a triste verdade é que ela não vencerá? Em outras palavras, a verdade e a justiça são unidas de uma maneira que ambas, no fim, reinarão com supremacia? Ou um dia se separarão, de modo que, quando chegarmos à verdade suprema de todas as coisas, nós veremos que a ideia da justiça final é apenas mais uma ilusão?

Essas perguntas são variações de um dos grandes temas na história da Filosofia: qual é a relação entre verdade, beleza e bondade? A maioria dos filósofos clássicos acreditava que as três estão ligadas, que têm um relacionamento íntimo e que prestam um apoio mútuo. De fato, alguns deles, como Sócrates, argumentavam inclusive que elas são a única e a mesma coisa. Em contraste, um dos marcos da filosofia pós-moderna é o ceticismo em relação a isso. Esse, aliás, era um tema central no pensamento de Friedrich Nietzsche, o padrinho do pós-modernismo. Considere este comentário dele: "Para um filósofo, dizer 'o bom e o belo são a mesma coisa' constitui uma infâmia; se ele acrescentar, 'também o verdadeiro', deveria levar uma surra. A verdade é feia".[90]

A noção de que a verdade não combina com a bondade e a beleza cria sérios dilemas, se formos forçados a escolher entre elas. O mesmo acontece com a verdade e a justiça. Se as duas não combinassem, o que escolheríamos — acreditar na justiça, mesmo que não seja verdade que ela é possível e um dia triunfará, ou aceitar a verdade de que não existe justiça final e desistir das buscas morais? Parece que o naturalismo nos confronta com esse dilema desanimador.

O resultado prático do naturalismo é que não teremos um forte motivo para combater aquilo que vemos como injustiça, principalmente frente ao evidente mal que pode colocar nossa vida em perigo. A verdade dessa questão é que a crença na inexistência da justiça final é um grave contraste a qualquer motivação forte para um sério autossacrifício diante do evidente mal. Diante de uma visão naturalista das coisas, haverá momentos em que aquilo que vemos como verdade e o que consideramos justiça entram em conflito nas escolhas a serem feitas. Se resistir ao mal pode encurtar a vida de uma pessoa e, portanto, acabar com sua total apreciação dos prazeres disponíveis neste mundo, então para que se dar ao trabalho? Se uma pessoa sabe que não haverá uma punição final nem qualquer espécie de sanção por cometer atos errados, então para que se preocupar? Se o Universo for, no fim das contas, injusto, ou se não existir mesmo justiça ou injustiça, bem ou mal, na natureza fundamental das coisas, então para que fazer quaisquer reais sacrifícios? Esse é o dilema criado pelo naturalismo em relação à moralidade.

UMA BASE TEOLÓGICA PARA OS SUPER-HEROICOS

É aí que o teólogo gostaria de sugerir uma resolução para o dilema. Já que o naturalismo parece criar um impasse entre a verdade e a justiça ou, em outras palavras, entre nosso *sentimento* de obrigação moral e nossa *explicação* para ela, queremos propor um sistema que explique o senti-

---

90. Ver Damon Linker, *"Nietzsche's Truth"*, First Things *125 (agosto-setembro de 2002), p. 52.*

mento moral e forneça bases sólidas para a real obrigação moral. Em termos simples, uma visão metafísica da realidade que permita um lugar real para os princípios morais e para distinções objetivas entre bem e mal, junto a uma escatologia que propicie um sistema apropriado de recompensa e castigo, pode resolver a tensão.

A visão do teísmo cristão obviamente afirma isso, com sua ideia de um Criador moral, pessoal, e Suas doutrinas de céu e inferno, bem como Sua previsão do retorno de Cristo. Para alguns, esse tipo de visão do mundo pode parecer equivalente a acreditar em Zeus, nos elfos de Papai Noel, e na Fadinha do Dente, mas a maioria dos grandes filósofos no Ocidente (incluindo Agostinho, Tomás de Aquino, Anselmo e até Descartes e Kierkegaard, entre muitos outros) teria visto isso como uma visão do mundo totalmente plausível, com uma escatologia muito séria. Mesmo assim, talvez possamos reapresentar essas ideias de uma maneira mais simples. O que as doutrinas de céu, inferno e a volta de Cristo afirmam, em essência, é que a estrutura fundamental da realidade é tal que há uma diferença entre bem e mal, e, portanto, entre justiça e injustiça, que as decisões morais têm consequências duradouras e finais, e que a justiça vencerá no fim. Essas doutrinas dão uma base real para decisões morais difíceis. Nossos sentimentos morais não são ilusões. Os impulsos morais não são, de modo algum, irracionais. Segundo a visão cristã do mundo, uma pessoa é capaz de compreender de onde vêm as leis e os decretos morais (a perfeita natureza moral de Deus), e também de ver por que nós devemos obedecer a eles (alinharmo-nos com o plano de um Deus de amor). Sendo o cristão plenamente racional ou intelectualmente virtuoso (não acreditando nessa visão do mundo em qualquer liberdade de consciência específica, contrária ao seu bom senso), ele pode atribuir grande valor à verdade e à justiça.

Talvez ainda exista outro problema intelectual esgueirando-se pelos becos da vizinhança. Além de perguntar acerca da verdade do Cristianismo (uma boa pergunta, mas não o nosso enfoque aqui), uma pessoa pode indagar se uma crença na justiça final não a *desanimaria* de combater o mal. Elliot Maggin, na introdução de *Kingdom Come*, parece sugerir algo assim. Ele escreve:

> Na história que você tem em mãos, Mark Waid e Alex Ross dizem-nos que a nossa resposta apropriada à marcha inexorável de progresso que nos trouxe a esse ponto e a esse tempo na história da civilização é encontrar um meio de confrontá-la com responsabilidade. Não com modéstia. Não sem autoconsciência. *Não com fé em um poder maior que o nosso de descer do céu e consertar as coisas...*

A interpretação de Maggin da história de *Kingdom Come* é interessante. Ele parece dizer que a fé em um poder maior leva ou à ação irresponsável ou à inação diante do mal. Mas será verdade?

Voltando à situação do Super-Homem, perguntemos: "E se o Super-Homem acreditasse em um poder maior do que ele que consertaria as coisas no fim? Isso impediria ou inibiria o Homem de Aço de combater o mal?" Ora, é possível imaginar certas situações nas quais saber que um "poder maior que o nosso" consertará as coisas poderia ser desanimador. Ter fé exclusiva na polícia ou no governo para resolver os problemas e corrigir os erros pode nos deixar inertes e nos desviar de sequer pensar nas coisas que deveríamos estar fazendo em nosso bairro ou cidade e com nossos recursos e energia. Mas, em relação a um ser supremo, a situação é muito diferente. A teologia cristã e a teologia judaica clássica costumam afirmar que os seres humanos têm um papel fundamental em impedir e resistir aos males presentes, além de uma responsabilidade de fazer o que é ao mesmo tempo sério e obrigatório. Deus trabalha não só de forma direta para realizar sua vontade, mas, no desenrolar da história, ele atua por intermédio de agentes humanos que procuram promover o que é verdadeiro e justo. A ideia é que Deus nos criou para sermos cocriadores do bem com ele. Temos uma parceria de trabalho em nosso terreno de realizar a justiça que estiver em nosso alcance. O que não estiver em nosso alcance ficará por conta daquele poder que é maior que nós. O poder do Super-Homem é tremendo, mas nem ele é onipotente. Ele não pode fazer tudo, mas, como todos nós, tem o dever de fazer o que pode, sabendo que o triunfo final da verdade e da justiça está além de seu alcance e responsabilidade. Em outras palavras, nós todos somos obrigados a nos esforçar para promover a verdade e a justiça, enquanto reconhecemos que a garantia delas em todas as coisas não cabe a nós.

Isso nos conduz a um benefício adicional oferecido por qualquer escatologia que prometa justiça final — ou seja, uma base objetiva para a esperança. Tanto na situação do Super-Homem quanto na do Batman, como mostra *Kingdom Come*, vemos os problemas inerentes que surgem com a perda da esperança. No caso do Super-Homem, seu problema é óbvio e compreensível — confrontado com tanta injustiça e com o conhecimento de que é apenas um homem, embora super, ele se desespera e fraqueja em sua missão. Batman foi afetado de outra maneira. No começo da história, ele governa Gotham City com mão de ferro. Seus batcavaleiros patrulham as ruas, constantemente evocando medo no coração tanto dos cidadãos honestos quanto dos criminosos. Simplesmente, sua busca por justiça tornou-se tirânica. Ele também sabe que é apenas um homem, mas como deseja justiça, deve procurá-la por meios extremos.

Parece que os dois casos poderiam ser melhorados por uma visão do mundo que desse espaço para um vigoroso senso do real, da esperança bem fundada. Se uma pessoa acredita que a justiça tem uma fonte sobrenatural última e que ela vencerá no fim, isso não só a incitará a agir, mas também a reconhecer os genuínos limites morais objetivos às ações que iniciamos. Em *Kingdom Come*, Super-Homem e Batman veem as limitações inerentes de ser apenas um homem e reagem de maneiras opostas, embora ambas negativas. A esperança de justiça final pode servir como um corretivo para os dois, encorajando esforços humanos para trazer a justiça por intermédio da esperança moral, enquanto proporciona limites por meio da restrição moral.

Por causa disso, achamos surpreendente que Elliot Maggin, em sua introdução a *Kingdom Come*, pense que a narrativa nos recomende confrontar a injustiça sem fé em um poder maior que o nosso. Parece que a essência da história clássica de super-heróis é a mesma que o cerne da tradicional história religiosa. Ambas enfatizam, cada uma em seu nível, a *importância* de uma esperança em poderes maiores que o nosso para nos motivar à ação e nela nos sustentar, por mais fútil que às vezes pareça. Como todos os grandes filósofos já insistiram que percebamos, as coisas neste mundo nem sempre são o que aparentam. Uma visão teológica do mundo, como o teísmo cristão, oferece um meio de articular isso, que ajuda a esclarecer nossos sentimentos e inclinações morais mais profundos.

ESPERANÇA E O DESAFIO HUMANO

O benefício da esperança em um poder maior é visto de forma bem clara em *Kingdom Come*. Depois da conversa, a Mulher-Maravilha vai embora e deixa o Super-Homem com as perguntas que ela lhe fez, sem respostas. O leitor não vê o menor indício no Super-Homem de que ele pretenda voltar à luta. Umas 12 páginas adiante, porém, o pastor idoso que é o narrador da história está vendo dois times de "super-heróis" maldosos enfrentando-se. Ele se dá conta do triste estado em que se encontra o mundo e se volta para o seu guia sobrenatural, o Espectro, dizendo: "Se algum de nós vai sobreviver... Nós precisamos de esperança!"

Logo em seguida, claro, o vento sopra, e vemos um borrão vermelho. Alguém diz: "Olhe!" e outro diz: "Lá no céu!" O Super-Homem voltou — combatendo o crime, usando *collant* e trazendo esperança. A história continua e outros super-heróis, seguindo o exemplo do Super-Homem, também retornam à linha de frente. Nas palavras do narrador: "Um mundo com fome de esperança vai aos poucos entregando seu medo aos céus". A esperança depositada em um poder maior encoraja a pessoa comum a lutar contra o mal. O simbolismo teológico do Super-Homem é enfatizado pelo escritor de *Kingdom Come* quando, mais adiante na história, o Super-Homem está de pé nos degraus da ONU, e um observador na rua aclama: "A segunda vinda do Super-Homem".

Assim, enquanto o dilema do Super-Homem é como o nosso, por um lado, por causa de seu grande poder, ele também representa algo mais. A história do super-herói não é *simplesmente* uma ampliação do dilema humano, mas pode ser também uma adaptação da história da intervenção divina. Em sua dúvida e questionamento, bem como em seu dom de trazer esperança, o Super-Homem mostra a necessidade humana de fé em um poder maior. Ambos os lados dessa história também podem ser encontrados na pessoa divina e humana de Jesus Cristo.

Uma das cenas finais de *Kingdom Come* é em uma igreja, em que o narrador da história, o pastor Norman McCay, recebe sua missão final. Ele testemunhou toda a história de *Kingdom Come* por meio da assistência do Espectro. Quando o Espectro se vai, ele diz: "Bem, Norman, você viu titãs caminharem pela Terra e acompanhou o passo. Talvez você seja mais como eles do que imagina. Você existe para dar *esperança*". O filósofo teísta concorda, do fundo do coração. Uma escatologia sobrenatural, como a que esboçamos, faz exatamente o que o Espectro diz do pastor, ou do Super-Homem, e mais. Ela proporciona a possibilidade verdadeira da esperança ilimitada, em contraste a uma escatologia naturalista fundamentada no desespero impassível. E, mais ainda, uma escatologia assim nos permite manter sempre juntas a esperança e a verdade, além da responsabilidade individual e uma crença na justiça final. Isso é muito para uma visão do mundo realizar, e é certamente uma visão do mundo que nos ajuda a realizar muito.

PARTE IV

IDENTIDADE E A METAFÍSICA DO SUPER-HERÓI

CAPÍTULO 17

QUESTÕES DE IDENTIDADE: O HULK É A MESMA PESSOA QUE BRUCE BANNER?

Kevin Kinghorn

Imagine que você é um juiz em São Francisco presidindo o julgamento de um criminoso. Recentemente, a cidade sofreu um colapso que a paralisou. Uma força fantástica atacou a área central da cidade, danificando carros, bondes, fios elétricos e vários prédios. O réu é Bruce Banner, que foi acusado de destruição em massa de propriedade. Quando lhe perguntaram como ele se defenderia, o advogado de Bruce Banner apresentou a seguinte defesa: "Meritíssimo, a pessoa que perpetrou tais atos foi um ser grande, esverdeado e monstruoso. Mas meu cliente, como o senhor pode ver, é um homem franzino e de pele clara. Em suma, meu cliente não é o mesmo indivíduo que perpetrou esses atos".

Quando o advogado diz que o Hulk e Bruce Banner não são a "mesma pessoa", ele não está usando a expressão no sentido coloquial, como poderíamos dizer: "Sabe, Bob não é a mesma pessoa quando não toma seu cafezinho pela manhã". Não, o advogado está fazendo uma alegação mais incisiva, afirmando que o Hulk e Bruce Banner literalmente *não são o mesmo indivíduo*. Ele continua: "Meritíssimo, meu cliente é só mais uma vítima em tudo isso. Sim, nós admitimos que Bruce Banner foi, de algum modo, transformado na pessoa do Hulk, para depois ressurgir como ele mesmo. Mas o fato é que, quando os atos em questão foram perpetrados, foi a pessoa do Hulk e não de Bruce Banner que estava agindo. Portanto, se o promotor quer levar alguém ao tribunal, deixe-o capturar o Hulk e levá-lo! Mas é claro que meu cliente não é a mesma pessoa que o Hulk".

Como juiz, você agora deve decidir se Bruce Banner merecer ser julgado. E isso significa que terá de decidir se Bruce Banner e o Hulk são a mesma pessoa. Que critérios você vai usar para chegar a uma conclusão?

A busca por esses critérios tem uma longa história nos círculos filosóficos. Os filósofos costumam classificar o tema em termos de "a continuidade da identidade pessoal com o passar do tempo". Em outras palavras, a pergunta é: o que faz você ser a mesma pessoa hoje que foi ontem, ou dez anos atrás, ou que será daqui a dez anos? Se você pudesse responder a essa pergunta, teria os critérios para determinar se a pessoa diante de você, sendo julgada, é a mesma que semanas atrás devastou a cidade.

A IDENTIDADE FÍSICA DO HULK

Em nossa vida cotidiana, não questionamos se Bob, ou Sue, ou qualquer outra pessoa é literalmente a "mesma pessoa" hoje que foi ontem. Isso porque costumamos comparar a identidade *pessoal* com a identidade *física*. Ou seja, vemos uma figura física que se parece muito com a figura física que vimos e com quem conversamos ontem (ou dez anos atrás), e pressupomos que as duas figuras físicas sejam a mesma pessoa. Na verdade, mesmo nos tribunais, às vezes a identificação física é a única coisa que temos para determinar a identidade pessoal. Podemos confirmar isso assistindo ao primeiro episódio de *Perry Mason* ou *Matlock*, em que uma conversa como esta quase sempre ocorre:

Promotor: Você vê a pessoa que cometeu o crime nesta sala do tribunal?

Testemunha (*apontando*): Sim, ele está sentado ali.

Promotor: Que se registre que a testemunha identificou o réu.

Se usássemos a identificação física como um meio de identificar a pessoa de Bruce Banner, então Bruce Banner não seria a mesma pessoa que o Hulk. Afinal, o corpo do Hulk é muito maior que o de Banner. Isso significa que os átomos individuais que compõem o corpo de Banner não se reestruturam simplesmente para formar o corpo que identificamos como o Hulk. Pelo contrário, há um número muito diferente de átomos totais em cada corpo. Para entendermos até que ponto esse número é diferente, só precisamos pensar na série da década de 1970, em que o dr. Banner (na série de TV, por estranho que pareça, *David* Banner) se transforma na pessoa do Hulk. Todas as suas roupas se rasgavam, exceto — de maneira irreal — a costura da parte traseira das calças (que é sempre a *primeira* a rasgar, em uma situação real).

Como os átomos que compõem o corpo do Hulk são em número muito maior que os do corpo de Bruce Banner, a constituição física do Hulk difere claramente da constituição física de Banner. Supondo que a identidade física seja a mesma que a identidade pessoal, isso significaria que o Hulk não é a mesma pessoa que Bruce Banner.

Mas a identidade física será um critério correto para se determinar a identidade pessoal? Sob uma análise meticulosa, a resposta parece ser "não". É verdade que os átomos do corpo de Bruce Banner não podem ser os mesmos que compõem o corpo do Hulk. Entretanto, devemos lembrar que os átomos dos corpos de *todas* as pessoas mudam com o tempo. No decorrer de um ou dois anos, todas as células em cada corpo morrem e são substituídas por novas. Em apenas uma semana, metade de nossos glóbulos vermelhos regenera-se. E, no entanto, mantemos nossa identidade pessoal durante todo esse processo. O ator que interpretou Don Vito Corleone no filme *O Poderoso Chefão* pode ter contido, em seus últimos anos de vida, tantos átomos em seu corpo quanto o Hulk. Mas era a mesma pessoa que o astro de *Sindicato de Ladrões*, um homem que na época desse filme mais velho tinha o tamanho aproximado de Bruce Banner — o musculoso e delgado Marlon Brando. E assim, só porque o corpo de Bruce Banner, na época do julgamento, é muito diferente do corpo do Hulk durante seu ataque no centro da cidade, isso não significa que os dois não sejam a mesma pessoa.

Nesse ponto, talvez possamos resguardar a importância da continuidade física, sugerindo que é preciso haver apenas *algum* grau dela para estabelecermos a identidade pessoal. Uma analogia pode ajudar a esclarecer isso. Suponha que você comprou um veleiro e lhe deu o nome de *Stan Lee Schooner*. Com o passar dos anos, o barco precisará de reparos. Em vários pontos você precisará de novo convés, velame, vela principal, quilha e assim por diante. No fim, talvez, se você possuir o barco por tempo suficiente, terá substituído todas as partes dele por outras novas. A pergunta, então, é: o seu barco atual, cheio de partes novas, ainda é o *Stan Lee Schooner*? Nossas intuições dizem-nos com certa clareza que a resposta é "sim". Você ainda possui o mesmo barco, por mais remodelado que ele esteja.

De modo semelhante, podemos argumentar que, enquanto existir algum grau de continuidade física entre os corpos com o passar do tempo, esses corpos pertencem à mesma pessoa. Portanto, enquanto Bruce Banner e o Hulk preencherem esses critérios mínimos de continuidade física (quaisquer que sejam eles), podemos dizer que os dois são a mesma pessoa.

Apesar de qualquer plausibilidade inicial dessa linha de argumento, uma análise meticulosa revela-nos alguns resultados indesejáveis. Suponha que eu morra amanhã após ter concordado em ser doador de órgãos. Suponha, ainda, que as partes de meu corpo necessárias para os médicos usarem em transplantes vão todas para o mesmo indivíduo, o qual chamaremos de "Herb Trimpe". Possivelmente (graças aos contínuos avanços médicos), mais de 50% de meu corpo poderia ser usado como partes substitutas para os órgãos internos de Herb, seus membros e assim por diante. Nesse caso, a maior parte do corpo pós-operatório de Herb consistiria de partes físicas que hoje pertencem ao meu corpo — incluindo talvez minhas impressões digitais. O corpo pós-operatório de Herb teria, portanto, uma continuidade física maior com meu corpo de hoje que com o próprio corpo de Herb. Mas certamente nós não diríamos que a pessoa saindo da sala de operações é Kevin Kinghorn e não Herb Trimpe. Quaisquer que sejam os méritos de minha doação, minha generosidade não me ajudou a derrotar a morte — é Herb que, como resultado, evita esse destino.

Portanto, seja o que for que proporciona continuidade da identidade pessoal com o tempo, não é a continuidade das células ou átomos físicos. Seria interessante perguntar quanta continuidade física existe entre o corpo do Hulk e o corpo de Bruce Banner. Mas essa pergunta não serve como um critério apropriado para determinar se Hulk e Bruce Banner são a mesma pessoa.

O CAMPO MENTAL DO HULK

Ciente de alguns problemas em tentar reduzir a identidade pessoal ao campo físico, os filósofos costumam explorar se o campo mental pode ser um lugar mais promissor para localizar a identidade pessoal. Seguindo os passos do filósofo do século XVII John Locke (1632-1704), boa parte dessa exploração envolveu a função da memória.

Locke definia uma pessoa como um "ser inteligente pensante, que tem motivos e reflexão, e que pode considerar a si mesmo como ele é, a mesma coisa pensante, em diferentes momentos e lugares". Para Locke, o caráter único em cada pessoa é a habilidade para se tornar ciente por meio da introspecção que ela é de fato um ser pensante. A continuidade da condição de pessoa com o passar do tempo é garantida porque você é capaz — pelo do uso da memória — de refletir no fato de que você se tornou ciente por meio da introspecção de que era um ser pensante.

À primeira vista, essa é uma interpretação muito atraente da identidade pessoal, e poderia nos ajudar a compreender as identidades contínuas de muitos famosos personagens de quadrinhos que passam por mudanças físicas radicais. Um membro da Liga da Justiça da América, Jonn J'onnz, também conhecido como Caçador Marciano, é capaz de mudar de forma à vontade e assumir muitas aparências físicas diferentes. Entretanto, ele continua se considerando o mesmo ser, tanto antes quanto depois da mudança. Nós também cremos nisso. O Quarteto Fantástico parece nos oferecer mais quatro exemplos desse mesmo fenômeno. Após serem expostos a raios cósmicos, Reed Richards, Sue Storm, Johnny Storm e Ben Grimm adquirem características físicas muito diferentes, mas sua continuidade mental não nos permite questionar se, a despeito dessas mudanças, eles são as mesmas pessoas que subiram na espaçonave experimental. Em cada um dos casos, a continuidade mental parece suficiente para a identidade pessoal.

Aplicando os critérios de Locke, por que deveríamos ver Bruce Banner como a mesma pessoa que o Hulk? A resposta aqui pode depender de como concebemos o personagem, Hulk. Nas primeiras histórias da Marvel, o Hulk mantinha os mesmos estados mentais e a mesma autopercepção de Bruce Banner. Era como se Banner — ou pelo menos sua mente — estivesse aprisionado no corpo do Hulk. Segundo esse conceito do Hulk, a transformação de Bruce Banner nessa monstruosa criatura não viola de modo algum os critérios de Locke para uma condição contínua e única de pessoa.

Por outro lado, em histórias mais recentes, bem como na série de TV dos anos de 1970 e no filme de 2003, a capacidade mental do Hulk é muito mais obtusa. O Hulk ainda reconhece os amigos, como Betty Ross, e quer protegê-los. Também reconhece quem são os sujeitos maus e não gosta nem um pouco deles. Entretanto, ainda vemos o Hulk confuso enquanto olha para as pessoas e o ambiente, como se tentasse entender o ambiente à sua volta. Sua participação em uma conversa é quase vaga, como quando anuncia sua intenção: "Hulk esmaga!" Nesse estado mental, parece que não há a menor lembrança das experiências introspectivas de Bruce Banner. Portanto, segundo esses conceitos mais recentes do Hulk, os critérios de Locke para a condição contínua de pessoa não são observados.

Examinamos brevemente se os famosos critérios mentais de John Locke para a condição contínua de pessoa são observados no caso do Hulk e Bruce Banner, e chegamos a resultados conflitantes. Agora, devemos perguntar se esses critérios são satisfatórios. E uma análise mais apurada revelará vários problemas com essa explicação aparentemente plausível do que é ser a mesma pessoa.

Um problema é que os critérios de Locke parecem restritivos demais. Afinal de contas, eu não me lembro de minhas experiências introspectivas quando completei 8 anos. Mas isso não quer dizer que minha identidade pessoal não é a mesma.

Outro problema com os critérios de Locke foi identificado pelo filósofo Thomas Reid (1710-1796), que escreveu a respeito da identidade pessoal um século depois de Locke. Reid descreveu um cenário com o intuito de ilustrar as conclusões absurdas dos critérios de Locke. Ele sugere que imaginemos um indivíduo cuja vida inclui estes três eventos: (1) quando criança, ele apanhou porque roubou maçãs; (2) como jovem oficial no exército, ele realiza um ato heroico; (3) quase no fim de sua carreira militar, ele é promovido a general. No cenário de Reid, quando o homem é um jovem oficial, ele tem consciência de ter levado uma surra quando garoto. E quando o homem se torna um general, ele tem consciência de ter feito um ato heroico quando era um jovem oficial. Entretanto, nesse momento mais recente de se tornar general, ele já não se lembra de ter apanhado quando era criança. Reid assinala que, se a memória é aquilo que proporciona continuidade de identidade, então o jovem oficial é a mesma pessoa que o garoto; e o general é a mesma pessoa que o jovem oficial. Pelas leis transitivas da lógica, o general deve ser a mesma pessoa que o menino. Até aqui, tudo bem. Mas Reid nos lembra: "A consciência do general não consegue se estender até a infância, quando ele apanhou; portanto, de acordo com a doutrina de Locke, ele não é a pessoa que levou a surra. Isso quer dizer que o general é, e ao mesmo tempo não é a mesma pessoa que levou uma surra na escola". Em resumo, Reid mostrou que os critérios de Locke para a identidade pessoal envolvendo introspecção e memória nos levam a conclusões absurdas e, pela lógica, contraditórias. Por isso, tal interpretação da identidade não pode estar certa.

Talvez pudéssemos salvar a teoria de Locke, corrigindo-a um pouco para evitar o problema exposto por Reid. Isto é, poderíamos insistir que Locke estava na pista certa com respeito à importância da memória. E o que é necessário é a exigência menos estrita de que deve haver pelo menos alguma continuidade dentro do escopo das experiências introspectivas de uma pessoa. Assim, embora eu não precise me lembrar do meu aniversário de 8 anos para manter a continuidade de minha identidade pessoal entre antes e agora, o que é preciso é que eu me lembre de ontem, e que ontem eu me lembre de anteontem, e assim por diante retrospectivamente. Os critérios corrigidos de Locke, portanto, seriam o de que existe uma corrente de memórias entre minha vida atual agora e minha vida aos 8 anos de idade.

Sem dúvida, esse conjunto de critérios corrigidos envolvendo a memória evitaria as conclusões absurdas associadas à ilustração de Reid. No entanto, há outros cenários que ilustram problemas com esses critérios corrigidos. Suponha que a pessoa na história de Reid sofra do mal de Alzheimer e que suas memórias sejam diferentes daquelas descritas por Reid. Como regra geral, o homem *se lembra* de sua mais tenra infância e de ter sido surrado quando garoto. Mas, como a doença lhe apagou a memória de sua vida adulta, ele *não se lembra* de seu ato heroico como jovem oficial. E talvez nem se lembre do que aconteceu ontem. Em um cenário assim, não há uma corrente contínua de memórias se acumulando uma sobre a outra com o passar do tempo.

Além disso, Bruce Banner poderia ser drogado por um vilão e ficar tão confuso durante horas que não se lembraria de quase nada, incluindo os momentos anteriores de autopercepção. Entretanto, isso não o torna um ser humano diferente durante aquelas horas. Ele ainda é Bruce. Algo do gênero aconteceu com o Homem-Aranha por muito mais tempo que algumas horas quando Doc Ock o atacou com um poderoso dispositivo que lhe provocou amnésia temporária, fazendo-o esquecer-se de quem era. Ele levou um bom tempo até se lembrar das coisas e, no entanto, continuou sendo o mesmo super-herói, Homem-Aranha, sofrendo de amnésia.[91] Portanto, nem os nossos critérios corrigidos são imunes aos contraexemplos.

É difícil dizer se podemos continuar apelando para os critérios de memória de Locke para explicar todos os possíveis contraexemplos. Alguns filósofos modernos fizeram tais tentativas. Todavia, todos os apelos à memória quanto ao que constitui a identidade pessoal sofrem de um problema final. É o problema da circularidade. Suponha que alguém tenha uma falsa memória de trabalhar como ator principal nas *Aventuras do Super-Homem*, a série original de TV na década de 1950. Talvez a pessoa seja senil e, após ver George Reeves fantasiado em uma reprise, confunde a televisão com sua realidade pessoal. Ou talvez a pessoal sofra de ilusões e pense que é de fato George Reeves. Ou talvez tenha sido hipnotizada em uma festa ou tido um sonho no qual vestia a capa na frente das câmeras. Embora lhe pareça, com toda sinceridade, que estrelou no programa, ter a impressão de se lembrar de algo é muito diferente de se lembrar mesmo. E qual é a diferença? Obviamente, no caso de uma memória verdadeira, as experiências que nos lembramos de ter são as experiências que de fato tivemos.

Entretanto, um problema espreita na discussão da memória falsa ou verdadeira. Vimos que o fenômeno introspectivo de *parecer* lembrar algo não basta para estabelecer uma memória genuína. O que mais é preciso? Bem, devemos acrescentar as outras condições que as experiências que a pessoa parece lembrar sejam experiências que de fato ocorreram e que pertençam *à mesma pessoa* que, mais tarde, esteja tendo a memória aparente. Mas agora nossos critérios para identificar a condição de pessoa se tornaram circulares. Pois a memória deveria fornecer as condições para a continuidade da identidade pessoal. E agora, para especificarmos o que *é* uma memória genuína, devemos estipular que ela envolve um evento passado que foi vivido pela mesma, idêntica pessoa que hoje está se lembrando dele. Em suma, o apelo ao campo mental da introspecção e da memória

---

91. Stan Lee e John Romita, Amazing Spider-Man, edições 43-59.

não parece proporcionar critérios adequados para determinar a continuidade da identidade pessoal. Como juiz no julgamento de Bruce Banner, você precisa procurar critérios adequados em outro lugar.

UMA EXPLICAÇÃO CAUSAL DA IDENTIDADE DO HULK

As categorias de causa e efeito são importantes na Ciência e na Filosofia. Pode-se sugerir que a identidade pessoal não consiste em simples continuidade física e mental, mas deve ser compreendida em termos de uma explicação causal abrangendo características físicas e mentais. Se o grande corpo verde (ou cinza) do Hulk e sua furiosa consciência advêm de modo causal do corpo e da mente de Bruce Banner em determinado sentido, talvez isso baste para constituir identidade pessoal por meio de mudanças tão radicais.

Nós vivemos em um mundo de causas e efeitos naturais. O jovem, esbelto Marlon Brando tornou-se um enorme e corpulento solitário, por causa de comida, bebida, drogas e outros motivos que resultaram naturalmente nas mudanças radicais que todos nós vimos, com o passar do tempo. Na verdade, os seres humanos desenvolvem-se desde pequeníssimos bebês, passando pela infância, e chegando à idade adulta por meio de mecanismos que envolvem comida, bebida, exercícios físicos, experiência, acidente, doença e muitas outras coisas. Talvez o Hulk seja a mesma pessoa que Bruce Banner porque o estado de seu corpo e mente se desenvolve periodicamente do estado físico e mental normal de Banner por meio de certos mecanismos causais envolvendo uma complexa interação de radiação, perigo e raiva. Hulk é Bruce Banner porque é Banner que "solta o Hulk" e se torna esse monstro. Bruce não deixa de existir, sendo substituído no mesmo local por um ser completamente diferente, o Hulk, que depois de algum tempo também desaparece e, por alguma fantástica coincidência, é substituído de novo por Bruce Banner. Na verdade, é a mesma pessoa que se transforma em aparências diferentes por meio de um complexo conjunto de fatores causais naturais, embora raros.

O problema com essa explicação causal é que, como as teorias anteriores de identidade pessoal, ela permite consequências estranhas e contraintuitivas. Suponha que por meio de uma complexa forma de interações causais — talvez envolvendo os dispositivos de um cientista louco que tenta clonar Bruce Banner —, o corpo de Bruce se dividisse em *dois* enormes corpos devastadores, cada um com uma consciência própria. Essas novas criaturas monstruosas viriam ambas de Bruce. E, no entanto, se elas forem de fato duas criaturas separadas, capazes de criar tumulto em diferentes partes de uma cidade ao mesmo tempo, parece óbvio que elas não poderiam ser a *mesma* pessoa, Bruce Banner. Nesse ponto, começamos a sentir que nenhuma explicação de identidade pessoal serve para a nossa tarefa sem gerar consequências absurdas que sabemos ser falsas.

NÃO HÁ COMO DISTINGUIR?

Diante dos problemas associados a tentativas de localizar identidade pessoal no campo físico ou mental, alguns filósofos questionam se existe de fato essa identidade pessoal. O filósofo contemporâneo Derek Parfit observa que às vezes nós perguntamos se uma nação em desenvolvimento ou uma máquina recém-consertada são a "mesma" nação ou máquina que em períodos anteriores. E ele comenta: "Ninguém pensa que, nesses casos, as perguntas: 'É a mesma nação?' ou 'É a mesma máquina?' devem ter resposta". O ponto enfatizado por Parfit é que talvez seja um erro presumirmos que deve haver uma resposta correta a perguntas envolvendo a identidade de algo (ou de alguém).

Para ilustrar tal ponto, Parfit chama a atenção para um número de cenários parecendo ficção científica que não são diferentes do exemplo de clonagem mencionado na seção anterior. Em um dos cenários de Parfit, ele nos pede para imaginar um caso em que "meu cérebro é dividido e cada metade é abrigada em um novo corpo". Diante das descobertas médicas de que a autoconsciência pode despertar quando apenas metade do cérebro humano permanece intacta, é possível, no exemplo de Parfit, que ambas as metades de seu cérebro formem centros de autoconsciência. E cada uma delas pode experimentar alguma forma forte de continuidade com o estado de consciência associado ao cérebro antes de sua bifurcação. Parfit, em seguida, pergunta: "O que acontece comigo?" Ele observa que não há uma resposta óbvia a essa pergunta. Sua conclusão é que é mais plausível "sugerir que eu sobrevivo como duas pessoas diferentes sem implicar que eu seja essas pessoas".

Se Parfit estiver certo e se for um erro pensar que as pessoas devem sempre ter uma identidade única, contínua com o tempo, deveríamos, então, abandonar nossa busca por um critério para identidade pessoal? Penso que não deveríamos nos precipitar nesse sentido. Afinal, a maioria de nós acredita intuitivamente que existe uma resposta à pergunta se eu seria a mesma pessoa se tivesse apenas metade do meu cérebro ou se parte de meu cérebro fosse transplantado em outro corpo. Nós podemos não *saber* quais são as respostas em uma situação difícil, como a descrita por Parfit. Mas isso não significa que *não existem* respostas a essas perguntas. Só porque a verdade é difícil de encontrar, isso não quer dizer que ela não existe. Deve ser difícil encontrar um fã do recente filme do Hulk entre os aficionados dos quadrinhos do Hulk, mas pode haver alguns.

A IDENTIDADE RELACIONAL DO HULK

Se quisermos defender nossa intuição de que há respostas corretas a perguntas de identidade pessoal — incluindo a identidade do Hulk e de Bruce Banner — e não pudermos aceitar nenhuma das explicações que examinamos até agora, não há motivos para desespero. Há um último lugar onde podemos procurar critérios adequados de identidade pessoal. Pelo que vejo, é o lugar mais promissor. Nós o encontramos nos relacionamentos pessoais contínuos das pessoas. Partindo da premissa de que a condição de pessoa surge por meio de relacionamentos com outras pessoas, a sugestão aqui é que uma pessoa tem uma identidade contínua em virtude de manter relacionamentos contínuos com outras pessoas.

À primeira vista, pode parecer muito estranho afirmar que a sua identidade pessoal existe porque os outros se relacionam de um modo apropriado com você. No entanto, a estranheza dessa afirmação sem dúvida vem do fato de vivermos em uma estrutura cultural superindividualista, pós-Iluminismo, que, talvez erroneamente, tenta identificar as pessoas por suas características particulares. Quando alguém perto de nós nos pergunta: "Quem é Kathryn?", a resposta normalmente será: "É aquela com cabelos pretos, com mais ou menos 1,80m de altura, gosta de ler quadrinhos de *Hulk* e *X-Men* e é vegetariana". Esses são todos atributos particulares, em um certo sentido. E nós somos inclinados a acreditar que uma compilação desses tipos de atributos faz de você, "você".

Embora pareça óbvio, a princípio, que a sua posição como um agente pessoal é de fato uma questão de você ter atributos pessoais, talvez essa percepção seja mais uma questão de condicionamento cultural do que de uma verdade. Na Antiguidade e na Idade Média, a identidade de alguém como pessoa era vista não tanto como uma questão de seus atributos particulares (por exemplo, a sua aparência), e sim do complexo de relacionamentos que ela tinha com os outros. A natureza dos relacionamentos determinava quem "você" era.

A bem da verdade, você teria de ter certos atributos particulares — como racionalidade, autoconsciência e liberdade — para ser capaz de se relacionar com os outros. Mas pense por um momento nos atributos essenciais de quem você é como pessoa. Uma pessoa pode ser amorosa, generosa, fiel, complacente e, de um modo geral, altruísta. Ou pode ser cheia de ressentimento, muquirana, infiel, desleal, vingativa e egoísta. Nenhum desses atributos pode ser adquirido em um vácuo. Uma pessoa obtém esses traços, em primeiro lugar, relacionando-se com os outros de alguma maneira específica.

Há alguns exemplos incontroversos de entidades relacionais fortemente constituídas em nosso mundo. O casamento é uma delas. Um casamento acontece e perdura com o passar do tempo em virtude de um relacionamento entre duas pessoas, bem como de uma rede maior de relacionamentos entre o casal e uma comunidade maior, e — aos olhos de fiéis religiosos — de um relacionamento ainda maior entre todos e Deus. Em um nível mais naturalista, uma corporação é uma pessoa jurídica que existe e perdura com o tempo em virtude de uma complexa rede de relacionamentos interativos. Portanto, as identidades baseadas nos relacionamentos não nos são totalmente desconhecidas no mundo moderno. Talvez, em um sentido muito profundo, a identidade pessoal individual seja, em si, constituída e perpetuada em virtude de um ou mais relacionamentos contínuos.

Mas, como os filósofos não hesitam em ressaltar, há objeções possíveis que podem ser feitas contra qualquer teoria. E nenhuma teoria relacional de identidade pessoal é exceção. Em primeiro lugar, o que acontece se as pessoas não se relacionam com você da mesma maneira, com o passar do tempo? Isso significa que você não tem a mesma identidade? Você pode deixar de ir à livraria de quadrinhos, não entrar mais nas salas de bate-papo na *internet*, mudar seu número de telefone, mudar-se para outro extremo do país, e cortar todos os seus relacionamentos anteriores com amigos, vizinhos e colegas de trabalho. Isso seria o seu fim como pessoa individual e o início de uma pessoa literalmente nova? Achamos que não. Em segundo lugar, o que acontece com uma pessoa que cresceu em uma ilha deserta sem outros habitantes com quem se relacionar? Isso significa que ela não tem uma identidade como pessoa? Em terceiro lugar, e quanto às pessoas que se relacionam com você pela lente de suas próprias parcialidades e imaturidade emocional? Os outros podem lhe impor uma identidade como pessoa que você, de modo algum, escolhe ou endossa? Isso também parece errado.

Há uma possível resposta filosófica às três objeções. Ela envolve aceitar ou reconhecer a existência de um Deus que se relaciona sempre com todas as pessoas e cujo conhecimento interpessoal de cada ser não é distorcido. Assim, pode-se afirmar que existe um Deus que nos cria como indivíduos e garante que nossa identidade pessoal perdure com o tempo e, além disso, reflita enfim nossos verdadeiros compromissos com os outros, mesmo que, durante nossa vida terrena, os outros distorçam temporariamente nossa identidade como pessoa. É verdade que os não teístas podem não gostar de recorrer a Deus na tentativa de abordar as três objeções que eu mencionei. Mas esse é, sem dúvida, um meio direto e poderoso de lidar com os três.

Também traz de volta ao cenário um elemento causal, uma vez que o Deus relacional que nos cria e sustenta no Universo por todo o tempo faz isso como Causa Última de nossa existência. E com Deus no cenário, a principal objeção ao cenário causal pode ser rebatida. A compreensão média do poder divino não o vê se estendendo sobre impossibilidades. Por isso, nem Deus pode fazer com que Bruce Banner se torne idêntico a cada um dos dois monstros distintos ao mesmo tempo. Como Bruce não pode ser idêntico a dois seres que não são idênticos entre si, nem mesmo Deus poderia criar um cenário que gerasse um problema para a explicação causal.

O QUE DEVEMOS CONCLUIR?

Como juiz presidindo o julgamento de Bruce Banner, você determinaria que Bruce Banner e o Hulk são a mesma pessoa? Eu penso que sim — com base no fato de Bruce e o Hulk terem, de um modo geral, o mesmo conjunto contínuo de relacionamentos com as pessoas à sua volta. Os relacionamentos que o Hulk tenta ter com as outras pessoas parecem ser, em essência, uma continuação daqueles relacionamentos que Bruce Banner já havia estabelecido — por mais incompleto e alterado que seu comportamento possa ser em seu estado transformado. De fato, vemos com frequência que Bruce tem intenção de se relacionar com essas pessoas de uma determinada maneira, e as ações do Hulk refletem essa intenção contínua. Por exemplo, no filme de 2003, o pai de Bruce, David Banner, diz a ele por telefone que foram tomadas providências para eliminar Betty Ross. Bruce imediatamente tem a intenção de proteger Betty e frustrar o plano de seu pai. Mais adiante, em uma cena que faria os donos de poodle ter recorrentes pesadelos, vemos o Hulk destruir três cães domésticos que sofreram mutação, sedentos de sangue, que iam atacar Betty.

De modo semelhante, Betty Ross, David Banner, o general "Thunderbolt" Ross e outros se relacionam com o Hulk como se ele fosse a mesma pessoa que Bruce Banner. Talvez façam isso porque viram a forma do Hulk resultar de uma transformação do corpo de Bruce e eles reconhecem na mente do Hulk pelo menos alguns indícios do que conhecem de Bruce. É possível que alguns indicadores físicos, mentais e causais sejam usados por todos nós como indícios grosseiros da identidade dos outros e, daí, a viabilidade de se relacionar com eles. Mas talvez tais indícios sejam apenas pistas para uma verdade mais profunda que, no fim das contas, mostra que um determinado conjunto de relacionamentos constitui a identidade fundamental em questão.

Agora, se você, como juiz, considerará Bruce Banner culpado ou inocente de destruir propriedade alheia é outra questão. Pode haver circunstâncias atenuantes ou outros fatos exculpatórios na situação. Na maioria das aparições documentadas do Hulk, são os outros que parecem instigar conflito e agitar o Hulk. Talvez *eles* é que devessem ser julgados pela destruição de propriedade alheia. No entanto, você não pode desculpar Bruce sob alegação de que ele não é a mesma pessoa que o Hulk. Bruce Banner é a mesma pessoa que o Hulk porque os dois personagens possuem uma continuidade de relacionamentos com as pessoas à sua volta suficiente para que essa identidade básica se mantenha firme.

CAPÍTULO 18

CRISE DE IDENTIDADE: VIAGEM NO TEMPO E METAFÍSICA NO MULTIUNIVERSO DC

Richard Hanley

Sir *Arthur Conan Doyle escrevia as histórias de Sherlock Holmes em forma serial. Em um famoso equívoco, ele colocou o único ferimento de guerra de Watson no ombro (em* Um Estudo em Vermelho*) e muito depois na perna (*O Signo dos Quatro*). Hoje em dia, chamamos a isso de erro de continuidade. Quando Conan Doyle decidiu terminar a série, colocou Holmes aplicando um castigo a Moriarty, aparentemente à custa da própria vida. Mas a reação do público foi tão grande que o autor acabou ressuscitando o detetive, reinterpretando o episódio anterior. Ambos os incidentes forçaram a reinterpretação de partes anteriores no seriado, para preservar a continuidade. Chamemos a essas reinterpretações forçadas de* correções.

Conan Doyle não tentou uma correção deliberada no famoso ferimento de guerra, mas outros tentaram justificá-la. Minha versão favorita é esta: Watson é o narrador, e ele sem dúvida sabe onde se machucou. Esqueceu que dissera no ombro porque estava mentindo, e estava mentindo porque o local real é embaraçoso demais para revelar. Então, o ferimento também não é na perna. (O aventureiro que deu essa interpretação concluiu que o ferimento de Watson devia ser nas nádegas!)

Um século depois, levamos nossos seriados e sua continuidade muito mais a sério. De especial interesse para mim é a seriação que envolve múltiplos autores. Deixando de lado os aspectos legais, nada me impede de escrever outra história de Holmes, mas nada que a minha história diga "corrigirá" a de Conan Doyle e, no entanto, o que existe nas histórias de Conan Doyle afeta de modo definitivo o que há de verdadeiro na minha. Diante dessa assimetria (e não pressupondo nenhuma ressurreição de Conan Doyle neste mundo), eu concluo que a *seriação* de Holmes acabou de uma vez.

Mas, nas histórias em quadrinhos, as coisas são diferentes. Nelas, temos uma seriação genuína e a possibilidade de correção, apesar de histórias posteriores escritas por diferentes autores. E, como qualquer oportunidade criativa, é uma faca de dois gumes, que deve ser manejada com cuidado e atenção.

O MULTIUNIVERSO DA DC COMICS

A Era Dourada dos quadrinhos na década de 1940 viu a expansão do Universo DC, com duas empresas irmãs misturando seus personagens em um único "Universo". Mas depois veio o estouro de quadrinhos pós-guerra e os quadrinhos da DC manquitolavam com pouco mais que alguns heróis franqueados como Batman, Super-Homem e a Mulher-Maravilha. Em 1956, o Flash retornava —, mais ou menos — atualizado como Barry Allen, que lê histórias em quadrinhos das aventuras de Jay Garrick, o Flash original. Os heróis franqueados também passaram por uma atualização — literalmente — sendo transplantados para os tempos contemporâneos, Super-Homem continuando como Clark Kent e Batman como Bruce Wayne. Começava a Era Prateada.

Tudo isso teria sido resolvido, se as aventuras de Jay Garrick fossem vistas como ficção dentro da ficção. Mas assim, qualquer parte do mundo de Garrick seria ficcional também. Até isso poderia ser resolvido: se o Super-Homem fizesse parte do mundo de Barry Allen, então ele também poderia aparecer, deslocado no tempo, como um personagem fictício nas histórias de Jay Garrick (como Londres aparece, sem deslocamento temporal, nas histórias de Holmes). A DC Comics procurou uma resolução diferente. Em *Flash #123*, Barry Allen (de "Earth-1") vai parar em outro Universo ("Earth-2") e conhece Jay Garrick. Não se pode conhecer um personagem fictício, claro. A Terra-2 (*Earth-2*) é habitada por super-heróis da Era Dourada, incluindo versões mais velhas e apropriadas de Super-Homem e Batman. O multiuniverso DC está nascendo.

Os mundos multiplicavam-se à medida que as histórias proliferavam, heróis e anti-heróis saltavam de um mundo para outro e as coisas ficavam difíceis de acompanhar, principalmente para os leitores novos. Sob o ponto de vista da continuidade, uma proliferação desenfreada de enredos é bastante satisfatória: ela tem a consequência de ser apenas uma estratégia de correção: postular mais um mundo (alternativamente, a proliferação pode remover qualquer necessidade de correção, se imaginarmos que o multiuniverso é mais ou menos completo e todos os mundos estão disponíveis conforme a necessidade). Na década de 1980, os heróis franqueados precisavam de mais uma atualização. Algo tinha de ser feito; e, em 1985, foi.

CRISES EM INFINITAS TERRAS: A HISTÓRIA SE DESENROLA

Nós aprendemos que o multiuniverso foi criado sem querer pelas ações irresponsáveis de um cientista oano, Krona, que desobedeceu a uma regra rigorosa a qual proibia a investigação das origens do Universo. De algum modo, ele substituiu o que era um Universo único por um multiuniverso, e ainda por cima criou um Universo extra, de antimatéria. Nesse último, surgiu um terrível mal: o Antimonitor. E, em um ponto do enredo *yin-yang*, seu outro positivo, o Monitor, apareceu como o guardião do Universo.

Igualmente poderosos, o Monitor e o Antimonitor viveram um impasse por um milhão de anos, até se tornarem simultaneamente "imóveis e inconscientes". Depois de mais de 9 bilhões de anos, em uma das Terras, outro cientista brilhante, porém, irresponsável — eles nunca vão aprender? —, ignorou as lendas e investigou a origem do multiuniverso mexendo com a antimatéria. Isso não poderia ser bom, e de fato não foi. Sem querer, ele libertou o Antimonitor. Pior ainda, destruiu seu próprio Universo, mudando assim o equilíbrio do poder cósmico. O Antimonitor torna-se mais poderoso se universos positivos forem destruídos, portanto agora ele está por cima do Monitor. O que nos traz ao presente...

Todo o multiuniverso está sob ameaça. O Antimonitor está obliterando Universos inteiros, absorvendo cada vez mais poder, enquanto o Monitor fica cada vez mais fraco. Em um ato de autossacrifício como o de um Cristo, ele se deixa morrer para salvar a Terra-1 e a Terra-2, e seus respectivos Universos, criando uma espécie de multiuniverso de bolso para abrigá-los. Sua assistente, Lyla, como Mensageira, traz mais três universos para dentro deste, salvando Terra-4, Terra-S e Terra-X — mas só por algum tempo. Os cinco universos de bolso estão fundindo-se, e nós lemos que "quando eles ocuparem o mesmo lugar ao mesmo tempo (...) se destruirão mutuamente".

Graças a mais alguns dispositivos matéria-antimatéria, alguns super-heróis penetram o antiuniverso e combatem o Antimonitor. Eles destroem uma grande máquina, impedindo assim a convergência dos mundos no multiuniverso de bolso, quase acabando com o Antimonitor. Mas ele sobrevive à batalha, e a Supergirl não.

Depois disso, as coisas mudam para pior. Parece que não basta para o maligno Antimonitor que toda vida (de matéria positiva) seja dizimada. O Espectro revela o plano completo:

> Ele fugiu de sua era... retirou-se para o passado... antes da evolução da vida... antes que esta Terra fosse formada! Ele viajou até *o próprio alvorecer do tempo*! De lá, ele quer mudar o curso de todo o tempo! Não haverá mais matéria positiva. Só a antimatéria prevalecerá! Todas as Terras... todos os Universos... toda *vida* será eliminada.

Mas Espectro tem um plano. Os super-heróis e os supervilões devem unir as forças:

> Metade de vocês deve viajar até o início do tempo. Os outros devem ir ao planeta Oa, onde a história precisa ser mudada.

Os supervilões voltam no tempo até Oa, mas não conseguem deter o experimento de Krona. No entanto, os super-heróis que viajam até o alvorecer do tempo têm mais sucesso. O Espectro intervém com o Antimonitor e, de algum modo, nem o multiuniverso nem a versão preferida do Antimotor das coisas ocorrem. O passado é mudado de uma maneira que só existe um único Universo de matéria positiva.

Os demais super-heróis têm uma batalha final com o Antimonitor, e destroem-no. Agora é o momento de lidar com algumas crises pessoais — e interpessoais. Cada super-herói envolvido na missão do início do tempo se lembra de que existira um multiuniverso, mas ninguém mais se lembra. E agora que só há uma Terra e três Super-Homens (ou pelo menos dois Homens e um Garoto). O Super-Homem da Terra-2 lembra-se de sua esposa Lois, que agora — se essa for a palavra certa — nunca existiu. A resolução? Depois que os três supersujeitos se unem, viajam para o Universo antimatéria, enfrentam o Antimonitor e alcançam a vitória, o Super-Homem 2 e o Superboy perdem a viagem de volta ao lado positivo das coisas. Eles são levados — junto com Lois, que afinal nunca existiu! — "àquele outro lugar... onde... nunca haverá medo... apenas *paz*... paz eterna". Isso faz do Super-Homem da Terra-1 o único Super-Homem, na única Terra, no único Universo (de matéria positiva).

Tudo isso é uma questão muito complicada. Se a história *Crisis* foi bem-sucedida em suas próprias condições — se limpou a bagunça de continuidade que existia antes — é discutível, mas esse não é o meu enfoque aqui. A história evoca duas conjecturas metafísicas, que guardo no coração: viagem no tempo e o multiuniverso. Vejamos uma por vez.

VIAGEM NO TEMPO E O PENSAMENTO FANTASIOSO

As leis da Física não excluem a possibilidade de viagem no tempo e os argumentos filosóficos a favor da impossibilidade da viagem no tempo não funcionam. Mas há algumas restrições claras a esse tipo de viagem.

A visão ingênua da viagem no tempo é a seguinte: suponha que um fã irritado, Joe, constrói uma máquina do tempo em 2020 e retorna ao ano de 1984 de sua infância, com a intenção de impedir que *Crisis* seja publicada. Bem, ele poderia matar Marv Wolfman (*isso* o ensinará a matar a Stargirl!). Sem Wolfman, sem *Crisis*. Assim, Joe muda o passado: era de um jeito e agora é de outro. Embora Joe-criança existisse em 1984, não havia um Joe-adulto viajante do tempo em 1984, da primeira vez. Então, na segunda vez, 1984 viu a chegada do Joe do futuro, e o futuro agora é *diferente*. Se Joe voltasse a 2020, *Crisis* nunca teria existido.

Mas há um enigma no coração dessa descrição ingênua. Ou Joe volta ao ano de 1984 de sua infância e está presente duas vezes, como homem e como garoto, ou não volta. Se ele voltar a 1984, é óbvio que Wolfman não foi morto e *Crisis* seria publicada no momento devido. Afinal, foi isso que de fato *aconteceu*. Parece uma contradição óbvia supor que um único e mesmo evento aconteceu e, no entanto, não aconteceu.

Isso não mostra que a viagem no tempo é impossível. Devemos distinguir entre mudar o passado e afetá-lo. Em *Superboy #85* (1960), a história "The Impossible Mission" descreve a tentativa do Superboy de salvar Abraham Lincoln do assassinato. Ele viaja para o passado, até o dia fatídico, e parece ter localizado Lincoln em um quarto de hotel. Mas o "Sr. L." não é Lincoln, e sim Lex Luthor, que também viajou no tempo para fugir do Super-Homem. Luthor acha que o Superboy está atrás dele e o imobiliza com um pouco de kriptonita vermelha. Enquanto o Superboy está caído, Lincoln é assassinado, na hora conhecida, por John Wilkes Booth. Quando Luther se dá conta disso, fica arrasado.

Por que ele fica tão aborrecido? Porque percebeu que ajudou a *fazer* história. Se Luthor não tivesse interferido, Lincoln teria sido salvo pelo Superboy. Nada foi mudado, porém — o único 14 de abril de 1865 incluiu não só o assassinato de Lincoln por Booth, mas também a imobilização do Superboy por Luthor, que, sem o conhecimento dos historiadores, estava presente naquela data. (Claro que, se 14 de abril não incluísse a imobilização, não teria incluído o assassinato, Booth teria sido preso e Lincoln salvo.) Nesse sentido, a história é coerente.

Mas como são diferentes as coisas em *Crisis*! Primeiro, só existe um Universo e tudo está em ordem. Depois, Krona bagunça as coisas, reescrevendo a história do Cosmos de modo que há um multiuniverso e ainda um Universo antimatéria. Em seguida, se o Antimonitor pudesse, ele teria feito uma segunda revisão a fim de se livrar do multiuniverso, para que só existisse o Universo antimatéria. Mas, em vez disso, outra espécie de revisão é feita, restaurando as coisas a um único Universo, de matéria positiva. (Não fica claro até que ponto a edição final é igual à versão original: eu suponho que deva ser diferente — não incluindo o experimento de Krona, por exemplo —, mas não é do jeito como as coisas teriam acontecido, seja o que for que isso signifique aqui.)

Há duas ironias aí. A primeira é a óbvia analogia entre a seriação em si e a história do Cosmos: eventos "posteriores" conseguem forçar a revisão de eventos anteriores. A segunda ironia é que muitos escritores de viagem no tempo já tentaram manter o enredo coerente, apelando para um multiuniverso. Eles argumentam que o melhor meio de fazer com que uma viagem temporal tenha sentido, já que você não pode mudar o passado, é postular linhas do tempo múltiplas. Quando Joe mata Wolfman, ele impede a publicação de *Crisis* em uma linha temporal diferente de sua nativa. Assim, os viajantes do tempo que vão ao passado não mudam o mundo, e sim mudam mundos.

Os autores de Crisis parecem pensar que isso pode ficar melhor ainda. Quando ouve o plano do Espectro pela primeira vez, o Super-Homem da Terra-1 protesta:

> Espectro, você está falando de *mudar a história*. Isso não pode ser feito. Deus sabe que eu tentei.

O Espectro retruca:

> Pode ser feito, Super-Homem, mas só no *alvorecer do tempo*.

A ideia parece ser a de que você não pode mudar uma linha de tempo — uma história —, mas pode *eliminá-la totalmente*, voltando ao princípio de tudo. Vamos ver se essa visão de um multiuniverso é coerente. Mas, coerente ou não, haverá um motivo para *se acreditar* em um multiuniverso?

MAIS COISAS ENTRE O CÉU E A TERRA?

A noção de um multiuniverso não se restringe à ficção científica e aos quadrinhos. Há vários argumentos a favor da hipótese de que o espaço-tempo que nós ocupamos não é o único que existe.

A interpretação Everett-Wheeler dos "muitos mundos" da mecânica quântica (MQ) postula um multiuniverso ramificado. Quando uma escolha quântica é feita, um mundo literalmente se divide em dois; ou, em outras palavras, se uma escolha quântica é feita entre eventos A e B, o evento A ocorre em uma ramificação e o B em outra. Duas escolhas quânticas produzem quatro ramificações, quatro produzem oito e assim por diante. Cada linha de tempo é compreendida como um meio único de se escolher um caminho através da estrutura ramificada. A interpretação dos muitos mundos da

MQ é levada a sério por muitos físicos, de modo que, se a aceitarmos, *talvez* tenhamos de acreditar em um multiuniverso.

Uma motivação mais recente provém dos argumentos conhecidos como "afinamento". Os cosmólogos gostariam de saber por que as condições iniciais do Universo eram como eram. Em termos mais precisos, há cerca de 20 medidas quantitativas das condições iniciais que parecem "afinadas": se uma delas não fosse do modo como é, um Universo radicalmente diferente teria resultado incapaz de propiciar a vida, muito menos vida inteligente. Muitos argumentam que esse "afinamento" de nossas verdadeiras condições iniciais requer uma explicação especial, e uma sugestão popular seria a de que isso comprova a existência de Deus. Mas, mesmo que você ache que o afinamento pede uma explicação especial, há outra que pode servir: um multiuniverso. Se todos os modos como poderiam ter sido as condições originais corresponderem a um Universo existente, então nada há de especial na existência *deste*.

Mais radical ainda é o realismo modal de David Lewis. Agora vamos da Física diretamente para a Filosofia. O estudo filosófico da modalidade é o estudo da necessidade, possibilidade e impossibilidade. Até o ano de sua morte, 2001, o filósofo David Lewis, de Princeton, foi um dos principais investigadores do significado desses termos importantes. Lewis argumentava que a melhor explicação da verdade de afirmações de possibilidade e impossibilidade — frases como: "Este capítulo poderia ser mais curto" — é aquela que presume a existência de um mundo (ou um cabedal de realidades) para cada modo como esse mundo poderia ter sido. Em termos mais claros, seria possível eu escrever um capítulo mais curto do que este porque em algum outro mundo, eu escrevi. Mas os mundos hipotéticos de Lewis são estritamente isolados um do outro, sem interação causal de um para outro. Se a interpretação dos muitos mundos da física quântica for verdadeira, então nós habitamos um multiuniverso *real* de realidades ligadas. Isso significa apenas que o mundo real é muito maior do que a maioria das pessoas pensa. Mas Lewis pensava que há um número infinito de outros mundos possíveis, além do mundo real, independentemente de seu tamanho. Por maior que seja o mundo real, é uma mera parte minúscula de tudo o que existe.

Agora, voltemos à ciência. O físico Max Tegmark também produziu um grande acervo de argumentos para um multiuniverso — na verdade, para diferentes multiuniversos. Tegmark crê que a Física nos dá motivos além daqueles já expostos para postular um multiuniverso. Portanto, embora não seja ortodoxo acreditar em um multiuniverso, muito se fala disso hoje em dia, é um tema interdisciplinar. Será que alguma dessas hipóteses se encaixa em *Crisis*?

UMA MULTIVERSIDADE?

O multiuniverso DC não é aquele que o realismo modal de Lewis postula, uma vez que os mundos DC não são isolados em causa. Pode haver interação entre eles. E isso não acontece com os mundos postulados por Lewis. Ademais, o cenário que os físicos consideram do multiuniverso ramificado padrão também é descartado, pois, no multiuniverso DC, os viajantes não temporais são capazes de interagir com diferentes linhas de tempo.

Um encaixe mais preciso é a interpretação distinta dos muitos mundos da Física Quântica, oferecida pelo físico David Deutsch. Ele acredita que os resultados experimentais (de maneira mais específica, o experimento no qual fótons individuais produzem um padrão de interferência de onda) demonstram que existem Universos distintos interagindo um com o outro no nível microscópico. Mas há algo mais disponível.

Creio que a conjectura do multiuniverso mais precisa é a que postula de maneira explícita uma segunda dimensão do tempo: chame-a de *hipertempo*. Qualquer um que postule um multiuniverso para permitir a viagem no tempo sem mudar o passado se compromete com o hipertempo. Veja a situação por este prisma: se Joe sair de seu tempo nativo em 2020 e chegar a outra linha de tempo em "1984", o que faz disso um tempo *passado*? Não é a sua linha de tempo nativa. Só compreenderemos isso se impusermos um *plano* de tempo sobre a grade ramificada. Se "1984" em cada linha de tempo for um tempo diferente ocorrendo no mesmo hipertempo, então Joe viaja ao passado no hipertempo, mas não no tempo. Para fazermos dele um viajante do tempo, podemos imaginar, por outro lado, que cada "1984" é o mesmo tempo, ocorrendo em um diferente hipertempo. De qualquer forma, temos um cenário coerente: Joe pode matar Wolfman em 1984 em outra linha de tempo, embora não possa fazê-lo nesta. O Cosmos deve ter no mínimo cinco dimensões, três espaciais e duas temporais.

Ainda não estamos bem onde queremos. *Crisis* nos diz:

> No princípio, havia muitos Universos, uma infinidade multiuniversal... o multiuniverso estremeceu... naquele instante, nascia um Universo. Um Universo renascido no alvorecer do tempo. O que antes fora múltiplo agora se tornava um.

"No princípio", "naquele instante" e "fora..." não podem se referir a simples velhos *tempos*, ou seria muito incoerente. Então, haveria uma ordem no hipertempo? Bem, não, pois isso também seria incoerente. Essas são referências a mudanças na *hiper-história*, não na simples e velha história — elas nos informam que algo antes com cinco dimensões agora ficava diferente. No mínimo, então, precisamos postular um Cosmos com seis dimensões, três espaciais e três temporais, incluindo — talvez devêssemos dizer — um *supertempo*! Uma *linha de tempo* ou história é um caminho tetradimensional (três dimensões espaciais, uma temporal) pelo Cosmos, e parece que nós, humanos, e super-heróis percebemos igualmente apenas a tetradimensionalidade. Uma hiper-história é um caminho pentadimensional, como um multiuniverso. E uma super-história é um caminho hexadimensional. Existe apenas uma super-história DC, ao que parece.

ALGUMA COISA MUDA, OU NÃO?

Embora o postulado da super-história torne coerente o enredo das histórias DC, não faz a ele a devida justiça. O problema é que o multiuniverso, e o Universo antimatéria, no máximo, *cessam* de existir — não é verdade que eles nunca existiram, exceto em um sentido limitado. De fato, não temos certeza sequer de que eles cessam de existir.

Pense na analogia da viagem no tempo. Joe "volta" a 1984 e mata Wolfman. A consequência é que há ao menos uma história na qual *Crisis* nunca existe. Mas *Crisis* existe, tanto sob a perspectiva tetradimensional da história nativa de Joe quanto da perspectiva pentadimensional. O máximo que podemos dizer, então, é que *pareceria* a Joe que ele fez *Crisis* nunca existir. É *como se* ele mudasse a história, mas ele trocou de histórias, indo de uma para outra.

Mas, em uma super-história, se é isso que *Crisis* descreve, é como se nossos super-heróis mudassem a hiper-história, eliminando todos os traços do Antimonitor. Mas só o que eles fizeram foi passar de uma hiper-história, que inclui o Universo antimatéria, para uma que não inclui. Pelo que sabemos, o Universo antimatéria está vivo e bem na hiper-história não exatamente nativa.

(Possivelmente, a hiper-história nativa é o único Universo — no supertempo — original. E, até o fatídico experimento de Krona, ninguém teria detectado a diferença entre tempo e hipertempo... É possível, porém, que haja muito mais acerca do Cosmos do que consideramos até agora. Por exemplo, parece que há uma espécie de firmamento e a Mulher-Maravilha se encontra no monte Olimpo em uma hiper-história descrita a nós. Mas, se existe um Deus (quando não deuses), por que Ele não presta ajuda contra o Antimonitor? Ou ele faz isso, talvez, sacrificando seu filho — o Monitor? Talvez seja melhor ignorar a metafísica extra...)

Eu desconfio que os escritores das típicas histórias de "mudar o passado" não estão satisfeitos com a resolução de um multiuniverso. Eles parecem visualizar os viajantes do tempo "fazendo o tempo voltar para trás" no sentido de *revertê-lo*. Eu chamo a isso de *mudança dinâmica* — em vez de gerar uma história na qual o verdadeiro evento passado não ocorreu, a hipótese da mudança dinâmica supõe que é possível fazer com que *nenhuma* história contenha o evento — e essa é uma noção incoerente. De maneira semelhante, suspeito que os autores de *Crisis* imaginaram um cenário em que, não só há uma hiper-história em que o multiuniverso não existe, mas também que não há hiper-história alguma na qual poderia existir esse multiuniverso. (Por exemplo, lemos que a Mulher-Maravilha volta no tempo, ficando cada vez mais jovem até deixar de existir de vez.) Isso também é incoerente.

IDENTIDADE EM CRISIS?

Há outra dificuldade na tentativa de dar uma resolução de multiuniverso para uma história de viagem no tempo, mas poucos fãs da hipótese (se é que algum) a notaram. Qual é a relação exata entre Super-Homem 1 e Super-Homem 2? É de identidade apenas, de modo que a mesma pessoa é o Super-Homem 1 e o Super-Homem 2? E se não for só uma relação de identidade, então eles seriam pelo menos primos?

É tentador dizer logo que eles são indivíduos distintos. São nativos de mundos diferentes (presumimos), têm idade diferente, trabalham para jornais diferentes e assim por diante. Mas, por outro lado, podemos apresentar um argumento semelhante para não identificar você agora com a pessoa que você era uns dez anos atrás. Em todos os sentidos, você é diferente da pessoa do passado que costumamos identificar com você. Esse é o problema filosófico da persistência: como a mesma coisa pode mudar suas propriedades com o passar do tempo e, no entanto, persistir como *a mesma coisa*? Há duas explicações concorrentes. De acordo com a *perduração*, objetos persistentes estão apenas *parcialmente* presentes. Assim como a sua cabeça e o seu traseiro são (espero) partes *espaciais* distintas de um objeto maior que é você, você-agora e você-dez-anos-atrás são partes *temporais* distintas de uma coisa maior que é você. Em termos literais, você é uma "minhoca" do espaço-tempo, tetradimensional, composta de muitos pequenos segmentos. Esses segmentos podem ser diferentes uns dos outros, assim como (espero) sua cabeça é diferente de seu traseiro.

A explicação alternativa da persistência é a *resistência*: há uma identidade estrita entre você-agora e você-dez-anos-atrás — de fato, você está lá — presente por inteiro — sempre que estiver presente. Não existe uma minhoca do espaço-tempo — é só você, instante de novo, e de novo, e de novo (no cenário da perduração, você, a coisa persistente, tem só uma instância, abrangendo todos os tempos em que você está vivo). Outra maneira de caracterizar a diferença é que essas duas visões concebem a *mudança* de modo muito diverso. De acordo com a perduração, a mudança no decorrer do tempo é uma diferença qualitativa entre as diversas partes temporais de uma coisa (é como o cenário mudando quando você muda de localização espacial). Na visão da resistência, a mudança é quando a mesma coisa tem diferentes propriedades em diferentes tempos.

Se a ideia da perduração é verdadeira, então o Super-Homem 1 e o Super-Homem 2 são duas diferentes minhocas do espaço-tempo. Eles não são o mesmo indivíduo, nem sequer se sobrepõem — eles não têm nenhuma parte em comum. (A menos que eu tenha entendido a história de forma totalmente errada, as coisas não se ramificam com cada escolha quântica — a ramificação parece ter ocorrido muito tempo atrás e, depois, parou. Portanto, é um bocado misterioso que as coisas sejam tão semelhantes em todas as ramificações.) O Wolfman que Joe mata no ano de 1984 alternativo *não* é o nosso Wolfman, e se Joe se encontra com "ele mesmo" quando criança, não é *Joe*.

Os defensores da perduração agregam partes temporais das pessoas — eles reúnem de modo conceitual partes temporais distintas como componentes da mesma coisa íntegra — e, em princípio, podem continuar agregando. Super-Homem 1 e Super-Homem 2 podem ser considerados partes hipertemporais distintas de uma coisa maior ainda — chame-a de *Hiper-Super-Homem*! (E distintos Hiper-Super-Homens podem ser considerados parte supertemporais do Super-Hiper-Super-Homem! Para por aí, na presença de só uma Super-História...)

Já a visão da resistência, por outro lado, tem os recursos para identificar Super-Homem 1 e Super-Homem 2 — se uma única e mesma coisa pode existir em tempos diferentes com diferentes propriedades, por que não em diferentes linhas de tempo com diferentes propriedades? A maioria dos defensores da resistência que eu conheço aceita isso, mas torce o nariz pelo que acontece no multiuniverso DC, porque consideraria impossível o Super-Homem encontrar a si mesmo. (Talvez essa seja a explicação por que os cinco universos de bolso não podem coincidir, mas também impediria sua aparente sobreposição.) Os defensores da perduração não têm dificuldade com o enredo da história, nesse sentido — Super-Homem 1 encontrando Super-Homem 2 não é mais problemático que você me encontrar.

MUDANÇA DE PASSADO SEGUNDO A RESISTÊNCIA?

Mas, suponha que um defensor da resistência aceitasse que Super-Homem 1 e Super-Homem 2 são estritamente idênticos — um único e mesmo indivíduo. Então, uma possibilidade fascinante se apresentaria. Se a única e mesma *coisa* pode ser *muito* diferente com o passar do tempo ou entre diversas linhas de tempo, então por que algo semelhante não pode se aplicar à mesma *linha de tempo*?

Até agora, tomamos como fato implícito que um multiuniverso *deve* consistir de linhas do tempo numericamente distintas. Mas talvez uma única e mesma linha do tempo exista *desse modo*, nesse 1984, e *daquele modo*, em outro 1984. Isso nos apresenta a possibilidade de uma mudança do passado segundo a *resistência*. Joe pode fazer com que 1984 não seja do jeito como ele se lembra, matando Wolfman e impedindo a existência de *Crisis*.

Mas, mesmo que aceitemos a coerente mudança do passado segundo a resistência (algo que eu acho desagradável, sob o ponto de vista metafísico), isso não nos dá uma mudança *dinâmica*. Joe não apaga em nenhuma *medida* o passado de que ele se lembra. Portanto, a visão da resistência, por mais longe que a levemos, não remove a necessidade de um Cosmos hexadimensional como cenário de *Crisis*. E, nesse cosmo hexadimensional, nada nele *muda*, no sentido de reverter o tempo. Essa espécie de mudança do passado é um mero pensamento fantasioso. Para encerrar com uma citação do próprio Wolfman, em resposta ao protesto comum: "Você precisava matar o Flash Barry Allen?"

> Nós sempre gostamos de Barry, então, quando pediram que o matássemos, nós inserimos um artifício de trama secreto na história que o traria de volta se alguém quisesse. Não o procure, pois você não o encontrará — mas, se me interrogar em alguma convenção e eu estiver de bom humor, talvez lhe conte o que é.

> Talvez o artifício seja a perduração: o Flash que vemos morto não é de fato Barry Allen, mas um outro dele. Ou foi ele quem morreu e traremos de volta o outro. Ou talvez o que valha aqui seja a visão da resistência: o Flash que vemos morto é Barry Allen, mas desde quando isso o impediu de sobreviver em outra linha de tempo? Uma coisa é certa: quando você tem o multiuniverso e seus recursos, eles não vão embora, por mais que você escreva e reescreva a história...

CAPÍTULO 19

O QUE HÁ POR TRÁS DA MÁSCARA? O SEGREDO DAS IDENTIDADES SECRETAS

Tom Morris

"Os modos fazem, o aparato dá forma."

— John Florio (1951)

Por que o Cavaleiro Solitário usava máscara? Lá no meio do nada, sua arena de atividade, quem no mundo iria reconhecê-lo? E o que ele queria esconder? Só fazia boas ações, tinha o escrúpulo de não matar até os piores adversários e era admirado por todos, não só por suas ações, mas também por seu estilo e sua notória gramática impecável. Por algum motivo, ele queria prestar seus muitos serviços ao próximo sem ser identificado, quando não usasse máscara. Só Tonto conhecia sua identidade real, mas não a diria a ninguém porque não falava, exceto por aquele lance de "Kemo Sabe" ("ajudante de confiança"), que não ajudava muito.

Claro, o Zorro também usava máscara. Bem como muitos heróis aventureiros na história da ficção, incluindo aquele cortês homem de fala mansa, o exímio espadachim em *The Princess Bride*, e o Spirit, o Fantasma e muitos outros personagens audazes e dinâmicos que não listaremos aqui. É difícil não ter um grande respeito pelo sucesso de suas tentativas de disfarce. Sempre que eu ponho uma daquelas máscaras sem-vergonhas que pareciam tão eficazes para eles — você sabe, aquelas que só cobrem os olhos e uma parte do nariz — sou reconhecido logo por qualquer pessoa que me conheça ao menos de vista, que me pergunta o que estou fazendo. Fora do mundo dos quadrinhos, da televisão e do cinema, essas máscaras só servem para carnavais de rua, em que a maioria das pessoas não conhece você mesmo, e quem conhece deve estar bêbado demais para enxergar direito. Então, de que elas adiantam?

Para os grandes super-heróis, porém, elas sempre adiantam. Para entender como isso pode acontecer, daremos antes um passo atrás das máscaras e identidades secretas para contemplar um fenômeno mais genérico, bem conhecido na vida comum e nos quadrinhos.

DUPLA IDENTIDADE

Pense na dupla identidade, por um instante. No mundo dos super-heróis, a dupla identidade é muito comum. Essa é uma lista curta, parcial, mas representativa da espécie de identidade secreta encontrada nas histórias de super-heróis:

A identidade de herói	A identidade normal
Aquaman	Arthur Curry Orin
Arqueiro Verde	Oliver Queen
Batman	Bruce Wayne
Canário Negro	Dinah Drake
Capitão América	Steve Rogers
Capitão Marvel	Billy Batson
Demolidor	Matt Murdock
Flash	Barry Allen
Gavião Negro	Carter Hall
Homem-Aranha	Peter Parker
Homem de Ferro	Anthony Stark
Hulk	Bruce Banner
Lanterna Verde	Hal Jordan
Mulher Invisível	Sue Storm
Mulher-Maravilha	Diana Prince
Sr. Fantástico	Reed Richards
Super-Homem	Clark Kent
Woody Allen	Allen Stewart Konigsberg

Joguei na lista o último nome só para ter certeza de que você está prestando atenção.

Logo que alguém adquire superpoderes e assume uma missão dramática de combater o crime ou salvar o mundo por vias não convencionais sempre enfrenta o imediato e inesperado desafio do guarda-roupa. "O que vou vestir?" E a resposta quase sempre envolve algum tipo de máscara ou um capuz de *spandex* colorido, que costuma ter só buracos para os olhos e uma abertura para a boca por onde passa pelo menos um canudinho de refrigerante. A pergunta seguinte deve ser: "Como vou me chamar?" Embora, após vestir a nova roupa, alguns heróis fiquem ocupados demais para se preocupar com isso e acabem recebendo um nome dos observadores. Com a impressionante fantasia e um novo nome, surge uma nova identidade. E nem sempre tem a ver com segredos.

Todo mundo sabe quem é a Mulher Invisível. É Sue Storm. Ela não tenta esconder sua identidade real. Do mesmo modo, todo mundo sabe que Reed Richards é o Sr. Fantástico. Eles não tentam usar seu novo nome ou vestimenta para ocultar sua identidade original. Para eles, a imponente aparência de super-herói é mais como um uniforme de time ou uma espécie de vestimenta que diz: "Eu cuido disso". Nesse sentido, pense no avental branco do laboratório dos cientistas, ou nas luvas esterilizadas dos médicos, ou nos uniformes militares, ou naquele sujeito na oficina mecânica com o nome "Bob" bordado na camisa suja de graxa. Não há nada de identidade secreta nisso (a menos que o nome real de Bob seja "Frank" ou "Charley" — nesse caso, é bom você olhar com mais atenção a sua conta do mecânico). Mas parece haver um indício de uma dupla identidade em cada um desses casos. Butch Bassham, o tenente da Marinha, pode ser um sujeito durão, agressivo e até amedrontador quando veste farda e está executando seus deveres, pode até ser chamado de "Cão Selvagem" por seus compatriotas. Mas também pode ser o melhor pai para uma criança e um marido amável em casa. Quando ele veste o uniforme, faz uma transição para uma papel alternativo e, até certo ponto, uma identidade alternativa. Isso não significa que Butch seja esquizofrênico, ou um indivíduo com distúrbio de múltipla personalidade, ou que sofra de alguma outra espécie de patologia psicológica. Nós desempenhamos papéis diferentes no mundo e, quando um desses papéis é muito difícil, costumamos seguir um modo diferente de autoidentidade e autoapresentação para interpretá-lo bem.

Professores de Filosofia geralmente vestem casaco esporte e carregam uma valise puída rescendendo a sabedoria oculta. O médico de jaleco branco exibe-se com todos aqueles acessórios oficiais, como estetoscópio, crachá com nome e espátula para baixar a língua, tudo se projetando de seu bolso. Muitos de nós temos uma gravata da sorte, um terno que dá força ou alguma roupa que usamos para situações especiais, de alta pressão. Mais pessoas do que imaginamos se vestem para causar boa impressão, e há muitos modos de fazer isso. O tempo de nossa vida que envolve o blefe da aparência pode às vezes ser um pouco assustador e, ao mesmo tempo, interessante. E é relevante para os super-heróis.

Batman sempre foi honesto quanto à sua fantasia. Ela foi desenhada para infligir medo no coração dos criminosos, que, como ele mesmo analisa, são "um bando de supersticiosos e covardes". Ela é um item teatral e com um propósito. Suas roupas tinham o objetivo de causar algo na mente e nas emoções de seus adversários, algo que apoiasse sua missão, dando-lhe talvez a vantagem crucial de um segundo que faria toda a diferença para o resultado de uma luta, a qual, do contrário, seria bem equilibrada. Para a maioria dos super-heróis, a roupa e a identidade que a acompanha são meios para um fim. São um cartão de visita e uma ferramenta — uma ameaça aos vilões, abalando-lhes a estrutura, e uma garantia para as pessoas de bem de que a ajuda chegou.

Creio que é uma regra geral em nossa sociedade que as mulheres são mais conscientes da escolha de roupas e seus efeitos nas pessoas à sua volta que os homens. Em parte, porque as mulheres costumam ser mais perceptivas que os homens, de um modo geral. E é natural presumir que o mesmo acontece no mundo dos super-heróis. Nesse caso, não são só sujeitos como Batman que usam as roupas como ferramenta. Eu sempre quis acreditar que as super-heroínas vestidas de modo provocante escolhiam suas fantasias exuberantes por motivos semelhantes aos dele e não por serem apenas exibicionistas. Elas sabiam que poderiam contar com o fator "olho arregalado" para lhes dar aquela fração de segundo a mais ou, no caso dos vilões, todo o tempo que quisessem para ganhar vantagem na luta e vencer. Enquanto o vilão ficava momentaneamente paralisado, observando a bela e bem vestida super-heroína de cima a baixo, ela já estaria ocupada prendendo-o. Talvez essa fosse uma pressuposição generosa demais, deixando apenas os ilustradores das histórias e os leitores de olhos arregalados. Mas é preferível supor o melhor de qualquer personagem real ou fictício, sempre que possível.

Muitos atletas usam a roupa como ferramenta. Às vezes, você vê corredores em clima frio vestindo camiseta colada ao corpo, *shorts* brancos e uma jaqueta vermelha chamativa, correndo pela rua. Vestindo esses trajes especiais, reservados só para as corridas, muitos desses atletas "levantam-se" para a experiência, concentrando a atenção e preparando-se emocionalmente para enfrentar os elementos por quilômetros a fio.[92] As cores vivas também ajudam a impedir que eles sejam atropelados por um carro. Assim, essas roupas servem a um propósito duplo, que funciona.

---

92. *Assim como atletas, os super-heróis parecem ser mestres da estratégia de preparação e ação exposta pelo filósofo e psicólogo William James em seu famoso ensaio "A vontade de crer", reimpresso em muitas fontes, incluindo* Essays on Faith and Morals *(New York: World Publishing, 1962). Ver também Tom Morris,* True Success *(New York: Putnam, 1994), capítulo 2, e* The Art of Achievement *(Kansas: Andrews and McMeel, 2002), parte 2, para entender como isso funciona.*

Mas, para a maioria dos super-heróis, colocar uma roupa não é apenas uma questão de autopreparo psicológico ou de percepção pública. E também não se trata de dupla identidade — um chapéu para o trabalho e outro para ficar em casa. Há muito mais em risco do que isso. Para a maioria dos super-heróis, uma dupla identidade envolve principalmente a máscara. A fantasia e a persona de super-herói (persona, termo latino usado para "máscara" ou apresentação) guardam um segredo. As pessoas que veem o Homem-Aranha em ação não podem saber que ele é Peter Parker. E quem vê Peter todos os dias não pode saber que ele é o Homem-Aranha. O advogado Matt Murdock não quer que ninguém saiba que ele é o Demolidor. E o Demolidor faz questão de impedir que saibam que ele é o advogado cego da Cozinha do Inferno, Matt Murdock.

GUARDANDO SEGREDOS

Esse é um detalhe pequeno, mas que merece menção e destaque. As identidades secretas funcionam de duas maneiras. Quando o Homem-Aranha está ocupado tecendo teias e combatendo o crime, não quer que as pessoas saibam que ele é o jovem Peter Parker. E quando Peter Parker está na escola, não pode permitir que seus colegas saibam que ele é o super-herói combatente do crime, o Homem-Aranha. Às vezes, ele gostaria que soubessem, para que o respeitassem um pouco mais. Mas ele entende que a revelação de sua identidade alternativa, combatente ao crime, poderia comprometê-lo. É difícil guardar segredo, principalmente um segredo interessante e até excitante. Se algum dos seus amigos soubesse que Peter é um super-herói e deixasse essa informação chegar aos ouvidos da pessoa errada ou na hora errada, um grande perigo poderia resultar. Vilões que não conseguem derrotar um super-herói em combate direto estão sempre ansiosos para pegar as pessoas que eles amam e seus amigos, a fim de obter uma forma única de equilíbrio. E isso pode ser desastroso para todos os envolvidos. Então, os segredos parecem justificados.

Entretanto, um problema ético envolvendo identidades secretas já passou pela mente de muitos leitores de quadrinhos todos esses anos. Segredo implica engodo, e engodo, assim como a mentira, é considerado pela maioria das pessoas de bem uma coisa ruim. Os super-heróis defendem o bem, o verdadeiro e o justo. Como eles podem justificar os engodos e até as mentiras deslavadas necessárias para criar e preservar sua identidade secreta? A conduta honorável é definitiva para todos os super-heróis clássicos. Portanto, uma identidade secreta parece representar um problema.

Em primeiro lugar, como filósofos, devemos tomar cuidado aqui. Enganar nem sempre é errado. Todos nós admiramos um bom drible no futebol ou no basquetebol, permitindo pontos magníficos. Há um lugar especial para o engodo, ou blefe, nos esportes. Mas mesmo esse deve ser limitado e regulamentado com critério. Uma coisa é o jogador fingir um chute quando pretende passar a bola, outra é o atacante esconder o fato de que está segurando um oponente de modo ilegal ou que lhe deu um soco no rosto. Nem toda mentira é permitida no contexto dos esportes. Mentir para o juiz talvez seja algo esperado dos jogadores hoje em dia, mas fora das quadras quase ninguém, em seus momentos mais refletidos, acha tal atitude moral ou sequer aceitável.[93]

Um autor pode nos confundir com seus truques de suspense e nós podemos aplaudir o engodo que nos surpreende, no fim. Mas, se ele plagia outro escritor e tenta disfarçar o fato, a situação é diferente. Um pintor pode nos enganar com uma perspectiva falsa e, com isso, nos agradar. Mas, se ele nos ludibriar quando compramos seu quadro, não ficaremos nem um pouco felizes. No esporte e na arte, o blefe habilidoso dentro das regras é aceitável, mas não fora do contexto legítimo criado pelas regras da própria atividade. A pergunta que precisamos fazer é se, em algum lugar na vida real, além desses contextos artificiais especiais, como esporte e arte, o engodo é permissível pela ética.

Embora não falemos muito disso, a resposta é sim. Enquanto todas as tradições mortais desenvolvidas e sensíveis condenam as mentiras e os blefes de um modo geral, a maioria também permite algumas importantes, porém raras, exceções na vida real. Em uma maneira filosófica de fazer a distinção, embora a mentira seja sempre uma coisa ruim, julgada por sua natureza, ela pode, às vezes, em circunstâncias extremas, ser moralmente certa ou até obrigatória. Se uma mentira ou um engodo for julgado necessário para evitar um grande mal a uma pessoa inocente, ou se for a única coisa que impedirá um ato desnecessário de morte, então deve ser considerada moralmente permissível e justificada. Podemos até elogiar, e com razão, um soldado na guerra, ou um policial em sua batida, que é capaz de desarmar um adversário perigoso e assassino, enganando-o, em vez de usar força extrema para machucá-lo ou matá-lo.

As mentiras em que os super-heróis se envolvem ao criar e preservar sua identidade secreta também são moralmente justificadas, e talvez possam ser até dignas de louvor, desde que julgadas necessárias para proteger pessoas inocentes de algum mal, incluindo aquelas com as quais os super-heróis têm obrigações especiais, como membros da família, bons amigos, colegas civis e outros indivíduos importantes para eles. Em algumas circunstâncias, manter uma identidade secreta pode ser a única coisa certa a fazer. Pode ser parte do repertório comportamental de uma boa e honorável pessoa envolvida em situações extremas.[94]

---

93. A respeito do tema, ver Randolph Feezell, "Baseball, Cheating, and Tradition: Would Kant Cork His Bat?" In Eric Bronson, ed., Baseball and Philosophy: Thinking Outside the Batter's Box *(Chicago: Open Court, 2004), pp. 109-125. Também Mark J. Hamilton, "There's No Lying in Baseball (Wink, Wink)", no mesmo livro, pp. 126-138.*
94. No capítulo 14 deste volume, Christopher Robichaud pondera quais seriam alguns limites dessa justificação moral.

A INTERESSANTE MOTIVAÇÃO DO SUPER-HOMEM

Muitos fãs e escritores de quadrinhos têm afirmado nos últimos anos que o Super-Homem é diferente do super-herói típico quanto à questão da identidade secreta. Eles alegam que, em outros casos, a identidade do super-herói é secundária, construída de maneira artificial, enquanto a identidade civil comum, original, é a verdadeira; no caso do Super-Homem, porém, ocorre o inverso. O Super-Homem é de fato um extraterrestre superpoderoso. Ele não nasceu como Clark Kent, mas como Kal-El no distante planeta Kripton. Depois, assumiu a identidade civil de Clark Kent. A persona Clark Kent é, portanto, o disfarce, e o *collant* azul vívido com o emblema colorido e vistoso mostra-nos sua verdadeira identidade. O repórter desajeitado, de boa índole, é apenas um disfarce, uma peripécia para não deixar as pessoas descobrirem onde o Super-Homem trabalha e descansa quando não está vestido e cumprindo sua missão.

O Homem-Aranha era Peter Parker antes de ser picado pela aranha e ganhar seus superpoderes, com o brinde da segunda identidade. Batman era o pequeno Bruce Wayne muito antes de assumir as metas, o conhecimento, o poder e as habilidades que criaram sua identidade alternativa como Batman. O Demolidor era o excelente aluno e bom rapaz, Matt Murdock, até assumir sua segunda identidade com um propósito. Em um caso após outro, vemos pessoas comuns ganhando superpoderes e assumindo uma segunda identidade por vários motivos cruciais para a missão que eles escolheram. A real identidade é a civil. Mas o Super-Homem é diferente.

Uma coisa interessante no caso do Super-Homem é que ele, claro, não planejou com antecedência ou intenção a identidade secreta de Clark Kent por um propósito específico. O casal de fazendeiros do Kansas, Jonathan e Martha Kent, encontrou-o quando era bebê, abandonado em uma espaçonave no milharal, e fizeram o que qualquer bom cidadão da região centro-oeste americana faria em circunstâncias semelhantes — não, eles não chamaram o jornal *National Enquirer* nem montaram uma atração popular, mas adotaram-no e deram-lhe seu nome de família. O resto da história todos nós sabemos. No planeta Kripton, o cientista Jor-El descobriu que seu mundo inteiro estava em vias de ser destruído. Ele colocou seu bebê recém-nascido, Kal-El, em uma espaçonave pequena e feita sob encomenda, provavelmente com um grande suprimento de brinquedos, copos e qualquer outra coisa necessária, e lançou-o ao espaço, esperando que ele sobrevivesse. O bebê fez a jornada interplanetária, aterrissou com segurança fora da cidade de Smallville e foi criado pelos Kent como seu filho Clark. Com o passar dos anos, quando começou a perceber que tinha superpoderes, ele sabia que deveria esconder esse fato de todos, exceto dos pais, e pelo motivo mais provável de que, se as outras pessoas soubessem, ficariam apavoradas e fariam algo estúpido, ruim para todos os envolvidos.

Assim, quando jovem e mais tarde como adulto, Clark não queria que as pessoas soubessem que ele era o Super-Homem. E isso lembra muito o caso de Matt Murdock e de Peter Parker, e tantos outros — quando descobrem que têm superpoderes, não querem que as pessoas saibam. Mas os outros já tinham uma identidade pessoal e normal antes de ganhar tais poderes. Com Clark, os poderes precediam sua identidade civil. E sua real identidade não era sequer humana. Nesse caso talvez único, a identidade de super-herói é a real.

Quando Clark saiu de casa e foi morar em Metrópolis para experimentar a vida na cidade grande e encontrar seu destino, enfrentou uma escolha que todos nós vivemos quando saímos de casa para entrar na faculdade ou viver em outra parte do país. Quem seremos? Como nos apresentaremos? Que imagem devemos cultivar? Claro que nosso garoto fazendeiro e alienígena continuava usando o nome "Clark Kent", mas também começou a cultivar assiduamente uma persona especial representando um temperamento humilde e pacato, um certo desconforto social e uma sensibilidade que o afastaria o máximo possível de qualquer imagem considerada heroica. Não fosse isso, só os óculos espessos e de aros grossos não bastariam para impedir que as pessoas o reconhecessem como o Homem de Aço, por causa de fatores como sua altura, peso e cor de pele, além do estranho fato de ele sempre ser visto nas proximidades de eventos envolvendo o Super-Homem, mas desaparecer durante a agitação, só sendo encontrado mais tarde pelos amigos, com o cabelo um pouco despenteado e a pergunta: "O que aconteceu enquanto estive ausente?" Felizmente para Clark, os moradores de Metrópolis são um pouco lentos para ligar os pontos.

Por que o Super-Homem fez a escolha consciente de se disfarçar de repórter em um jornal? Primeiro, porque servia aos seus propósitos como combatente do crime trabalhar com notícias, informando-se de todas as matérias e tendo a oportunidade de sair às ruas como um jornalista fazendo reportagens, mas, na verdade, em vez de reportar as notícias, fazê-las. E é possível que, pelo menos a princípio, guardar segredo sobre sua real identidade fosse, ao menos em parte, uma atitude para proteger sua família humana e todas as pessoas de bem do *Daily Planet* contra as várias possíveis formas de inconveniências, incluindo a presença dos *paparazzi* e dos célebres entrevistadores que inevitavelmente acampariam no gramado, as várias autoridades, promotores de eventos e aproveitadores com pedidos urgentes para seus familiares e amigos, e principalmente o forte potencial para sequestros e as represálias mortais por parte dos vilões frustrados, com os quais ele teria de ter o dobro de atenção. Mas você nunca desconfiou que havia mais alguma coisa nessa história?

O Super-Homem, de todos os grandes super-heróis, é o que tem melhores condições de defender ou salvar uma pessoa de seu círculo que pudesse ser ameaçada com qualquer tipo de mal. Com os supersentidos e a supervelocidade acompanhando sua superforça, ele pode observar o que está acontecendo, chegar lá e lidar com a situação como ninguém mais. Talvez parte do segredo quanto à sua identidade tenha o intuito de manter sua origem envolta em mistério. Afinal de contas, quanto menos pessoas souberem dele e de sua origem, menos acesso terão às informações que poderiam lhe ser comprometedoras, como o fato de ele ser vulnerável à kriptonita. Qualquer ser menos que onipotente tem de ficar na defensiva, e parte de uma boa defesa envolve preservar informação que possa dar uma vantagem ao inimigo. Mas eu suspeito que há mais alguma coisa, ainda.

O Super-Homem sabe que é de outro planeta. Ele se sente um alienígena. Ele é o supremo forasteiro. Mas já provou o suficiente da vida humana e suas condições para sentir-se muito atraído por ela. Jonathan e Martha Kent foram pais bons e amáveis, e Clark cresceu experimentando amizade, tristeza, excitação, felicidade, esperança e todas as emoções e relacionamentos normais de uma vida genuinamente humana. Em algum ponto, parece que ele quer muito ser humano, ou pelo menos saber o que significa ser humano no nível mais profundo, mais íntimo possível. E conhece o suficiente acerca das reações humanas para perceber que isso não será possível se ele for visto como realmente é. Ele quer fazer parte. Ele não pode se destacar, o que sem dúvida aconteceria se toda a verdade fosse conhecida.

Imagine que uma pessoa mais ou menos da sua idade e comportamento se aproximasse de você em um café lotado ou em um restaurante cheio, e lhe perguntasse se poderia sentar com você, já que há uma cadeira vaga. Você mal olha para ela, mas concorda, e o estranho senta-se para comer. Essa intrusão interromperá e alterará seu estado emocional, até certo ponto. Você vai sentir a presença de alguém que não conhece e isso pode deixá-lo um pouco desconfortável. Mas seria fácil cumprimentar o estranho e começar uma conversa e, depois de algum tempo, você pode até sentir que ganhou um novo amigo. Mas vamos agora pegar esse pequeno experimento de pensamento e fazer nele uma pequena mudança. Quando você olha para o estranho, assusta-se ao ver que é seu astro de cinema ou de *rock* favorito, uma pessoa que você nunca esperaria ver em carne e osso em sua vida, mas cujo pôster você tem na parede. A reação emocional deverá ser muito diferente. Seria extremamente difícil você agir de maneira natural e sentir-se normal perto de tal indivíduo. Essa é a diferença que o aspecto de "outro" da celebridade pode fazer. O filósofo do século XVIII Blaise Pascal (1623-1662) viu que essa é uma função de nossa imaginação, e não é causada por outra pessoa vivendo em uma dimensão diferente da realidade ou por pertencer a uma raça alienígena.[95]

---

95. *Pascal,* Pensées, *traduzido para o inglês por A. J. Krailsheimer (London: Penguin, 1966), seção 44, pp. 38-42.*

Mas agora mude a história de novo e deixe o estranho ser reconhecido como um extraterrestre com superpoderes que podem salvar ou destruir, curar ou matar em um instante. Seria, nesse caso, quase impossível manter uma conversa natural com esse indivíduo e depois ir embora como se nada de incomum tivesse se passado. O restaurante provavelmente se esvaziaria como se estivesse pegando fogo e o time local da S.W.A.T. estaria do lado de fora em poucos minutos, cercando o lugar até que chegassem as autoridades federais. Dificilmente, você dividiria com ele suas batatas fritas e contaria sobre sua vida. Se até Batman, um ser humano normal, em todo o seu poder sombrio e ameaçador estivesse diante de você em um estacionamento mal iluminado, a mera força de sua presença faria seu coração bater acelerado e a adrenalina subir. Você talvez sentisse a pele arrepiar, tremeria de medo e poderia vomitar ou desmaiar. Em outras palavras, qualquer coisa que lembrasse um relacionamento normal seria, na melhor das hipóteses, muito difícil. Multiplique isso algumas vezes e terá uma ideia de como seria complicado para um extraterrestre com superpoderes caminhar entre nós com seu aspecto estranho e ainda experimentar relacionamentos humanos comuns e, por meio deles, todo o espectro emocional da condição humana. Se um ser assim desejasse tal experiência, ele teria de aparecer entre nós tão bem disfarçado que poderia se misturar à multidão e ser aceito. Isso, penso eu, foi o que o Super-Homem decidiu fazer muito tempo atrás. Sua verdadeira identidade é a do Homem de Aço, mas eu suspeito que pelo menos uma parte importante dele gostaria que fosse a de Clark Kent.

No *Bhagavad-Gita*, o grande texto sagrado hindu, o Ser Supremo divino, Krishna,* assume a aparência de um antigo cocheiro para ajudar a guiar o proeminente líder Arjuna em um importante contexto de sua vida. Nessa identidade, Krishna é capaz de manter uma conversa informal com Arjuna, e o líder escuta sua sabedoria. Na Bíblia, nós lemos que Deus Filho, um ser literalmente divino, assumiu a forma de um homem e a plenitude de Sua condição, para experimentar o que nós experimentamos, sofrer o que sofremos e nos salvar das mais profundas consequências de nossos atos egoístas e impensados, transformando-nos, e aparentando ser um de nós, e sendo mais. Mas o Novo Testamento está repleto daquilo que os teólogos chamam de "o segredo messiânico" — a relutância de Cristo em revelar a totalidade do que e de quem ele é de fato até as pessoas à sua volta estarem prontas para compreendê-lo e aceitá-lo. Esses temas refletem-se de várias maneiras em muitas das melhores narrativas do Super-Homem em todas essas décadas. O maior guardião, defensor e salvador deve ser um de nós, embora seja mais do que nós.

---

* N.E.: *Sugerimos a leitura de* As Aventuras do Jovem Krishna – O Ser Supremo, Diksha Dalal – Clayton, Madras Editora.

O Super-Homem não planeja servir o mundo exatamente do jeito que o Caçador Marciano faria, ou mesmo o dr. Manhattan de Alan Moore, em todo o seu apático aspecto do "Outro". Ele não quer ser um quase-Deus aristotélico, um operador impassível do mundo, isolado em sua independência autônoma. Ele anseia por uma ligação existencial conosco. Quer servir-nos como se fosse um de nós. Sua identidade secreta como Clark Kent não é um mero artifício de super-herói, é mais uma ferramenta ou arma no superarsenal. Uma parte crucial de sua verdadeira missão é viver a aventura humana e proteger a humanidade a partir dessa aventura. E eu não posso deixar de sentir que esse desejo é o resultado do amor que ele recebeu de seus pais humanos e até de alguns amigos da infância. O poder transformativo da aceitação deles e o compromisso dessas pessoas com ele despertaram no Super-Homem um desejo de partilhar aceitação e compromisso recíprocos com outras pessoas desse mundo.

TROCANDO DE IDENTIDADE

O Super-Homem pode de fato tornar-se Clark Kent em mais do que apenas um disfarce? Eu gostaria de dizer: "Sintonize o mesmo canal na próxima semana para saber", mas não posso. Temos de resolver isso aqui. Como quase todo super-herói diz em algum ponto de sua carreira: "Isso acaba agora". Estou brincando, claro, mas só em parte. Para sabermos melhor se o Super-Homem pode mudar de identidade fundamental e, em algum sentido, assumir a de Clark Kent como básica, vamos examinar por um momento seu correspondente icônico, Batman.

Super-Homem e Batman são o Platão e o Aristóteles do mundo dos quadrinhos. Platão é o filósofo teórico do Ideal, o pensador espiritual do outro mundo que desvia nosso olhar dos detalhes deste mundo e faz com que nos concentremos no padrão celestial do Bem. O Super-Homem vem dos céus, personifica nossos ideais e está sempre comprometido com o Bem, a ponto de ser chamado às vezes de o Super-Herói Escoteiro. Aristóteles, em contraste, é o pensador deste mundo, pé no chão, interessado nas ciências naturais e imerso no prático e no real. Ele também é considerado o inventor da lógica, mas talvez seja mais devidamente descrito como um de seus principais descobridores e seu primeiro imperioso expositor. Do mesmo modo, Batman é o super-herói pragmático, deste mundo, realista, que usa o que estiver à sua disposição, mas é ao mesmo tempo um mestre da ciência aplicável e da tecnologia, além de ser o detetive supremo, um praticante insuperável da lógica em todos os seus atos. O Super-Homem é o super-herói mais superpoderoso. Batman é o super-herói mais humano e não tem nenhum superpoder. Entretanto, talvez Batman seja o único membro da Liga da Justiça da América que poderia enfrentar todos os outros, inclusive o Super-Homem, se eles parassem de servir ao mundo e se descontrolassem como forças destrutivas. Assim, de uma estranha maneira, o Super-Homem e o Batman se contrabalançam.

Começamos nossa discussão acerca das identidades secretas com a afirmação de muitos comentaristas de que o Super-Homem é diferente de todos os outros super-heróis com dupla identidade, pois sua identidade real não é a persona civil, mas a de super-herói. Mas, no fim, ele pode ter um companheiro nessa categoria — Batman. Batman começou a vida como Bruce Wayne, e só depois se tornaria o Cavaleiro das Trevas. No entanto, essa segunda identidade não surgiu a partir de um trágico acidente que, misteriosamente, o despertou com superpoderes, como no caso de tantos super-heróis, mas sim de anos de esforço intencional e dolorosa transformação. Bruce Wayne trabalhou em um nível super-heroico cultivando suas qualidades humanas ao seu ponto máximo. Como resultado, ele se tornou o espécime perfeito, tanto mental quanto fisicamente, com um propósito: manter a promessa feita aos pais de dar o melhor de si para combater o crime à sua volta. Essa missão o consome a ponto de tornar suas atividades e experiências humanas normais mais difíceis, e algumas quase impossíveis.[96]

Se você acompanhar Bruce Wayne no passar dos anos, verá sua transição de um industrial ricaço que parece se interessar pelo combate ao crime de maneira discreta para um assumido combatente do crime que só usa sua persona como o ricaço Bruce Wayne — industrial, *socialite* e *playboy* — para manter viva sua persona de super-herói autocriado e vigilante em tempo quase integral. No começo dessa dupla identidade, sua identidade vital era a de Bruce Wayne, e sua segunda identidade, a alternativa, assumida com um propósito definido, era a de Batman. Mas hoje, após anos de estrada, me parece que houve uma transformação gradual, surpreendente, de modo que a identidade vital deve ter se tornado a de Batman, e a secundária, usada para fins especiais, a de Bruce Wayne. A imagem de Bruce deve ter se tornado a verdadeira máscara, nesse ponto. E se essa transformação ocorreu de fato, então o Super-Homem não é o único super-herói cuja identidade primária é a de um poderoso combatente do crime fantasiado. Agora, Batman pertence à mesma categoria.

E, claro, nossa especulação final é que, se tal transformação foi possível no caso de Bruce Wayne e Batman, por que também não seria no caso oposto de Super-Homem e Clark Kent? Ou seja, seríamos forçados a perguntar: diante da motivação e do esforço, o que impede o Super-Homem de se alterar no sentido existencial e tornar-se, no fim das contas, Clark Kent, assumindo essa como sua identidade vital? Não seria a coisa mais estranha que já aconteceu nas histórias de super-heróis. Mas seria uma das mais sutis e instrutivas.

---

96. Ver capítulo nove neste volume, explorando as implicações de sua missão por sua habilidade de fazer e manter amizades.

Na verdade, eu penso que podemos concluir, em ambos os casos, que uma dualidade substituiu uma singularidade, mas com uma nova e fundida unidade. O que quero dizer é que a identidade de Bruce Wayne pode ter evoluído a ponto de ele ser agora, no mínimo, tanto Batman quanto Bruce em nível igual. Alguns dos amigos super-heróis de Batman podem ter dúvidas quanto à sanidade dessa transição, e por isso insistem em chamá-lo de "Bruce" quando estão a sós com ele, longe dos ouvidos do público, quase como se estivessem tentando despertá-lo para se lembrar da pessoa que era no início, uma pessoa mais saudável, em seu âmago.

De modo semelhante, Mark Waid convenceu-me de que faz sentido ver o Super-Homem adotando interiormente seu caráter alienígena como uma parte importante do caminho da autenticidade e genuinidade em sua vida.[97] Por causa disso, se eu estiver certo em pensar que, em seu íntimo, ele anseia por uma identificação maior com a humanidade, a ponto de desejar às vezes ser apenas Clark Kent, então é possível que o resultado não seja uma transformação de identidade vital de um habitante de Kripton para habitante de Kansas, mas sim uma semelhante dualidade mesclada melhorando o que, do contrário, seria uma persona singular apenas usando uma fantasia — nesse caso, de um repórter — com propósitos específicos. E, se você pensar bem, será que muitos de nós não passamos pela mesma espécie de transformação em nossa vida, na qual aquilo que começa como uma máscara, ou fantasia, ou função especializada, funde-se mais com aquilo que somos de fato, de modo que, no fim, nossa identidade vital se torna mais complexa e interessante?

Há um processo fascinante que às vezes acontece na miscigenação de plantas que os botânicos chamam de "heterose" — um fenômeno de força superior que resulta em alguns casos de hibridização, em que a planta individual miscigenada resultante pode ter todas as forças, mas não todas as fraquezas das duas identidades que a geram. Talvez o Super-Homem e o Batman experimentem isso cada um ao seu modo, colhendo alguns dos benefícios mais profundos que podemos imaginar da integração de papéis, ou como uma expansão da identidade. Como o caso de Batman mostra, às vezes pode ser perigoso, em um nível pessoal, integrar certas funções em nossa identidade vital. Mas, com cuidado suficiente, podemos expandir nossa identidade de uma maneira que nos fortaleça e aprofunde.

Independentemente do que pensamos da surpreendente ideia de Bruce talvez se tornar, em um nível mais profundo, Batman, de modo que, assim como o Super-Homem, sua identidade civil seja a máscara, ou de o Super-Homem assumir a identidade de Clark Kent como sua identidade existencial vital, nossa principal conclusão aqui pode ser, no mínimo, de que as

---

97. Ver capítulo um neste volume.

identidades secretas não são uma coisa simples, e são ainda mais interessantes do que parecem a princípio. Do mesmo modo, nenhuma espécie de identidade pessoal é tão objetiva quanto podemos supor. Nossa identidade vital, básica, pode crescer, desenvolver-se e absorver novos elementos que nos fortaleçam ou enfraqueçam.

Fantasias, máscaras e personas alternativas podem ser usadas por múltiplos motivos; podem ser empregadas de modo ético, ser efetivas e talvez até transformativas. Todos conhecemos histórias em que policiais sob disfarce ou agentes secretos do governo vivem por tanto tempo sua identidade secreta que "se voltam" para o mal. Por que uma transformação interior não pode ocorrer no sentido inverso? Talvez o ato de vestir a fantasia e partir para a ação do dever e do compromisso como super-herói mascarado provoque uma mudança interior na maioria dos indivíduos cuja ação de combate ao crime e salvação do mundo nos entretém e ilumina há décadas. Também é possível que, se tentar com muito afinco viver como Clark Kent, o Super-Homem acabe de fato tornando-se uma pessoa que, do contrário, nunca seria.

Outra conclusão aparente é que nós mesmos devemos ter muito cuidado se nos sentirmos tentados a vestir um *collant* de cores vivas e uma máscara, e adotarmos outro nome. Toda máscara deixa uma impressão na pessoa que a usa. E qualquer máscara pode se tornar mais real do que imaginamos. Quem somos depende sempre de como agimos. E o que nos tornamos é o resultado de nossas atividades no dia a dia. O grande filósofo Aristóteles sabia disso, assim como muitos outros pensadores de visão no decorrer dos séculos, como Blaise Pascal e William James (1842-1910).[98] Se pudéssemos nos lembrar dessa verdade em todos os nossos empreendimentos, tomaríamos bem mais cuidado com aquilo que vamos nos tornar.

---

98. Ver o famoso argumento da Aposta de Pascal em Pensées, *disponível em muitas traduções em inglês. O filósofo e psicólogo William James faz comentários a esse respeito em muitos lugares, incluindo "The Laws of Habit",* em Talks to Teachers on Psychology: And to Students on Some of Life's Ideals *(New York: Holt, 1915).*

NOSSA! DEVE SER A MAIOR REUNIÃO DE MENTES NA HISTÓRIA DOS QUADRINHOS! SEGUREM O CHAPÉU E SE PREPAREM PARA A AVENTURA DE SUAS VIDAS!

Aeon J. Skoble é professor associado de Filosofia em Brigewater State College, Massachusetts. Ele é coeditor de *Political Philosophy: Essential Selections* (1999), *Os Simpsons e a filosofia* [publicado pela Madras Editora, São Paulo, SP] e *Woody Allen and Philosophy* (2004) e autor de uma obra a ser publicada de filosofia política. Ele escreve a respeito de teoria moral e política, tanto para publicações especializadas quanto periódicos populares, e também tem excelentes ensaios sobre *Seinfeld, The Lord of the Rings* e *baseball*. Por seu nome, você já sabe que ele é um visitante intergaláctico. E, com certeza, veio a este planeta para travar uma batalha incessante pela verdade, pela justiça e pelo jeito americano.

C. Stephen Evans é professor universitário de Filosofia e Ciências Humanas na Universidade Baylor e é autor de numerosos livros a respeito da Filosofia da Religião em geral e, em particular, de Kierkegaard. É casado com Jan Evans, professora de espanhol em Baylor, e pai de três filhos já adultos (Kelley, Lise e Chaz), que muito contribuíram para a sua educação em super-herói, uma das poucas brechas notáveis em seu programa de Ph.D. pela Yale, muito tempo atrás. Quando não está escrevendo ou lecionando, ele pode ser visto correndo ou jogando golfe (e, às vezes, correndo no campo de golfe, fingindo que é um híbrido entre o Flash e Tiger Woods), ou simplesmente desfrutando a magnífica vista de Waco, Texas.

C. Stephen Layman, frequentemente picado por aranhas, acredita que ganhou um arsenal de poderes especiais nessas experiências, mas como não são detectáveis, ele continua trabalhando como professor de Filosofia na Universidade Seattle Pacific. Ele é autor dos livros *The Shape of the Good* e *The Power of Logic*, além de numerosos artigos acadêmicos em periódicos profissionais. Depois de todos esses anos, ele ainda reluta em abusar de *spandex*, embora se comprometa em usar todos os seus poderes para o bem. Interessante é que certa vez ele teve um aluno chamado "Peter Parker". Não estamos inventando isso.

Charles Taliaferro, professor de Filosofia em St. Olaf College, é autor ou editor de sete livros, sendo o mais recente *Evidence and Faith: Philosophy and Religion since the Seventeenth Century* (2005). Com a assistência de seu bravo e fiel cão Tiepolo, Charles trava uma luta incessante contra o ódio e a crueldade, isso sem mencionarmos os brinquedos de cachorro supercaros. Seu projeto atual, *Love, Love, Love and Other Essays,* deve ser publicado pela Cowley Press em 2006. Charles é um professor tão cativante que, se o verdadeiro (isto é, dos quadrinhos) Peter Parker assistisse às suas aulas, teria desistido da Ciência e se formado em Filosofia, possivelmente para grande decepção de sua amada e prática tia May.

Chris Ryall sempre ouviu dizer que ler quadrinhos até a idade adulta não era bom. Entretanto, desde que encontrou um novo modo de combinar suas paixões com sua vivacidade, aquelas vozes, a maioria apenas em sua cabeça, calaram-se. Durante o dia, ele trabalha como editor-chefe da editora de quadrinhos IDW Publishing e, na calada da noite, é editor-chefe e escritor para MoviePoopShoot.com, o aclamado *site* de cultura popular do cineasta Kevin Smith. Chris, sua esposa superpaciente e seu gato Fletch moram em San Diego, Califórnia, onde os super-heróis fantasiados costumam ser vistos descendo a rua (por estranho que pareça).

Christopher Robichaud é candidato a Ph.D. em Filosofia pelo M.I.T. É bacharel pela Universidade John Carroll e mestre em Filosofia pela Universidade A&M do Texas. Quando não está matutando sobre o que é real nem brincando de Koosh com seus colegas filósofos, Chris passeia pelo corredor infinito do M.I.T., esperando estar no lugar certo na hora certa, quando um experimento sair errado, transformando-o de um filósofo comum em um super-herói de proporções transcendentais. Se isso não acontecer, pelo menos ele espera terminar sua dissertação com o pouco que lhe resta de sanidade.

Craig Lindahl-Urben é bacharel pela Reed College e descobriu que um Ph.D. seria supérfluo para levar uma vida sábia e plena. Atualmente um estudioso autônomo em residência na St. Olaf College, ele passou muitos anos na indústria de computadores, tanto como dono de uma empresa de *software* quanto como executivo de grandes empresas de computadores. Foi editor e editor-chefe de um jornal semanal e, diferentemente de seu colega fictício, J. Jonah Jameson, sempre teve esperança de que o Super-Homem e o Homem-Aranha aparecessem para uma visita. O máximo que ele conseguiu foi o primo em terceiro grau de Jimmy Olsen, que foi retirado à força, duas vezes.

Craig Rousseau concebeu e desenhou nossa capa original. Suas credenciais nos quadrinhos de super-heróis incluem *Impulse, Batman Beyond*, e alguns números de *Batman: Gotham Adventures*. Ele também é conhecido por sua participação em *JLA Aventures 2*, uma história de Max Mercury em *Flash*, uma narrativa do Capitão Marvel em *Adventure Comics*, a grande arte das animações *Return of the Joker, Ruule*, bem como seu trabalho usado em *Catwoman, Harley Quinn* e na edição de Natal *Homem-Aranha-Hulk*. Craig já desenhou para Disney, fazendo personagens superpoderosos como Britney Spears e as Dixie Chicks. Tendo o mesmo sobrenome de um dos grandes pensadores do passado, Craig hoje é célebre por seu interessante trabalho na série não muito filosófica *Harry Johnson*. Visite-o a qualquer hora em www.craigrousseau.com.

Dennis O'Neil é escritor e editor premiado de histórias em quadrinhos. Também já foi jornalista, crítico, roteirista de televisão e romancista. Seu livro mais recente é a adaptação para novela do novo filme, *Batman Begins*. Renomado pelo modo como ele introduziu temas sociais nos quadrinhos básicos de super-heróis, ele também orientou Batman na saída do *show* cômico de TV de volta ao papel de vingador urbano, cavaleiro das trevas. Já deu palestras em dezenas de universidades e, fora o fato de participar do bloqueio naval a Cuba, escrever por algum tempo sob o pseudônimo de "Sergius O'Shaugnessy" e introduzir muitas mudanças revolucionárias nos quadrinhos de super-heróis, incluindo uma na qual a Mulher-Maravilha perde seus poderes e a roupa, ele tem levado uma vida tranquila, relativamente normal.

Felix Tallon escreve sob outro nome, e dizem que vai se doutorar pela Universidade St. Andrews, na Escócia, onde está estudando a interação entre Teologia e as Artes. Dizem também que ele se parece muito com um famoso ator britânico que estrelou muitos filmes, incluindo várias comédias românticas. Mas nós o chamamos de "Félix", como ele pede. Seu ensaio sobre o filme *Psicose* será publicado em um futuro volume desta série, *Hitchcock and Philosophy*. Em suas horas de folga, ele governa o pequeno país nos Bálcãs, Latveria, com mão de ferro.

J. D. Smith é o responsável pela cor de nossa capa de frente, original. O supercolorista Smith, um dos gigantes da coloração gráfica, é lendário no cosmo dos quadrinhos por seu trabalho nos títulos de Top Cow, *Witchblade* e *Tomb Raider*, em *Fathom* (Aspen), *Ultimate Spider-Man, Deity* e *Dark Angel* (Marvel), entre muitos outros de destaque. Se Platão tivesse acesso a *Photoshop*, ele teria parado de escrever e se tornado uma das primeiras versões de J. D. Smith: naquele Universo alternativo, o que se perderia em filosofia seria obtido pela arte. Você pode ver seu trabalho também em www.jdsmithcolor.com.

James B. South é diretor do departamento de Filosofia na Universidade Marquette em Milwaukee, Wisconsin. Ele editou *Buffy, a Caça-vampiros e a filosofia* (publicado pela Madras Editora, São Paulo, SP) e é coeditor de *James Bond and Philosophy* (a ser lançado, não agitado, pela Open Court em 2005). Ele trabalha basicamente com Filosofia do fim da Idade Média e da Renascença, com aventuras periódicas na cultura popular (em que nunca é tarde demais para uma renascença). James ainda precisa convencer sua esposa de que a Canário Negro em rede de pesca é tão formidável quanto o Asa Noturna em kevlar*. Ela disse, porém, que está disposta a discutir a possibilidade e a eficácia do Asa Noturna em rede de pesca. Uma vez que a miscigenação de vestuário em nome da justiça não cabe no tema de seu capítulo, nem seus atuais interesses, ele desistiu do assunto.

Jeff Brenzel, do alto de uma torre na Liga Ivy da América, sopra contra as chamas da fanática devoção dos alunos da antiga Universidade de Yale. Além de dirigir a

---

* N.E.: Kevlar é um polímero resistente ao calor e sete vezes mais resitente que o aço por unidade de peso.

Associação Estudantil de Yale em sua busca por iluminação e superpoder social internacional, ele usa sua misteriosa proeza em raciocínio prático para proteger seus prodígios pedagógicos na sala de aula contra os empecilhos colocados em seus caminhos pelos pedantes do passado e do presente. Protegido do proeminente estudioso de ética, Alasdair MacIntyre, após se formar em Yale e exercer uma breve e superpoderosa carreira como empresário, Jeff concluiu seu Ph.D. em Filosofia Moral pela Universidade de Notre Dame.

Jeph Loeb continua trabalhando como produtor-roteirista de cinema e televisão (com créditos em *Teen Wolf, O garoto do futuro, Comando, Buffy: Animated Series* e *Smallville*). Ele escreveu algumas das mais distintas e importantes histórias em quadrinhos da atualidade, incluindo *Daredevil Yellow, Spider-Man Blue, Hulk Gray, Superman For All Seasons, Batman: The Long Halloween, Batman: Dark Victory* e *Catwoman: When In Rome*, só para mencionarmos vários dos marcantes projetos em que ele trabalhou com o artista Tim Sale, e *Batman: Hush* (em que ele cita Aristóteles), feito com o artista Jim Lee. Em 2003, Jeph foi premiado com um título de Doutor Honorário das Artes pela prestigiosa Universidade St. Edward, em Austin, Texas, por seu trabalho em tornar ícones da cultura popular acessíveis às crianças. Nada mau para um garoto judeu de New York que descobriu os quadrinhos com 8 anos de idade e, desde então, olha para o céu.

Jerry Walls é formado em Houghton, Princeton, Yale e Notre Dame. Percebeu finalmente que o objetivo de se formar na faculdade é arrumar um emprego, e agora, desde a época de seu Ph.D., leciona Filosofia no Seminário Teológico Asbury, além de em muitos outros pontos ao redor do globo. Jerry é autor de vários livros ilustres sobre o Céu, o Inferno e pontos intermediários, e é condiscípulo sênior do Instituto Morris de Valores Humanos, levando a Filosofia à vida das pessoas em todo o nosso meio. Diferentemente do Capitão Marvel, ele não precisa gritar "SHAZAM!" para adquirir seus poderes e, diferentemente de Gomer Pyle, não sai por aí gritando as palavras, por sim ou por não.

Kevin Kinghorn é tutor em Filosofia na Universidade de Oxford, onde ele recebeu o doutorado e se recusa a devolvê-lo. Os amigos desconfiam que o vício de Keven em quadrinhos influenciou seu modo de entender a rivalidade Oxford-Cambridge. Ele considera a Universidade de Cambridge seu inimigo jurado e está convencido de que ela é a raiz de todo o mal no mundo. Recentemente, Kevin foi banido do refeitório após ter usado várias vezes o horário das refeições para tentar persuadir seus colegas de Oxford a formar um Liga da Justiça para combater a corte de supervilões de Cambridge. Como seria de se esperar, seus esforços só conseguiram atrair olhares de dúvida. Kevin foi visto "transformando-se no Hulk" quando Oxford perdeu a corrida anual de barcos no último verão para Cambridge.

Mark Waid nasceu em 1962 em Hueytown, Alabama. Comprou sua primeira revista de histórias em quadrinhos aos 4 anos de idade e nunca mais sequer pensou em *não* comprar revistas de quadrinhos. Seus créditos como escritor incluem, entre muitos outros, *X-Men, Flash, JLA, Captain America*, o best-seller *Kingdom Come*,

Fantastic Four e *Superman*. Em suas horas de folga, ele ajuda a manter o planeta girando sobre o eixo. Embora só se lembre do nome de seis presidentes, Waid possui um conhecimento enciclopédico da história das histórias em quadrinhos e itens a elas ligados, e também é o historiador não oficial da DC Comics. O orgulho por seus feitos vem diminuindo em proporção direta à sua idade.

Matt Morris, garoto-maravilha, descobriu os quadrinhos e os fantásticos indivíduos que os criam quando tinha 13 anos. Como aspirante a criador de quadrinhos também, ele mantinha uma correspondência regular com alguns dos melhores escritores e artistas das principais histórias em quadrinhos de super-heróis, que às vezes lhe perguntavam se, ainda um estudante de ensino médio, ele estaria interessado em um emprego. Todos esses anos, ele tem se beneficiado da crença deles em seus talentos super-humanos. E agora, depois de uma carreira acadêmica que o levou da praia em Wilmington, Carolina do Norte, a Harvard e UNC-Chapel Hill, ele continua amando os super-heróis e tudo o que eles representam. Ainda em seus primeiros dias como um extraordinário e talentoso cineasta, ele atende ao Bat-sinal e vai aonde sua presença for necessária. Com toda a honestidade, ele não acredita no número de horas que passou em elucubrações hipotéticas acerca de quais super-heróis derrotariam outros em uma luta. A ideia deste livro foi dele.

Michael Thau passou muitos anos como guru de sala de aula de estudantes de Filosofia na UCLA (Universidade da Califórnia) e agora ele cria seu templo existencial próprio de sabedoria, na Universidade Temple (muito apropriado, aliás). Conversar com Mike a respeito da Filosofia acadêmica contemporânea é um pouco como conversar com Batman a respeito do crime. Assim que se abrem algumas salas no asilo Arkham, ele se prepara para acompanhar até a porta alguns de seus colegas professores. Ph.D. em Filosofia pela Universidade Princeton, Mike é autor de *Consciousness and Cognition* (2002), além de um bom número de brilhantes e provocantes ensaios a respeito desses e outros assuntos confusos.

Rebecca Housel é, durante o dia, professora de Redação e Literatura no norte do Estado de New York, e à noite é uma super-heroína mutante e pesquisadora na Universidade de New South Wales. Ela já escreveu para a revista *Redbook* e publicou a série *High Seas*, de cinco novelas infantis. Participou com um ensaio do livro *Monty Python and Philosophy* (lançamento em 2006) e atualmente está trabalhando em um projeto para um livro em dois volumes sobre mulheres guerreiras. Os poderes cósmicos de Rebecca permitem que ela combata os males de ter um filho adolescente enquanto ajuda os pacientes com tumor no cérebro no Estado de New York, por intermédio do Fundo Phoenix em Gilda's Club, uma organização sem fins lucrativos criada por aquela princesa guerreira filosófica para ajudar os pacientes a sobreviver e prosperar. Rebecca também chuta os traseiros dos supervilões.

Richard Hanley queria muito ser Magnus, o guerreiro robô. Mas o problema de identidade o atrapalhava, e, disfarçado como um pacato filósofo profissional na Universidade de Delaware, ele acabou devotando sua vida à busca do título efetivo. Ele escreve a respeito de viagem no tempo, ficção, ficção científica e ética; é autor de *The Metaphysics of Star Trek* e coeditou *The Blackwell Guide to*

Philosophy of Language. Mas sua verdadeira paixão é examinar as teorias metafísicas da identidade. Ele está chegando perto de uma resolução que lhe permitirá — quando conseguir fazer as luzes todas funcionar — se transformar mesmo em Magnus, o guerreiro robô. Chega da parte fácil — "crescer" está sendo muito mais difícil.

Scott Tipton ganhou de seus pais figuras de ação do Homem-Aranha e Batman no Natal de 1976 e, bem, o resto é história. Formado pela Universidade da Califórnia, Santa Bárbara, Scott é editor associado do *site* de entretenimento e cultura popular MoviePoopShoot.com, e escritor da coluna de maior popularidade no *site*, a semanal COMICS 101, narrando a história das histórias em quadrinhos. Scott também é diretor de comunicação e consultor de *design* para Toynami, fabricante de figuras de ação e artigos para colecionadores baseados em uma grande variedade de séries animadas e filmes. A vida inteira colecionando revistas em quadrinhos e brinquedos, e historiador de estilo próprio de quadrinhos, ele se orgulha de ainda achar um jeito de obter lucro de uma juventude desperdiçada.

Tom Morris lembra-se de um caminhão estranho parando ao lado de seu carro em New Haven, Connecticut, anos atrás, carregando lixo nuclear, pouco antes de ele perceber subitamente que tinha poderes filosóficos. Isso é verdade, embora ele seja o último a dizer: "*Post hoc ergo propter hoc*",[99] em parte porque quase ninguém saberia o que isso significa. De acordo com várias estatísticas, ele é hoje o filósofo público mais ativo do planeta, falando com mais pessoas a respeito da sabedoria das eras do que qualquer filósofo desde Ralph Waldo Emerson. Ele leva visões filosóficas a centenas de milhares de pessoas em grandes salas de conferência e centros de convenção por toda a América e, após ter escrito muitos volumes acadêmicos, foi o autor de livros populares como *Making Sense Of it All*, *True Success*, *If Aristotle Ran General Motors*, *Philosophy for Dummies*, *The Art of Achievement* e *The Stoic Art of Living*. Em breve lançará *Harry Potter and the Meaning of Life*. Esse Ph.D. de Yale pode ser encontrado a qualquer hora em sua Fortaleza da Solidão por meio de seu portal quase secreto, www.MorrisInstitute.com.

Nota do Editor

A Madras Editora não participa, endossa ou tem qualquer autoridade ou responsabilidade no que diz respeito a transações particulares de negócio entre o autor e o público.

Quaisquer referências de internet contidas neste trabalho são as atuais, no momento de sua publicação, mas o editor não pode garantir que a localização específica será mantida.

---

99. Isso é latim, claro. É o nome de uma famosa falácia e, como frase, sgnifica "depois disso, portanto por causa disso" – caso você esteja se perguntando.